当代世界学术名著
·政治学系列·

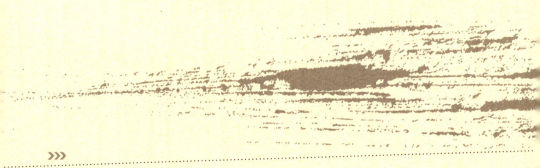

"十二五"国家重点图书出版规划项目
教育部哲学社会科学后期资助项目

民主理论的现状

[美] 伊恩·夏皮罗 (Ian Shapiro) 著

王 军 译

The State of
Democratic Theory

中国人民大学出版社
·北京·

出版说明

　　政治学是一门古老而年轻的学科。在西方，有关政治学思想的系统研究和阐发，可追溯到古希腊时代柏拉图的《理想国》和亚里士多德的《政治学》。几乎在同一历史时期，中国也产生了十分丰富和系统的政治思想，孔子、孟子、韩非子等一大批思想家治国理政的学说，对此后两千多年的中国政治产生了深远的影响。然而，作为一门独立的学科，政治学是19世纪末期在西方社会中形成的，其产生和发展的历史只有一百多年。

　　事实上，中国现代政治学的起步并不算晚。20世纪初，西学东渐，政治学课程开始在国内少数大学中讲授，如果从1905年设立专门学习法律和政治的京师法政学堂算起，中国政治学也已有了上百年的历史，只比美国政治学的历史短二十几年。此后由于种种原因，我国的政治学学科建设和发展长期处于停滞甚至一度中断的状态。改革开放以来，我国的政治学学科建设，按照邓小平关于政治学"需要赶快补课"的意见，做了大量工作，编写出版了一批教材和学术专著，引进了一批世界各国特别是西方各国的政治学著作，培养了一批专业人才。应当说，政治学的重建工作成绩斐然。当然，在看到成绩的同时，我们也不能否认发展中的不足。与其他社会科学学科相比，特别是与邓小平提及的"法学、社会学以及世界政治的研究"相比，我国政治学的发展速度似乎更慢些，与改革开放和社会主义现代化建设的现实要求似乎还有一定的差距。中国的历史、现实和未来，都要求中国有一门成熟的政治学学科在推动中国社会全面发展中起到积极的和建设性的作用。

既然中国现代政治学是由西方传入的，那么学习、借鉴西方先进的政治学理论，并将其运用到中国问题的研究中，进而发展中国本土的政治学，是中国政治学发展的现实选择。当然，西方的理论不一定适合中国，其学术观点、理论预设等也不完全为我们所认同，但对处于相对落后的中国政治学来说，以开放的思想对待西方的理论，通过比较、鉴别、有选择地吸收，在此基础上结合中国实际进行自主创新，不失为推动中国政治学发展的一条捷径。

正是出于上述考虑，中国人民大学出版社邀请国内外政治学界的专家学者，精诚协作，组织翻译出版了这套"当代世界学术名著·政治学系列"。出版这套译丛，旨在将过去半个世纪西方政治学的经典学术著作系统地译介给中国读者，为国内政治学研究和教学提供借鉴和参考。总的来看，这套译丛具有以下几个特点：

第一，权威性。所选著作均为当今世界尤其是西方政治学界最重要、最具影响力的著作，这些著作已经得到国外学界的一致认可，并在西方主流学界被反复引用。丛书作者包括罗伯特·A·达尔、塞缪尔·P·亨廷顿、埃莉诺·奥斯特罗姆、文森特·奥斯特罗姆、安东尼·吉登斯、伊恩·夏皮罗、约瑟夫·S·奈、罗伯特·普特南……一个个政治学界耳熟能详的名字，构成了这套译丛强大的作者阵容。

第二，全面性。在过去的几十年里，国外一些政治学著作被陆续译介到中国来，但这种翻译出版不是系统性的，而是零散的。本套译丛是国内系统地、大规模地翻译出版国外政治学著作的第一次尝试，它试图涵盖政治学的主要研究领域、主要研究方法，以及不同的学术流派，包括比较政治、政治学基础理论、政治学研究方法、政治思潮、政治经济学、国际关系、政党政治、政治社会学、政治心理学等领域。

第三，前沿性。本套译丛选择了西方政治学领域很有影响的学术流派，如新制度主义、后行为主义、全球治理、公共选择理论等的著作，以期促使国内政治学专业领域的学者和学生能较为及时地了解西方政治学理论研究的最新发展。

本套译丛于2008年由中国人民大学出版社开始策划和组织出版，并邀请美国路易威尔大学的华世平教授担任译丛总主编，他对部分原著的推荐、译者的选择以及译丛的编辑出版工作作出了重要的贡献，我们十分感激！参与本套译丛翻译工作的译者大多是本领域的学术骨干和中青年专家，都具有政治学博士学位，并有翻译西方社会科学著作的经验。中国人民大学、北京大学、清华大学、南开大学、复旦大学等多所高校政治学系的专家学者，以及社会各界人士对本套译丛的翻译工作给予了热情关注，并提出了宝贵意见。对此，我们深表谢意！

限于水平，这套译丛的编校工作还存在些许不妥和不足之处，敬请读者不吝指正为感。

中国人民大学出版社

2012年5月

目　录

序　言

　　本书部分内容的早期版本，是我的一篇随笔，题目为《民主理论的现状》，收录在艾拉·凯茨内尔森（Ira Katznelson）和海伦·米尔纳（Helen Milner）合编的《政治科学：学科现状》（*Political Science：The State of the Discipline*）一书中，该书由美国政治科学学会（APSA）和诺顿出版公司（W. W. Norton & Company）于 2002 年联合出版。十分感谢艾拉和海伦最初对我的邀请；感谢他们主办的两次会议的参加者们对我们的文章的讨论；感谢拥有该书版权的出版社，允许我在这里使用这些资料；特别要感谢艾拉劝说我不要以缺少时间为由放弃这次机会——原本我确实想放弃。艾拉和海伦要求我们从一种独特的视角，对政治科学的部分领域进行公正的解释。他们的指示看起来似乎是矛盾的，它要求我们既要有自己的观点，还必须做到不带任何偏见。我将它理解为，我应该按照我自己的观点来评估民主理论的现状，但同时又必须使用对持有不同观点的读者有益的方式来进行评估。一幅抵御入侵军队的村庄地图，应该标有山川、河谷和其他战略要点；当然，毫无疑问，这幅地图对于一个消遣的旅行者来说，也可能是有用的。在最初的文章中，我试图按照这一指示进行写作，而且，在本书的写作中也贯彻了这一指示。

在将最初的随笔扩展成书的过程中，我增加了有关权力和民主、民主转型、协商、法院和司法审查以及民主对收入和财富再分配的影响等新内容，这些讨论包括并建立在下列已经发表的文章的基础之上：《民主正义的要素》（"Elements of Democratic Justice," *Political Theory* 24，no. 4，November 1996：579-619，copyright © 1996 by Sage Publication）；《团体渴望与民主政治》（"Group Aspirations and Democratic Politics," *Constellations* 3，no. 3，January 1997：315-325，copyright © 1997 by Blackwell Publishing）；《最佳协商?》（"Optimal Deliberation?" *Journal of Political Philosophy* 10，no. 2，June 2002：196-211，copyright © 2002 by Blackwell Publishing）；《充分协商：政治关涉利益和权力》（"Enough of Deliberation：Politics Is about Interests and Power," in *Deliberative Politics：Essays on Democracy and Disagreement*，edited by Stephen Macedo，pp. 28-38，copyright © 1999 by Oxford University Press，used by permission of Oxford University Press，Inc. ）；《堕胎：最高法院判决》一书第二版导言（*Abortion：The Supreme Court Decisions*，2d ed. ，pp. 1-26，copyright © 2001，reprinted by permission of Hackett Publishing Company，Inc. ，all rights reserved）；《为什么穷人不对富人巧取豪夺?》（"Why the Poor Don't Soak the Rich?" reprinted by permission of Daedalus，Journal of the American Academy of Arts and Sciences，from the Winter 2002 issue [vol. 131，no. 1] "On Equality"）；《民主与权利》（"Democracy and Rights," in *The Moral Foundations of Politics*，pp. 207-223，copyright © 2002 by Yale University Press）。十分感谢上述所有版权所有者允许我在本书中使用上述这些材料。

经过扩充后的上述文章的不同版本，曾经提交给 2000 年 5 月在捷克首都布拉格的维拉拉纳（Villa Lana）举行的社会科学会议、同年 9 月举行的美国政治科学学会年会，以及 2000—2002 年耶鲁大学、俄亥俄州立大学、开普敦大学与得克萨斯农工大学（Texas A&M）等大学举办的教工研讨会。本书的其余部分则曾经提交给 1997 年 8 月举行的美国政治科学学会年会、1999 年 9 月举行的哥伦比亚大学政治理论研讨会、同年 10 月新社会研究学院（New School for Social Research）举行的研讨会和 11 月耶鲁大学举办的民主与分配学术研讨会、2000 年 2 月得克萨斯大学奥斯汀分校举办的"审议协商民主"（Deliberating about Deliberative Democracy）研讨会、同年 3 月举行的纳菲尔德学院（Nuffield College）政治理论研讨会，并用于 2000 年 4 月佐治亚大学博希姆斯讲座（Porthemus Lecture）、2001 年 1 月耶鲁大学 300 周年校庆的德韦恩讲座（De Vane Lecture）、同年 5 月丹麦和挪威在哥本哈根联合举办的民主与权力项目会议的主题演讲，以及 2002 年 7 月在尼泰罗伊（Niteroí）举行的巴西政治科学学会年会。上述会议的众多与会者提出了有价值的建议，其中一些我已经采纳。

本书写于 2002 年夏天，得到了杰弗里·米勒（Jeffery Mueller）——他既是一位优秀的多面手研究助理，也是一位准政治学家——的慷慨帮助。珍妮弗·卡特（Jennifer Carter）在研究上所给予的帮助，也是值得感谢的。约泽·谢布（José Cheibub）、鲍勃·达尔（Bob Dahl）、克拉丽莎·海沃德（Clarissa Hayward）、南希·赫希曼（Nancy Hirschmann）、考特尼·琼（Courtney Jung）、约瑟夫·拉帕隆巴拉（Joseph LaPalombara）、维基·缪里洛（Vicky Murillo）、马克·斯坦（Mark Stein）以及彼得·斯温森（Peter Swenson）等人，均通读了本书的手稿。他们的评论都有助于本书的改进，尽管通常意义上的说明也是适用的。同时，我还要感谢普林斯顿大学出版社的伊恩·马尔科姆（Ian Malcolm），他从一开始就支持这一项目，并在他的指导下使本书很快得以付样。像他这样既能读原稿，又能提出实质性有价值建议的编辑，已经不多见了。能够与他合作，我感到非常愉快。

在本书的写作过程中，我获得了耶鲁社会和政策研究协会

（Yale's Institution of Social and Policy Studies）和纽约卡耐基公司（Carnegie Corporation of New York）的研究资助。特别要感谢的是卡耐基公司，它对我目前从事的有关民主与分配的大型研究项目给予了持续的支持，本书第 5 章就是为这一研究项目撰写的引言部分。

导　论

当今世界，民主理念几乎是不可撼动的。自由运动坚持宣称，它们比其意欲取代的政权更为民主。专制统治者很少直接拒绝实行民主。相反，他们辩解说，他们的人民"还没有"为实行民主做好准备，他们的制度比其所表现出来的要更为民主，或许还会说，反对派是腐败的、反民主的——可能还是某种外国势力的傀儡。国际金融机构或许首先对采纳新自由主义市场改革建议的国家感兴趣，尽管它们也感到有必要要求这些国家实行定期选举和其他的民主政治改革。当然，不同的人对民主的理解是各不相同的。而且，总有一些人会认为，任何一种民主秩序都不可能发挥出它应有的功能，它有可能受控于腐败的非法的少数派，或干脆需要一场变革。不过，正是因为民主的机能障碍或腐败遭到人们的反对，上述种种反对实行民主的说辞反而彰显出实行民主的必要性。

在民主制度下，人民可以自由地蔑视民选的政府，但却不可以恣意藐视它当政（be the government）的权利。基督教原教旨主义者可以自认为是依据上帝的指令行事，但他们自称为"道德多数派"（moral majority）的事实却表明，就政治合法性（political legitimacy）而言，他们对民主的不可替代性了然于胸。尤其是在如美国这样的分权体制（separation-of-power system）中，宪政安排有时候会限制民主的范围，但宪法通常也包含了保障民主政府的条文。而且，宪法本身可以通过宪法惯例或者修正程序得到修订，而后者的合法性是得到广泛认可的。即使布鲁斯·阿克曼（Bruce Ackerman 1993b）这样的自由宪政主义者也主张，在宪法确立和变迁的关键时刻，如果想获得持久的合法性，就必须得到人民的民主确认。

然而，与弥漫于政治理论家中对民主的普遍怀疑相比，民主的政治地位长期以来却是不可撼动的。肯尼斯·阿罗（Kenneth Arrow 1951）以来的几代学者都对民主内在逻辑的理性提出了质疑，还有许多人则对将民主作为一种政治前景的可取之处抱有深深的怀疑。约翰·邓恩（John Dunn 1979：26）准确地捕捉到了这种疑虑，他注意到，尽管多数人以民主人士自居，但民主理论却在两个变种之间发生摇摆，"一种是意识形态上悲观式的，另一种则显然是乌托邦式的"。邓恩所说的民主理论的摇摆，夹杂于披着理论外衣的冷战辞令和平等主义的参与式民主的观点之间，而后者实际上对如何实现民主缺少令人信服的关注。尽管民主理论在当今世界具有合法性，但它似乎却不会朝着有趣的或有价值的方向发展。

在邓恩阐述上述思想之后，对民主研究的兴趣有所复兴，而非洲、亚洲和拉丁美洲——更不用说前苏联的各个加盟共和国——民主国家的数量出人意料的戏剧性增长对此产生了推动作用。1980—2002年，大约有81个国家由专制走向了民主，其中33个国家的军事独裁被文官政府所取代（United Nations 2002）。然而，如果说事态的发展使得邓恩的相反观点显得有些落伍和过时，那么，民主的潜在理论难题是否已经得到令人满意的解决，我们却依然如雾里看花。根据民主政治的实际运行状况，对民主理论的现状进行重新评估的时机已经成熟，而这正是本书的主旨。

进行这种评估需要借助于一定的标准，这里需要考虑两个标准：一是规范性（normative）标准。当我们对这种理论如何具有说服力提出质疑时，这一标准试图证明民主是一种政府体系。另一种是解释性（explanatory）标准，通过质疑民主理论的成功，试图对推动民主制度发展的动力作出解释。规范性民主理论和解释性民主理论均来自大量文献，这些文献大多沿着不同的路径发展，在很大程度上两者互不熟悉。这是一件不幸的事情，造成这种不幸的部分原因在于，当人们借助于相关知识得知什么可行的时候，人们对于应该是什么的猜测可能会变得更为务实；另一部分原因则在于，当解释性民主理论与最近几十年在世界范围内激起民主研究兴趣的那些重大规范性议题相互隔离的时候，它就极易变得陈腐乏味且为研究方法所累。因此，我采取一种综合的研究策略，将研究焦点集中于我们应该对民主有什么期望，以及在实践中如何使这些期望得到圆满实现。

　　将焦点集中于此，就不可避免地会在上述两个问题上遭遇种种非议。本书的写作就是围绕着这些反对意见展开的。第 1 章从讨论关于民主目标的各种相互冲突的主要观点着手，特别要更为具体地讨论盛行于理论家之间的规范性要求（normative claim）。我认为，这些理论家具有聚合式（aggregative）和协商式（deliberative）的民主传统，在他们的眼中，民主的目标应该与实现反映"共同的善"（common good）的某种"公意"（general will）相适应。这就是卢梭在《社会契约论》（*The Social Contract*）中为这一难题提供的解答，聚合式民主理论家们遵循他的思想，试图通过"把人当做人，让法成为法"（Rousseau［1762］1968：49）来找到公意。他们将偏好（preference）视为既定的东西，他们所关心的是如何实现最佳的偏好总和。聚合式民主传统留下了一种民主观，即竞争多数选票是民主实践的本质，而民主理论家所面临的挑战，正如他们所主张的，就是为规制这种竞争提供正确的规则。与此相比较，协商式民主理论家们则在主张人类可以改变的观点上与亚里士多德更为接近（Aristotle［ca. 330 B. C.］1977：bk. 2）。他们所关心的是协商式民主被用于改变人们的偏好以有利于寻找一种共同的善的方式。对于他们而言，这不仅仅是发现公意的问题，而且还是必须制造公意的问题。

3

聚合式民主与协商式民主的支持者对人类的生活条件和集体生活的可能性持有不同的观点；事实上，两者往往出于私利，通过提出具有建设性的观点并指责对方的缺点，来捍卫自己的观点。不过，双方均接受了卢梭的假设，即民主的任务是表达反映共同的善的公意。对于聚合式民主的理论家们来说，宣称这一任务不可能实现，即意味着主张民主是不可能的。而对于协商式民主的支持者来说，民主的目标就是使人民参与协商，以推动——有时候也是贯彻执行——服务于共同的善的政策。我认为，争论双方都过高估计了共同的善这一理念对于民主的重要性。相反，我们最好把民主看成是一种为了把统治（domination）减少到最低限度而采取的一种权力关系控制方式。无疑，我的观点中也体现了共同的善的思想，但它却是更加凝练的，其中对集体理性的要求不如聚合式民主和协商式民主那么强烈，但对权力的思考却更为敏捷。事实上，根据马基雅维利（Machiavelli [ca. 1517] 1979：1.5）在《李维罗马史疏义》（*Discourses*）开篇中的暗示，我把民主制度中的共同的善定义为那些希望避免被统治的人所共享的利益。在本书第 1 章和第 3 章，我将据此重新审视将政治理解为协商以及围绕多数选票展开的竞争这两种思想，并探讨一旦我们摒弃卢梭的观点，这两种思想在什么条件下对我们将会是有益的。

如果民主的中心任务就是赋予人们驾驭权力关系的能力，从而最大限度地减少被统治，那么，问题便会接踵而至：什么是统治？我们如何辨别它？致力于减少统治的民主政府如何才能富有成效？这些问题引发了随后的讨论，不过，我在这里只能先对此作出初步的评论。韦伯（Weber [1914] 1968：53）将统治定义为"在一个可能标明的人的群体里，让具体的（或一切的）命令得到服从的机会"，并强调"一种统治的事实仅仅与一个卓有成效地对其他人发号施令的现实相联系"①。我对统治概念的理解与此不同，我认为它来源于不正当的

①　上述两句引文的翻译参考借用了马克斯·韦伯《经济与社会》（上卷，北京，商务印书馆，1998）81～82、238 页的译文。——译者注

权力行使。一方面，我所理解的统治概念，比韦伯的理解要宽泛一些，它可以在没有可识别的代理机构发出明确指令的情况之下发生。福柯（Foucault 1977，1982）认为，可以使统治与人类机构彻底分离，尽管我并不完全赞成福柯的观点，但我的确认为，统治可以来源于一个人或团队正在形成中的议事日程、受到限制的选择，以及特殊条件下对人们产生影响的偏好和愿望。统治也可以在没有发出明确命令的情况下发生，此时，个人或团队可以确保其他人的顺从（compliance）成为其所控制的资源的副产品而出现，他们拥有的资源控制权对于其他人或团队意义重大，如果用我将要使用的术语来说，就是这种控制权威胁到了其他人或团队的基本利益。

另一方面，我对统治的理解，又不如韦伯的概念宽泛，因为我所理解的统治仅仅来源于不正当的权力行使。服从是被迫的，通常发生在军队、公司、体育运动队、家庭、学校以及不计其数的其他机构中。事实上，从柏拉图（Plato）到福柯等政治理论家通常都强调，社会生活众多不可消除的等级特性（hierarchical character），使得权力关系在人类的相互作用中无所不在。但这并不意味着统治也无处不在。例如，在教师要求学生做家庭作业与教师利用其强势地位对学生进行性骚扰两者之间，就有着极大的差别。后者是统治，而前者却不是。等级关系通常具有合法性，而且，在我看来，当等级关系具有合法性时，通常并不涉及统治问题。尽管如此，民主理论家们仍需对等级关系予以关注，原因在于，如果不加抑制，总是存在着这样一种可能性，即等级关系总能为统治提供便利条件。这就是我在其他地方要提出这种观点（Shapiro 1999a）的原因，即一般要假设我们对等级制度是持怀疑态度的，建立等级制度时，要将其沦为统治体系的可能性减少到最低限度。

毋庸置疑，这一目标通常是难以实现的，部分原因是因为政府通常缺少必要的信息，另一部分原因则在于政府所使用的臭名昭著的愚钝工具——创造出这样一种危险，即它们所提供的治病药方比疾病本身还糟糕。因此，如果可能的话，我们就有很好的理由去组织社会生

活，以便使人们发现促使自身民主化的动机。这种民主化是通过建立

5 一种让行使权力的人必须对权力行使的对象负责的机制来实现的。我认为，一旦这种努力失败，政府就可以进行合法的干预，但是，一项更为重要的、富有创造力的挑战，涉及的是依据统治产生的可能性的严重程度对政府的干预进行衡量，目的是避免在进行民主改革时出现自我挫败（self-defeating）的情形。

为了改善人类生活许多领域的统治，政府可以帮助构建人类相互作用的权力维度，但是，无论愿意与否，政府既然掌控权力，它们自身也就成为潜在的统治机构。的确如此，在 20 世纪大部分时间里，政府或许是世界上最令人恐惧的统治源泉，而且，在当今世界很多地方，情形依然如故。法西斯主义（fascism）暴行，或许已经使一些政治理论家接受了过多的政府至上主义的政治观，而忽视了政府通过市民社会（civil society）加强统治的方式，不管多么含蓄，还是低估了政府可以改善统治的方式。然而，毫无疑问，政府依然是世界上主要的权力行使者，对于民主理论家来说，其中心任务就是设计出使得政府对权力行使的对象更为负责的路径——成为人民的仆人，而不是主人。

如果说民主理论家的任务就是为政府设计更好的方式，以使其权力的行使具有合法性，那么，民主理论就应该对权力的性质倾注更多的关注。遗憾的是，有关民主研究的文献却令人惊奇地表现出对权力研究的无知，与此同时，有关权力研究的文献却专注于认识论（e-pistemological）问题，这在事实上排除了它们对于民主理论和实践所应具有的意义。在讨论协商式民主和选举竞争问题时，我试图通过展示有关权力研究的深刻见解如何有助于我们详细阐述最大限度减少统治的条件，来矫正两种研究文献彼此之间的盲点。

我在第 2 章中指出，协商式民主尽管有时不利于统治的消除，但也存在着能够使它产生有益影响的环境。因为一旦人们真正开始协商，我们实际上已无力强加影响，或迫使他们去追求某个特殊的目标，对于民主制度的设计者来说，所面临的挑战就是创造动机，以使

人们愿意在集体努力的过程中，利用协商来最大限度地减少统治。对此，政府所能使用的最佳方法就是，强化上诉（appeal）、拖延（delay）以及在极端情况下使用否决（veto）手段等权利——但仅限于那些在特定环境下，由于基本利益受到威胁而容易受到他人权力影响的人。强化这些权利，就有可能借助协商来减少统治，即便失败了，从与减少统治相适合的共同的善的更凝练的观点来看，这种做法仍然是有意义的。在这种背景下，强化易受伤害者的权利仍然是令人渴望的，即使他们最终不是利用这些权利进行协商，而是用来交易抑或讨价还价。

　　在第 3 章我转而讨论有关多元主义竞争式民主的文献。约瑟夫·熊彼特（Joseph Schumpeter）1942 年出版的《资本主义、社会主义和民主》（*Capitalism，Socialism，and Democracy*）一书，是以权力为中心进行分析的经典文献，我将围绕熊彼特及其批评者之间的争论来展开相关讨论。和许多自由宪政主义者一样，熊彼特敏锐地意识到合法的权力行使沦为非法统治形式的可能性。自由宪政主义者的推动作用体现在，他们试图通过限制集体行动的范围来遏制权力。从有关权力研究的文献来看，我认为，这不是一种能够吸引人的或条理清晰的方法。熊彼特将权力当做选举竞争的目标从而来控制权力的建议，看起来更加合理。在这一点上，熊彼特的建议比从《联邦党人文集》（*The Federalist*）中关于麦迪逊式的、确保"用野心来对抗野心"（Hamilton，Madison and Jay［1788］1966：160）的抱负中能够获得的任何东西都要有效。

　　熊彼特的批评者分为两派：一派认为，他的竞争式民主虽值得期待，但并不充分；另一派则认为，这种竞争式民主没有可取之处。我认为，与现有的民主类型相比，全盘否定熊彼特的民主理论并无说服力。那些对熊彼特式民主心怀敌意的人，无论是由于相信协商的作用还是确信全体一致具有内在的可取性，抑或是因为竞争会带来导致不稳定的冲突，通常都赋予一致和共识比竞争更多的价值。上述三种解释偏好以共识为基础的民主胜过竞争式民主，它们都是错误的。相反，我们最好用反托拉斯的术语，将两党的一致看成是限制民主的共谋（collusion in restraint of democracy）。但我认为，解决问题的富有成效的路径就是，揭示使得民主更具有竞争性的方式，将民主扩展到奉行政府至上主义的机构之外，而且辅之以与之匹配的制度手段。我讨论了各种可以实现这一目标而且能够更好地组织权力关系以最大限度减少统治的方式。尤其是探讨了用利益影响原则（principle of affected interest）来对非统治思想（nondomination）进行补充的问题，目的就是要确保决策者为了赢得利益受其决策影响的人们的选票而展开真正的竞争。

如果熊彼特式民主需要补充的话，那么问题在于：这些补充由什么组成以及由谁来进行补充？接下来我们就来分析关于这些问题的争议。由于缺少完美的决策规则，像竞争性的多数原则这样的纯粹程序化的方案有可能导致有违初衷的结果。最明显的就是，多数可以运用他们的权力，通过消灭反对派、削弱未来的政治竞争等手段，来逐步损害民主自由。有证据表明，尽管这种事件发生的可能性通常被夸大了，但是，这种可能性仍然是存在的，而且，无论怎样的民主程序都可能在很多微妙的方面产生荒谬的结果。然而，那些对经由多数原则产生的程序结果提出质疑的人，所面临的困难在于他们没有——也不可能——就衡量有关上述程序结果达成一种实质性（substantive）的共识。我认为，在这种情形下，最好的解决办法就是支持某些人提出的折中方法（middle-ground approach），让法院或其他事后评判机构在限制民主程序产生培育统治现象的荒谬结果中发挥一种活跃的、安全阀的作用。为了对这一观点进行辩护，我探讨了法院在民主体制内的其他运行方式。我认为，衡量法院的合法性，要看它们以维系民主的方式运行的程度，而且，我用各种事例来说明，在美国这种环境下，这一点在实践上意味着什么。

在随后的第 4 章，我将对有关民主转型（democratic transition）和巩固的文献进行思考。这一领域的学术成就促使人们产生这样的想法，民主理论的现状有点像美国的怀俄明州：幅员辽阔、多风，但却空旷无物。这表明，我们对民主转型的必要条件有所了解，但它同时也表明，存在很多通往民主的可能路径，我们不应去寻求一种单一的普适性理论（general theory）——当然，更不能是一种预测性的理论。现有的学术成果同样也揭示出，我们对可行民主的经济前提已经有所了解，尽管曾经有许多评论家满怀信心地提出了观点，但是，我们对影响民主可行性的文化和制度因素仍然感到茫然。经过审慎的思考，我们得知，对那些实施民主的人反复灌输支持民主的理念，仍然是非常明智的，虽然我们还不清楚这有多么重要，抑或事实上还不知道如何才能更好地实现这一目标。

人们通常认为，某种形态的社会，即深度分裂（deeply divided）型社会，本质上无力实现民主。我在对此观点进行深入分析后发现，找不到任何支持这种观点的论据和令人信服的理论支撑。关于分裂型社会的论调，太过频繁地被当做抗拒民主化并维系统治的理性化来发挥作用。然而，由于缺少对政治化特性与竞争式民主的要求相适应的可靠知识，我只能提出一种渐进的方式，并全面考察了选举制度的改革有可能被迫服务于这一目标的各种不同的方式。这会引起规范性问题，即在什么环境下，民主政体（democratic polity）中团体的愿望值得加以区别对待。我将在第4章最后一节讨论这些问题，并利用在第2章和第3章中阐述的以利益为基础来限制统治的观点对此进行剖析。

造成统治现象的一些潜在根源来自政治体制内部，另一些根源则来自政治体制之外。也许其中最重要的根源之一，就是受制于他人权力影响的经济上的脆弱性。从民主理论的观点来看，这一根源具有特别重要的意义，因为19世纪的很多思想家——无论他们是民主的捍卫者还是反对者——都相信，在一个严重不平等的社会中，强加多数原则和普选权来实行民主，将会导致穷人对富人的巧取豪夺（soak the rich）。这一敏锐的洞察力，在20世纪的政治科学文献中借助中间选民定理（median voter theorem）而正式形成。根据中间选民定理，在严重不平等的环境中，中间选民会投票赞成向下的再分配

(downward redistribution)。在第 5 章，我会通过历史上出现的种种异议来揭开这一谜底。这种情况在当今美国的现实中得到反映，处在社会底层的占人口总数 1/5 的美国人，生活在贫困或接近贫困的危险之中。不但在扩大选举权与收入或财富的向下再分配之间不存在制度上的关联，而且民主国家还经常采用逆向再分配的方式——有时候甚至得到两党的大力支持。

我认为，只要人口中的大部分人正在遭受统治的伤害，无论人们以什么样的关涉正义的理由来关注这一问题，我们都应以民主的名义来关注它。我首先从供给层面对民主和分配之间的关系进行了考察，揭示了阻碍政治竞争的制度性因素和其他因素，人们原本期望这种政治竞争能够通过再分配而给生活在底层的占人口总数 1/5 的人带来更多的实惠。然后，我又从需求层面，通过考察与信念、意识形态、框架效果（framing effect）、人际比较心理学（psychology of interpersonal comparison）等因素相关的问题，来解释向下再分配的需求相对减少的原因。此外，我还对一个反直觉（counterintuitive）的假设进行了思考，即社会越是不平等，那么，向下再分配的有效需求就越少。原因涉及富人与穷人之间物质上的差距、同理心鸿沟（empathy gulf）以及富人和中间阶层将穷人边缘化的结构性动机。如同民主政治众多其他研究领域一样，在这一领域还有很多工作要做。但是，根据我们所知以及通过理性能够猜测到的，我提出了一些可行的改革建议，以使美国的政治体制能够对穷人的利益作出更多的回应，使他们少受统治之害。至少出于同样的原因，这些改革比现有的体制更能使我们贴近真正的民主。

第 1 章　共同的善

　　一系列关于理性（rationality）的辩论构成了有关民主的规范性研究文献的基础。这些争论围绕着以下问题展开，即民意（will of people）或共同的善等经典民主概念是否具有某种连贯性的含义。那种认为民主实际上或应该趋于产生一种符合理性的共同的善的思想，出自让·雅克·卢梭的《社会契约论》，特别是他主张决策程序应该揭示出能够体现共同的善的公意。卢梭完美地、但也是模糊地阐述了这一观点，他说道，我们从"个人愿望的总和"开始，扣除"相互抵消的正负数"，得到的"差额的总和就是公意"（Rousseau［1762］1968：72）。围绕着试图理解这一公式的研究，产生了两类文献：一类是聚合式的文献，它们致力于发现我们应该如何做相关的运算；另一类是协商式的文献，它们的涌现部分原因是出于难以忍受聚合式文献的做法。协商式民主的理论家们所关心的是如何使人民向共同的善靠拢，这比聚合式民主那种将外在的既定偏好进行累加的方式要好得多。

　　我在 1.1 节中指出，尽管聚合式民主共同的善的概念的支持者是正确的，他们认为，卢梭的难题公式可能是无解的，但对民主政治来说，对于这种失败缺少解释的严重程度，远远超出了他们通常所料想的。期望我们应该找到公意的想法，依赖于对集体理性的令人难以置信的期待以及对稳定的民主政治需要什么的误解。在 1.2 节中，我将转而分析协商式民主概念的支持者，他们令人感动地一致坚信，协商式民主有能力使人民趋向于共同的善。但有时候人们之间的利益冲突是不可调和的，因而会排除趋向共同的善的可能性。而且，在真实的政治世界中，人们相互之间是在权力极度不平等的背景下发生冲突的——在美国，最明显的例子就是金钱在政治中发挥的作用。协商式民主的理论家往往将协商赤字（deliberative *11* deficit）混同于协商式民主所赖以产生的不平等权力背景，这如同误把油炸面圈当成漏洞。一些人认为，对于民主政治来说，利益攸关的是协商在理想的而不是强制性的条件下所带来的后果。我对我们能否解答这样的问题持怀疑态度。无论如何，假如上述理想条件存在的话，那么，导致人们寻求协商的政治真相也将不复存在了。

1.1　聚合式民主对共同的善的理解

至少从柏拉图时代开始，政治理论家就已经警告说，民主会助长暴民统治（mob rule），而不是促进共同的善。随着 19 世纪选举权的逐步扩大，亚历克西斯·德·托克维尔（Alexis de Tocqueville ［1835］1969：246 - 261）和约翰·斯图亚特·密尔（John Stuart Mill ［1859］1978：4）告诫人民，要当心民主导致多数暴政（tyranny of the majority）的倾向。在这一点上，二人回应了卢梭对多数有可能以牺牲少数为代价来满足自己成员的利益的担忧（Rousseau ［1762］1968：73），也呼应了麦迪逊在《联邦党人文集》第 10 篇中对多数派系（majority factions）带来的危险的讨论（Hamilton, Madison, and Jay ［1788］1966：122-128）。

1.1.1　民主的所谓不理性

现代社会选择（social choice）理论家们认为，多数原则有可能导致专制的后果，甚至是少数的暴政，这一问题远比古典学者所意识到的要糟糕。他们赞成民主决策程序的目标就是找到类似于公意的某种东西，用现代的术语说就是社会福利函数（social welfare function）①，但是，他们却追随肯尼斯·阿罗（Arrow 1951）的观点，认为不可能做到这一点。在扩展马奎斯·德·孔多塞（Marquis de Condorcet［1785］1972）一个古老的深刻见解的基础上，阿罗指出，在某些极端缺少可信度的假设环境下，多数原则会导致遭到人口大多数反对的结果。例如，如果选民甲、乙、丙的偏好次序分别为 A＞B＞C、C＞A＞B、B＞C＞A，那么，对于选民甲和乙来说，偏好 A 胜过 B，对于选民甲和丙来说，偏好 B 胜过 C，而对于选民乙和丙来说，则偏好 C 胜过 A。这种结果以循环投票（voting cycle）而闻名，它违背了一般被视为理性基本特性的传递原则（principle of transitivity），因为它使社会偏好的次序自相矛盾。而且，它提供了这样的可能性，即无论是谁，在熟悉选民偏好的前提下，只要控制了投票顺序，就有可能左右投票结果。即便投票结果没有遭到有意操控，在选项的顺序与实际投票顺序不同的情形下，其结果也会有差异，因而投票结果仍然有可能是武断的。简言之，民主有可能导致多数暴政，但它同样也有可能导致精心策划的少数的暴政，或者随心所欲的非理性暴政。[1]

　　需要注意的是，权力关系只有以一种含蓄的、令人难以置信的方式，才能成为聚合式的共同的善的概念所讨论的内容。在努力使卢梭计划更加合乎逻辑的背后所隐含的假设在于，如果这一计划失败，那么，所有集体决策都只是披着民主决策外衣的非法的不合理要求。既

12

---

①　社会福利函数是福利经济学的一个概念，如果把社会福利看做个人福利的总和，那么，社会福利函数就是所有个人福利总和的函数。如果用效用水平来表示个人的福利，那么，社会福利就是个人福利的函数。——译者注

然研究文献中存在着无法使卢梭计划合乎逻辑的广泛共识，那么，自由主义者就会坚持认为，对所有集体行动都应施加尽可能多的限制，诸如赖克（Riker）、温加斯特（Weingast）、布坎南（Buchanan）以及塔洛克（Tullock）等自由论者，都持这种观点（Shapiro 1996：30-42）。

对多数暴政的恐惧，使得麦迪逊和联邦党人设计出一种包含多重否决权的政治体制，其目的是为了让多数派的政治行动更为困难，即"以野心来对抗野心"（Hamilton，Madison，and Jay［1788］1966：318）的分权体制。这一体制包括一个拥有立法违宪（legislation unconstitutional）权的独立法院；一名总统，其选举和合法性独立于立法部门；强大的两院制，在这种体制下，所有立法必须经过两院的同意，而且，两院 2/3 的多数票可以推翻总统的否决权；还包括一种联邦体制，这种体制使得联邦与各州政府在管辖权问题上时常处于紧张状态。后阿罗时代（post-Arrovian）的社会选择理论文献的发现，已经促使像赖克和温加斯特这样的评论家支持在政府行动可能性方面增加否决项（veto point），他们主张，法院应尽可能地对立法机关施加约束，以免立法机关在个人权利，特别是财产权方面屈从于非理性的或遭到操控的集体决策。[2]

我们不需要在这些僵化的制度安排的种种优点上多费口舌，就已经可以承认，阿罗成功地战胜了卢梭。毕竟，问题的关键在于与什么进行比较。阿罗的发现所解决的不仅仅是多数原则的问题。阿罗定理表明，在他所假设的偏好多样性、适度的制度条件、对理性的无懈可击的限制等情形下，没有任何机制能够产生理性的集体决策。自由论者认定，替代方案是尽可能多地减少政府行动，但这是不充分的，理由有两个。其一，假定使政府行动困难就能限制集体行动是错误的。也许是由于自由论者倾向于使用社会契约论的惯用术语来思考问题，其评论家通常这样写道，在一个仍然拥有私人财产权、履行契约以及一整套披着标准的华丽衣饰的消极自由（negative freedom）的社会里，"不采取"（not having）集体行动才是符合逻辑的选择。诸如俄罗斯等国家最近的经验提醒我们，这些国家采用的都是代价高昂的制度，需要付出持续的集体努力（Holmes and Sunstein 1999）。自由论者的宪政安排，是一种通过国家保留下来的集体行动制度，其财政收入在很大比例上依赖于那些宁愿选择一种替代制度的人所缴纳的税赋。这样，更恰当的问题不是"要不要集体行动"，而是"哪一种集体行动"。

其二，赖克和温加斯特（Riker and Weingast 1988）等自由宪政主义者，倾向于将焦点集中于立法机关潜在的制度病变方面，而忽视了他们试图用于抑制立法行动的那些机构。至少在美国，法院本身就是支持多数原则的机构。我们有充足的理由相信，法院受到投票循环的影响绝不亚于立法机关，而且有可能比立法机关更容易受到操控。对法院议事日程和案件的处理顺序有重大决定权的首席大法官，对其同僚的偏好非常了解，原因在于，他们判决过许多关系密切的相关案例，而且人员的调整是渐进式的、缓慢的。从理论上说，法官受制于法律原则和判例，但是，正如奥利弗·温德尔·霍姆斯（Oliver Wendell Holmes）坚决主张的，在很多情况下，这些原则和判例可以被一位有足够胆识的法官用来支持任何一项判决结果。[3] 事实上，在一个由 100 人组成的参议院，其 1/3 的成员每两年改选一次，或者在一个由 435 人组成的众议院，其所有成员每两年均改选一次——更别说全部人口了，缺乏操控表决结果的相关信息是很正常的事情。准确地说，现任议员的高当选率减缓了议员的调整频率，而且，他们的多数工作都是在较小的委员会中完成的。即使如此，我们仍然没有理由相信，他们比法院更容易受到阿罗所说的那种武断或受操控的结果的潜在影响。[4]

1.1.2　与理性集体决策相对立的观点

自由宪政主义者对民主的批判是存在缺陷的，但比这一点更为重要的是对非专制的决策结果的种种期盼。阿罗可能已经证明，像卢梭式的公意通常是不存在的，可为什么我们还要受此困扰？传递

14

性（transitivity）也许是个人理性的一个很好的合理特征，但我们仍然不清楚是否要求集体决策也具备这一特征。如果纽约巨人队（New York Giants）击败达拉斯牛仔队（Dallas Cowboys），达拉斯牛仔队又战胜华盛顿红人队（Washington Redskins），没有人会就此认为红人队不应与巨人队比赛，以免违反传递原则。陷入僵局的委员会有时会通过抛掷硬币的方式来作出决策——也许这有些武断，但对维系集体生活却是必要的。在这种情形下，让人们感觉到每一项竞赛或决策机制都是公平的，比让人们担心明天将面对不同的结果要更为重要（Mueller 1989：390-392）。

如果我们不再期望卢梭式的公意或社会福利函数像漂浮在形而上空间（metaphysical space）的柏拉图式模型（Platonic form）一样，隐藏在某处等待着我们去发现，那么，我们就仍然可能对多数原则在多数情形下所具有的优点信服。正如下文我将要论证的，赞成多数原则的原因之一是它促进了竞争理念。另一个原因是，多数原则有助于政治稳定，因为它使推翻现状的永久可能性实现了制度化。如迪·帕尔玛（Di Palma 1990：55）和普热沃尔斯基（Przeworski 1991：10-12）等理论家都指出，正是关于未来的不确定性的制度化，激励那些在任一回合中失败的人得以继续服从程序，而不是以武力抗争或从此疏远政治体制。这种情形不会发生在只有单一主流分裂的社会中，例如一个人口大多数具有相同偏好的社会。这样一种偏好结构将会预先阻止阿罗循环（Arrovian cycle）的发生，但其代价是将忠诚的反对派（loyal opposition，反对现任政府，但却支持民主体制）转变成不忠诚的反对派，输者往往试图颠覆整个制度本身。

尼古拉斯·米勒（Nicholas Miller 1983：735-740）通过对此进行总结得出结论，在隐含于自阿罗以来的社会选择文献中的稳定概念，与多元主义者眼中的稳定概念之间，存在着一种紧张关系。前者主张对偏好施加不同的限制以阻止循环的发生，而后者则转向人们之间错综交叉的利益分层。政府的周期性更迭就得益于这种能够创造循

15

环可能性的异质偏好（hetero-generous preference）。事实上，比较政治的研究者常常认为，当异质偏好缺少的时候，竞争式民主是无法运行的。如果人们的"偏好—分裂"（preference-cleavages）不能充分交叉以产生这一结果，他们就会提出替代性的制度安排，例如阿伦·利普哈特（Arend Lijphart 1969，1977）提出的协和式民主（conso-ciational democracy），其中就包括赋予少数派否决权，迫使代表不同团体的精英达成共识并以卡特尔的方式进行治理，避免政治竞争。[5]

1.1.3　循环投票的可能性

因而，进一步的审视表明，出现循环投票的可能性并非一件让人特别烦恼的事情，而且它甚至可能有利于民主制度的稳定。循环投票如何在事实上真正可能发生，是另一个问题。前文我已经指出，如果绝大多数人具有完全相同的偏好，循环投票是不可能发生的。对偏好的其他不同限制也将减少甚或消除循环投票的可能性（Mueller 1989：63-66，81-82）。至少有一项理论研究结果表明，即使存在着异质偏好，但在人口众多的社会中，循环投票相对来说也不容易发生（Tangian 2000）。而且，杰里·麦凯（Gerry Mackie 2003）所进行的一项全面而详尽的经验性研究已经揭示出，社会选择研究文献中几乎每一项所谓的循环投票都建立在错误数据或其他谬误的基础之上。[6]也许，民主国家能够在上述两种情形下左右逢源。循环投票的可能性促使某次选举的失败者有动力继续保持对制度的忠诚，并对未来获胜满怀希望；而现实中循环投票的很少发生却意味着，政府的政策不会遭受永久性的更改（Tullock 1981）。[7]例如，在税收政策领域，毫无疑问，对于任何一种可以想象出来的现状，都会存在一种潜在的反对联盟，正如人们从一个三人社会以多数原则投票来分配一元钱的情形中所看到的，不管是哪种分配方式，改变它都有可能符合多数人的利益。然而，很长时间以来，税收政策却依然保持着巨大的稳定性（Witte 1985）。

16

简言之，尽管社会选择研究文献对循环投票的可能性给予了很多关注，但我们仍然没有什么理由认为它们会削弱多元主义民主的吸引力。只有放弃了卢梭式的期望即集体行动应由公意或社会福利函数所引导，我们才有足够的理由相信，对集体行动施加民主限制仍然是可取的。这一点将会变得非常明显，如果我们能够对以下几点保持警醒的话：社会生活中的权力运作是不以人的意志为转移的；无论多么含蓄，削弱政府的职能也是一种集体安排；用以控制民主"不理性"的制度所受到的不理性行为的影响，也许不比它们所意欲限制的立法机关小；循环投票真正发生的可能性仍然不清楚；无论如何我们都没有足够的理由相信，后阿罗时代的民主评论家们所珍爱的理性稳定（rational stability）是值得期待的，与此相反，我们或许会有很好的理由来避免它。

1.1.4 全体一致规则优先

如果公共选择研究文献的发现对民主合法性的威胁不如通常所臆想的严重，那么，对于与托克维尔和密尔的论证以及美国制宪者（Framers）写入宪法的反对多数统治的观点相联系的、更为传统意义上的对多数暴政的担忧，我们又该如何看待呢？在这一点上，托克维尔的预测是特别悲观的。"镣铐和刽子手，是暴政昔日使用的野蛮工具。"他写道，"而在今天，文明也使本来觉得自己没有什么可学的专制得到了改进。"对于托克维尔来说，多数暴政的可能性是美国式民主带来的最大威胁。他援引了麦迪逊在《联邦党人文集》第51篇所表达的担忧："在一个其体制使得强大党派能很容易联合起来压迫弱小党派的社会里，无政府状态真的有可能（像在未开化的野蛮状态下一样）占有优势。"托克维尔指出："假使有一天自由在美国毁灭，那也一定是多数的无限权威使然，因为这种权威将会使少数忍无可忍，逼得少数诉诸武力。"[①] 其结果可能是无政府状态的出现，正如

---

① 上述两句引文的翻译参考借用了托克维尔《论美国的民主》（上册，北京，商务印书馆，1991）293、299页两段译文。——译者注

麦迪逊所言："这将是专制统治的结果。"（Tocqueville［1835］1969：255，260）

詹姆斯·布坎南和戈登·塔洛克对这种危险提出了富有理论建树 *17* 的回应，它建立在美国的制宪者致力于使得某些权利和自由更加不易为多数原则所更改的基础之上。运用稍后因约翰·罗尔斯（John Rawls）而著名的推断方式，他们提出了这样的问题：互不相干的个人在完全不清楚"在决策过程中，他的角色究竟是什么"的立宪会议上，会选择什么样的决策规则？无论是出于自利还是利他的目的，每个代理人都为处境所迫而"行动，尽管是出于私利，但却好像是他们正在为社会团体选择最佳的规则"（Buchanan and Tullock 1962：78，96）。[8]他们指出，依照这种思考，就没有任何理由去偏爱多数原则而放弃其他可能的选择。对于任何个人而言，集体决策必然有其成本和收益，而最佳决策规则将会使"外部成本"（external costs，个人为第三方合法而有害的行动所支付的成本）和"决策成本"（decision-making costs，集体行动为协商达成一致而支付的成本）的总和最小化。当所需多数的规模日益庞大时，集体行动的外部成本就会降低。在少数有关全体一致规则（unanimity rule）的事例中，由于每个人都有权否决行动的提议，因而每个人都得到了绝对的保护。相反，由于协商成本提高，因而决策成本通常会随着多数所要求的比例的提高而明显增加。制宪阶段的选择难题在于，对于不同形式的集体行动而言，需要决定在哪一环节上支付的总成本最小，并就未来不同环境下适用的一套决策规则达成一致（Buchanan and Tullock 1962：63-77）。

至少可以区分出三种要求使用不同决策规则的集体行动。第一种是初始的决策规则，这种规则是出台其他决策规则的依据。布坎南和塔洛克"假定，不需要详细阐释，在这一最重要的阶段……要保持全体一致规则"。第二种是"那些可能的集体或公共决策，通过它们对已经为社会所界定或广泛接受的个人权利或产权结构进行修正和限制"。由于预见到集体行动可能"会强加高昂的成本于己"，因此，个

18　人倾向于"赋予获得其同意以很高的价值，而且，他还可能十分乐意承受高昂的决策成本，以确保他在事实上得到合理的保护。因而，他会要求采用接近全体一致的决策规则"。第三种是政府所承担的集体行动。在这种集体行动中，"个人将会意识到，私人组织将会对他强加一些相互依赖成本，可能非常高昂，而根据假设，他有可能支持将诸如此类的行动移交到公共部门（public sector）"。例如公共教育的提供、建筑和消防法典（building and fire codes）的实施以及维持足够的警力等。对于这种一般性立法（general legislation），个人在立宪阶段将会支持包容性较小的决策规则，尽管不一定是简单多数原则。而事实上，在这种集体行动中，个人有可能同意将不同的多数原则作为实现不同目的的最佳条件。决策种类的多少以及所精选的决策规则的数量，取决于个人期望成功的条件，以及对多种行为使用同一规则所带来的规模回报（return to scale）的预期。他们认为，对达成一致的高层次要求，能够使人们的利益得到保护，而这却需要花费原本可以用来从事其他活动的时间。结果，他们提出了一种浮动计算法（sliding scale）。根据他们的解释，民主最适合于用来解决那些具有中度重要性的问题。具有高度重要性的问题不应使用民主的手段来解决，而那些具有低度重要性的问题则可以授权给行政官员去解决（Buchanan and Tullock 1962：73-77）。

　　上述观点有许多缺陷，不过，我们现在不用去讨论它（Shapiro 1996：19-29）。在这里我们需要强调的是，布坎南和塔洛克最初对全体一致规则的支持，基于两个令人怀疑的假设，它们使得民主看似丧失了其原有的吸引力。第一个假设是前文提到的社会契约论，即可能存在一个初始阶段，在这一阶段，社会中只有私人行动，而不需要集体制度的支持。即使我们亲身参与了布坎南和塔洛克提出的"思想试验"（thought experiment），第二个假设的缺陷仍然会出现。他们认为，全体一致决策规则具有唯一性，如果决策成本为零，那么，这种决策规则就成为所有集体行动的唯一理性的决策规则。[9]但是，这种观点将"作为决策规则的全体一致"与"作为社会状态的全体一

致"混为一谈，后者指的是一种条件，即每一个人都确实希望出现相 *19*
同结果的世界。道格拉斯·雷（Douglas Rae）早已指出，从布坎南
和塔洛克立宪选择的观点出发，更富有意义的是，假定我们对未来状
况有可能满意，同样也有可能不满意，而一旦我们对未来状况不满
意，要求全体一致的决策规则就会使我们的偏好受挫。布坎南和塔洛
克自始至终都假设，只有背离现状才需要证明其正当性，但雷却坚持
认为，这一点是得不到保证的。长期的外在性（externalities）或
"效用转移"（utility drift，雷的用语），都有可能改变我们对现状的
评估。在某种情况下，我们有可能感觉到，失败的集体行动而不是集
体行动本身应该承担举证责任（burden of proof）（Rae 1975：1270-
1294）。[10]人们可以因其他原因（预见到的或未预见到的）而改变自
己的意愿，抑或某人会反对上一代通过全体一致而造就的现状，并且
不愿受此束缚。事实上，雷已经正式提出，如果我们假定，我们有可
能支持任何提议，同样也有可能反对它，似乎这正是立宪选择所要求
的不确定性条件，那么，多数原则或最接近它的某种原则，才是解决
布坎南和塔洛克立宪选择难题的唯一方法（Rae 1969：40-56，
51）。[11]

1.1.5　多数暴政的可能性

与其他政体相比，多数民主是否有可能导致暴政，终究只是一
个经验问题。罗伯特·达尔（Robert Dahl 2002）已经提醒我们，
在托克维尔清晰地表达出他的恐惧以来的一个半世纪里，事实证
明，他所珍爱的个人权利和政治自由，在民主国家比非民主国家实
质上得到了更好的尊重。具有真正意义上的言论和结社自由、尊重
个人权利和财产权、禁止酷刑并且保证法律面前人人平等的国家，
绝大多数都是拥有民主政体的国家。即使我们将个人权利的定义扩
展至包含社会和经济保障，也没有人能够提出令人信服的案例，来
说明非民主国家在提供这些权利方面比民主国家做得更好。[12]当 *20*
然，对此进行经验研究是困难的，因为世界上大多数富裕的国家

同时也是民主国家，它们拥有为意义深远的社会经济提供保障的资源。

关于宪法法院是否会在民主国家产生不同影响的问题，在美国，联邦司法部门确实在一个时期内与政府的立法部门（legislative branch of government）相对抗，从而成功地捍卫了个人权利和公民自由，最著名的就是沃伦法院（Warren Court）时期。[13]但也有一段时期，宪法法院却将种族歧视合法化并否认公民自由（Smith 1997：165-409）。令人惊奇的是，直到最近，除了一些秘闻逸事的流传外，对这一问题始终缺少系统的研究。早在1956年，达尔就提出了这样的怀疑，即与没有宪法法院的民主国家相比，拥有宪法法院的民主国家更有可能对个人自由受尊重的程度产生积极影响，他在一篇有重大影响的文章《民主国家的决策：最高法院作为国家的决策者》中更为充分地阐释了这一观点（Dahl 1997：279-295）。随后的学术成果也表明，达尔的怀疑是很有意义的（Dahl 1956：105-112，1989：188-192；Tushnet 1999；Hirschl 1999）。事实上，我们有理由认为，独立法院在新民主国家的声望和独立银行（independent banks）的流行而不是与个人自由的保护有更多的共同之处。它们可以作为工具向外国投资者和国际经济机构表明，民选官员介入再分配政策或者干预财产权的能力将会受到限制。也就是说，独立法院有可能成为一种工具，借此可以将国内政治反对派带离谈判桌，从而限制他们反对不得人心政策的能力（Hirschl 2000）。

这并不是要否认诸如法院等事后评判机构（second-guessing institution）可以在奉行多数原则的体制中扮演适当的角色。我将在第4章探讨把法院视为强化民主而不是限制民主的思维方式。不管怎样，这的确说明，对于多数原则将变成引发多数统治的引擎的恐惧，历史上尚未得到明证。事实上，那些希冀通过选举来使多数人占有被他们视为少数人非法所得的成果，以实现"通向社会主义的议会道路"（parliamentary road to socialism）的意识形态左派（ideological left），已经深感失望了，其原因将在第 5 章进行分析。

1.2 协商式民主对共同的善的理解

有关协商式民主的文献，在某种程度上是对聚合式民主研究的不满而产生的一种回应，不过，它并不是针对我们始终思考的有关聚合式民主对权力和集体行动等问题的疏忽。聚合式民主本身所关心的是如何进行数学运算来解决卢梭式难题；协商式民主的支持者同样也在寻找共同的善，但他们却希望通过转换偏好的方式而不是将偏好加总的方式来获得共同的善。这不是真正意义上的卢梭式方案（卢梭并未将协商视为一种有用的政治工具）。无论如何，还是应该归功于卢梭的嘱托，人们应该根据自己对社会整体善恶的认知而不是个人偏好来投票。[14] 其目的就是要使我们朝着"超越敌对式民主"（adversary democracy）的方向前进（Mansbridge 1980）。

人们鼓吹协商的理由各不相同。一些人看中的是它的内在价值。更为一般性的协商因工具性原因而具有价值：达成共识、发现真相以及意识的觉醒等。至少在某些时候，协商可以促进上述以及相关的价值，但同样也会付出代价。浪费时间、久拖不决、在面临必要的变革时拖延、对议事日程的不正当控制等，都是常见的代价。有时候是人为设计的，有时候却不是，协商如同在火烧眉毛之际仍心系无关紧要之事（fiddle while Rome burns）①。如果协商并不能保证在任何时候、任何地点都起到积极的作用，那么，我们如何决定人们渴望进行协商的条件？

协商式救治药方的提出，是对人们普遍认为的流行于当代民主中的各种顽疾的一种回应。常见的有劣质的决策、低水平的参与、政府

① "fiddle while Rome burns" 是一个典故，原意为罗马遭大火焚城，人们却仍在集体演奏小提琴。——译者注

合法性的下降以及公民的无知等。协商式民主的倡导者，如古特曼和汤普森（Gutmann and Thompson 1996）、阿克曼和菲什金（Ackerman and Fishkin 2002）等人，均在为协商式民主的优点辩护。他们认为，当代政治受控于肤浅的电视竞选和政治广告，而协商却微乎其微。其中隐含的思想是，如果能够摆脱在选举上争强好胜的肥皂剧，我们就能获得更为深思熟虑且有效的政治选择。协商论坛的范围，可以包括市政会议（town meeting）、指定的协商时间、公民陪审团（citizen juries）和"协商式民意测验"（deliberative polls）——随机选择的人群，他们对特殊议题非常熟悉并能决定应该做什么（Fishkin 1991）。在一些人看来，这些实体应该贯穿于现有程序之中，而另一些人则认为，应该逐渐用它们取代现有程序，以构建一种更有活力的参与式政治。这些提议背后共同的推动力量在于，人们在相互讨论的过程中，会修正他们关于社会应该做什么的认知。由于这一缘故，民主参与的关键之处更多的是制造共同的善而不是去发现它。事实上，协商式民主的理论家有时候似乎将寻找共同的善的行为理解为共同的善本身（Shapiro 1996：109-136）。有些协商式民主的理论家虽然没有这么极端，但通常也假设，如果人们能够在正确的环境里展开充分的讨论，就能达成更多的共识，而这是一件好事。

1.2.1　作为共同的善的互惠协商

关于协商在实践中如何运作的有影响力的解释之一，就是古特曼和汤普森二人在其值得多加探讨的著作《民主与分歧》（*Democracy and Disagreement*）中提出的协商观。他们认为，协商的目的就是在可能的情况下使人们之间的分歧最小化；如果人们之间的分歧不可能调和，则协商可以使人们容忍他人的观点，保持"相互尊重"。依据互惠（reciprocity）思想，他们主张这样一种协商观，公民"渴望一种彼此均无非议的政治论据"，每个人提出的要求，都能够使其他人接受。二人并不认为协商将会消除政治中的所有道德分歧，但是，他们期望协商可以减少分歧，并能更好地帮助心存歧见的人们趋于达成可接受的政策。即使不能消弭分歧，它还是"有助于公民在处理不可避免地存在的分歧时，能够彼此保持尊重"。古特曼和汤普森认为，协商的缺乏不仅仅存在于公共辩论领域，它同样也在有关民主的学术评论中得到反映。"在日常政治生活有关道德分歧的持续讨论中，学术评论表现出令人吃惊的沉默，其结果是，不仅我们的民主政治中遭遇协商赤字，我们的民主理论同样也是如此。"而且，"如果我们不减少民主理论中的协商赤字的话，就不可能降低政治中的协商赤字"（Gutmann and Thompson 1996：2-12，52-53，346）。

如果想知道古特曼和汤普森的协商民主模式对于减少美国政治中的道德分歧或促进无法调和的差异之间的容忍是否有效，就需要审视它在以下各方辩论中发挥了什么作用：堕胎合法论者（pro-lifer）与反对堕胎合法化者（pro-choicer）；"莫泽特诉霍金斯县教育委员会案"[15]中父母认为学校的教科书侵犯了其子女宗教活动自由的各方，或者在选区重新划分、维权行动（affirmative action）①、福利改革、儿童援助（child-support）以及二人所描述的其他有争议的政治议题中的辩论各方。他们认为，如果不同观点的倡导者"为了自身的缘故而寻求公正的合作方式"，在他们自己的观点中承诺将求助于"形式上道德、内容上彼此都可以接受的理由"，那么，这些分歧将会减少到最低限度，而且可以促进相互间的容忍（Gutmann and Thompson 1996：53，57）。他们阐述了使用这一模型能够解释上述或其他公共政策辩论的原因，同时也阐明，在某些情况下，这一模型无法解决人们之间的争议。无论如何，这与证明它在实践中是否会实际发生有所不同。古特曼和汤普森的确

---

①　关于"affirmative action"有多种译法，另译为"积极行动"、"肯定行动"、"平权行动"、"纠正歧视行动"等，译者采用陆谷孙主编《英汉大词典》（上海，上海译文出版社，2007）中的译法，见该词典31页词条。维权行动方案（affirmative action program）则指美国通过立法等制定的改善黑人、妇女就业或受教育机会的政策行动方案。——译者注

对一些实际的协商过程给予了有保留的赞许，例如，俄勒冈州1990年举行的用以确定医疗补助接受者优先顺序的会议（见1.2.2节）。但他们却从未提到过任何实际存在的符合其协商理想的民主协商过程。因此，他们的模型是否能够带来他们所宣扬的益处，依旧悬而未决。

有时候，人们或许有可能通过更多上述形式的协商较好地解决彼此间的差异，并逐渐容纳他们原本反对的观点。但是，我们有什么理由假定，在进行这样的尝试方面的失败，就是人们所考察的公共政策议题没有按照古特曼和汤普森所倡导的方式进行解决的主要原因。认为致使人们彼此间在政治上产生分歧的多数议题，对理性分析的接受常常超出人们的体验，这是问题的一个方面；问题的另一方面在于，相信致使重大分歧得不到更好解决的原因是"古特曼—汤普森"式协商的匮乏。他们对某些道德分歧的性质，以及当争论各方适时表示出善意时可能针对建设性的回应所采取的引起争议的策略，给出了一些貌似合理的解释，但是，他们的解释对于权力关系和利益冲突在政治中所发挥的作用却关注太少。

古特曼和汤普森呼吁更多协商式民主的主要原因在于，在他们所观察到的政治争论中协商太少。"在我们的民主政治实践中，通过录音片段（sound bite）进行交流、依靠人格诋毁展开竞争，以及凭借追逐私利讨价还价来解决政治冲突，频繁使用这些手段来取代围绕有争议的议题进行协商。"（Gutmann and Thompson 1996：12）但是，录音政治和媒体主宰的竞选，很可能主要是由于美国人对公费竞选的强烈反感以及与此相伴的私人财富在政治中的影响所造成的。即使在一个协商机制得以推广的世界里，这种状况仍有可能保持，因为根据1976年最高法院的公告，规范政治支出（political expenditure）是对言论自由的违宪干预。[16]在美国这种环境下，对协商式民主的任何行之有效的捍卫，都需要展示出协商机制比被那些拥有控制议事日程、使决策发生扭曲的资源的人所败坏的现行机制更为廉洁，都需要证明其建立符合成本效益。

古特曼和汤普森将协商视为灵丹妙药，在这方面二人并不是孤立的。例如，阿克曼和菲什金（Ackerman and Fishkin 2002：129-152）就曾主张在全国大选前一周设立协商日（deliberation day）。根据这项提议，所有参与地方学校和社区中心协商的公民，都将获得 150 美元的报酬。该项提议的倡议者认为，该计划每年要花费 150 亿美元的公共资金——不包括间接的经济成本。一旦候选人当选、纲领确定、竞选费用耗尽，我们就很难看到，这样一笔巨额支出能够带来什么益处？相反，每年支出 150 亿美元用以扶持弱小的第三党或公费竞选，反倒有可能减少致使人们要求进行更多的协商才能解决的政治问题。[17]

抛开这些考虑，协商是否能够体现出其辩护者所说的那种令人愉悦的政治特质，仍然如雾里看花。正如古特曼和汤普森曾一度承认的，协商有时会加重分歧和冲突。他们所想到的事例，都是引发强烈情感的道德议题，是自 17 世纪宗教战争以来自由主义者试图在政治上予以缓和的那些典型议题。在这些领域中产生的对协商民主的怀疑，源自这样一种假设，即存在着"道德上的狂热分子和道德智者，在政治上，前者可能比后者更喜欢畅所欲言"。古特曼和汤普森的回应是，尽管道德观点"能够产生狂热的人"，但同样也能"用他们自己的用语来反击他们的主张"。协商破坏了道德极端主义者的基础，这些极端主义者"必定认为，他们已经获得了解决道德冲突的最佳答案，而根本不用同那些受这些解答约束的公民伙伴们协商"。在日常的政治论坛中，"在与对人们的生活有影响的议题拥有发言权的其他人进行协商之前，我们了解政治真相的假设，从来就无法得到证实"。因此，他们得出了一个有利于协商的假设："通过拒绝给协商提供机会，道德极端主义者抛弃了最能为其不妥协的立场提供保护的基础。"（Gutmann and Thompson 1996：44-45）

虽然这种推理对我们大多数人极具诱惑力，却很难想象一个原教旨主义者会为其所折服——特别是当他得知，他所提出的任何经验性的观点都必须与"相对可靠的调查方法"相符的时候。他同样也会对古特曼和汤普森将后果解释为不会"排斥宗教诉求本身"（为什么不，令人疑窦丛生）感到不舒服，因为这些诉求并不包括逐字逐句地去解释《圣经》。之所以对逐字逐句解释《圣经》进行限制，原因就在于"事实上所有当代的原教旨主义者都要对《圣经》加以解释，接受某些字面上真实的东西，修正其他部分的意思。因此，拒绝接受依赖于令人难以置信的假设的道德主张，并不是对宗教的拒斥"（Gutmann and Thompson 1996：56）。如果这种道德主张的三段论效力能够在理论上引起原教旨主义者的注意，那么，一旦他被告知自己无权坚持任何一项特殊的《圣经》戒规的字面真实含义，他也必将无法再接受。他将会理所当然地声称，在那种条件下所进行的协商对他是不公平的。"古特曼—汤普森"模型仅仅对那些也将自己视为易谬主义（fallibilist）民主人士的原教旨主义者是有效的。我担心，这是一个虚无的阶级（empty class），它注定是不存在的。

欧文·菲斯（Owen Fiss）和罗纳德·德沃金（Ronald Dworkin）等人相信，法院比其他政治机构更适合解决公共领域中的各派道德观点之间的纷争。古特曼和汤普森对这些人的怀疑似乎是合理的。这种观点既没有强有力的理论观点作为支撑，也没有具有说服力的证据来加以证明。无论如何，与他们所支持的观点似乎不同的是，这一点与标准的宪政主义者所主张的避免或限制关于强烈的——尤其是宗教的——分歧的公共协商观几乎是不相关的。这并不是转而幻想依赖法院以恪守原则的方式来解决这些争议，而在于认识到没有人能够解决这些争议。其中蕴含的思想在于，这些争议具有爆炸性的潜力，为了教众和民主政体的福祉，如果想要把它们与有组织的政治活动尽可能多地隔离开，最好的方法就是遵从史蒂芬·霍姆斯（Stephen Holmes）所阐释的"言论钳制令"（gag rule），即宪法第一条修正案中的禁设国教条款。这是宪政主义者反对在公共领域中解决宗教分歧尝试的重要理由。或许，从协商式民主的观点出发可以对此作出回应，但古特曼和汤普森并未这样做。

1.2.2　协商与利益冲突

古特曼和汤普森承认，协商有可能使政治背离他们所重视的一致与调和，这只是揭开了问题的冰山一角。除了不可调和的宗教价值观外，拥有利益冲突的人们并不总是能够明白，他们之间的利益冲突实际上是怎样的情形。协商可以使分歧表面化，使裂痕加深而不是缩小。[18]这正是马克思主义者所希望的由意识觉醒（consciousness-raising）带来的后果：使工人发现与其雇主之间存在着不可调和的利益冲突，帮助无产阶级实现从自在阶级（class-in-itself）向革命的自为阶级（class-for-itself）的转变。其结果是，这些期望已被证明是天真幼稚的。不管怎样，从一般的意义上说，仍然没有特别的理由相信，协商会使人们放弃彼此之间的分歧，即使人们希望并想要这样做。关系冷淡但尚未发展到离婚境地的夫妻双方，也可能从相互承诺解决彼此间长期存在的分歧入手，并学会在那些无法解决的问题上相互容忍来弥合情感的分裂。但是，一旦开始真诚的交流，双方有可能发现新的不可调和的分歧，致使双方关系再度恶化，甚至有可能在恶语相加中分道扬镳。人们可以充满理性地期盼，通过协商来阐明人类之间的相互作用，但是，除了有可能揭示潜在的趋同可能性外，也有可能使人们之间的深层分歧暴露无遗。当然，所有这一切均取决于人们实际上拥有什么样的基本利益、价值观以及偏好。

古特曼和汤普森二人对"对抗性利益"（contending interests）的漠视，最为明显地体现在 20 世纪 90 年代早期他们对俄勒冈州医保（health care）改革的相关讨论中。立法机关通过一系列的"市政会议"，让公民和各类医疗机构的专家对医保服务进行排序，来确定对青壮年贫困人口的医保定量配给的程序。[19]由于公共财政预算的限制，这是一项艰难的选择，其目的就是找到一种解决人们关于医保优先顺序分歧的方法。古特曼和汤普森指出，这种程序是无效的，原因在于该计划仅仅覆盖了青壮年贫困人口。他们将此描述为"基本的不正义"（basic injustice），它"有可能对调查和社区

会议（community meetings）带来不利的影响，而这无论如何不符

合协商的理想"。尽管如此，他们仍然对这一过程大加赞扬，因为
它"迫使官员和公民面对他们先前曾极力回避的一个严肃问题——
并且以合作的态度来面对它"。他们还指出，这一过程有助于改善
潜在的不正义状况，因为当议员们"最终发现列表上的各种治疗在
原来预算的限制之下将不得不取消时，他们会想方设法找到更多的
资源，并增加针对穷人的医保预算总额"（Gutmann and Thompson
1996：143-144）。

需要注意的是，立法机关占用额外资金的决定，与协商会议的基
本内容是没有关系的，协商会议从不染指总预算应该是多少，或者医
保资源与州财政其他需求之间的取舍等诸如此类的问题。这并不是存
在道德分歧的公民凭借互惠协商交流而走到一起的产物。恰恰相反，
对于没有参加医保的穷人来说，它是协商过程的一种幸运的外在表
现——尽管其价值不过如此——由协商过程所引发的公众的注意，有
助于使得穷人的困境成为媒体和立法机关关注的焦点。如果说这就是
对俄勒冈州协商过程的捍卫，那么，就必须将它与公开未参保穷人状
况的其他方式——如宣传活动、公众抗议或者集体诉讼等——在相似
性和更好的效果等方面进行比较。不管怎样，这一问题与古特曼和汤
普森对协商的捍卫没有什么关系：协商可以减少分歧，而且能够增加
对无法化解的分歧的相互容纳。

事实上，在医保资源的定量配给过程中，做出正确的选择非常艰
难，作为解决这些分歧的手段，俄勒冈州协商过程是一个典型的失败
案例。古特曼和汤普森也像其他人一样承认，要在医疗程序的最终序
列与协商过程的结果之间找到某种关联，并非一件易事，在俄勒冈州
试图将一种审慎的措施（measure of prudence）引入医保优先次序
时，只不过充当了公众表达愤怒的一种工具而已（Hadorn 1991）。
然而，古特曼和汤普森仍然指出，协商"显然有助于公民、议员以及
医保专家对他们自己所持价值观有更好的理解——包括他们所共享的
和没有共享的价值"。但是，我们实际上正在谈论的究竟是谁的价值

观?"公民、议员和卫生保健专家"总的说来排斥了俄勒冈州计划中应该覆盖的群体——青壮年穷人。这里所谈论的并不是古特曼和汤普 *29* 森所主张的"不正义"——事实上,这项选择的确"使得部分穷人牺牲了他们所需的医保,以使其他有迫切需要的穷人获得急需的医保,而生活较优裕的公民却可以得到想要的治疗"。相反,问题在于:在一个关于医保优先顺序的协商过程中,那些应该被讨论的群体实际上却没有参与,为什么我们就能认定这一过程具有合法性呢?[20]古特曼和汤普森二人在其著作中批评工作福利制(workfare)和福利改革(welfare reform)时也表达了相似的观点。他们指出,有必要建立一种"鼓励经济上和教育上处于弱势地位的公民参加的"参与式过程(Gutmann and Thompson 1996:143-144,303-306)。这一观点看似正确。不过,正如我在 1.3 节中将要论及的,它需要得到进一步的论证。

上述案例的部分症结在于,那些不得不容忍协商结果的人,或多或少在决策过程中是缺乏代表性的;而其他症结则在于,大多数决策者都清楚,他们永远都不会依赖那些连自己的定量配给或供应都交由他人讨论的好人(the good)。如英国和加拿大两国,大多数人接受的是集体定量配给的医疗服务,人们对经由政治过程产生的民主决策的参与,使最终的政策具有了合法性。相比之下,俄勒冈州有高达 80% 的人口未受到这种定量配给计划的影响(Daniels 1991:2233-2234)。这里的关键之处在于,决策过程的合法性会随着它们的包容程度以及决策者受约束的程度而发生变化。协商过程也不例外。古特曼和汤普森原则上是承认这一点的。他们将政治决策视为具有集体约束力的政策,只不过增加了"它们因此应该尽可能公正地对待每一个受其约束的人"(Gutmann and Thompson 1996:13)。不管怎样,他们的讨论却没有敏锐地注意到这样一个现实,即不同的人受到不同的集体决策的制约。当一项决策产生的影响出现巨大变化时,人们之间的利益分歧就会以与决策合法性评估相关的各种方式出现。

当各个团体逃避它们作出的政策的影响的能力出现实质性差异时，这一点就会十分明显地表现出来。那些能够轻易避开其影响的人，与那些退出成本（exit cost）极端高昂的人，在同一决策中不存在重大的共同利益。美国公立学校的种族隔离现象雄辩地说明，当人们对此缺乏认识时会发生什么样的事情。市区的公立学校资源极其缺乏，因为中产阶级白人选民无论是在财力上还是人力上都选择退出，转而进入私立学校或郊区学校（Hochschild 1984）。应该补充一点，选择进入郊区学校的人们，很可能就居住在被誉为协商式民主典范的城镇里。例如，1995 年，康涅狄格州计划在全州范围内减少学校的种族隔离，该计划在新英格兰地区市政会议中经过多次详尽而充分的协商，但是，哈特福德（Hartford）和纽黑文（New Haven）两城市市中心贫民区的居民却根本没有任何有效的发言权。① 其结果是，贫民的利益被轻易地忽视了，该计划也以失败而草草收场（McDermott 1999：31–53）。像对待足够的医保一样，古特曼和汤普森着重强调，充分的初等和中等教育对于在民主生活中提供必要的基本机会具有重要意义。但他们似乎并未察觉到，当协商在道格拉斯·雷（Rae 1999：165–192）所描述的美国人越来越多地生活于其中的"分割的民主"（segmented democracies）的基础上运行时，它往往成为提供这些条件的一种障碍。当退出能力（capacity for exit）出现极大差异之时，人们所需要的并非广泛的协商，而是保护弱者的行动。

1.2.3 协商的背景

协商式民主文献的另一个缺陷在于，相对而言，它忽视了究竟是什么塑造了协商在现代民主国家中的地位。在某种程度上，更多的协商对于公共政策的形成是有益的，对于能够以最大限度减少相互间差异的方式进行协商持有不同道德信念的人而言，主要的障碍不是缺

---

① 新英格兰是美国东北部的一个地区，包括缅因州、佛蒙特州、新罕布什尔州、马萨诸塞州、罗得岛州以及康涅狄格州。哈特福德为康涅狄格州首府所在地，而纽黑文为康涅狄格州南部港口城市，耶鲁大学所在地。——译者注

少协商的意愿。相反，障碍来自权力强大的行为者的决定，他们通过对政治家和政治竞选进行财政捐助，按照他们自己的意愿塑造着公共辩论所使用的术语。恩格斯曾经将选票描述为"纸弹"（paper stones）。在"巴克利诉瓦莱奥案"发生后，所有有效的政治竞选都要求有数百万美元的专用资金，来购买必要的电视时段以展开政治较量，此时的所有公共协商都充斥着电波发出的"口舌弹"（verbal stones），而胜利总是属于弹药充足的一方。即使这已经远离了古特曼和汤普森在鼓吹协商时所要讨论的内容，但是，一本强调协商在当代美国政治中重要性的著作，竟然可以忽视它所创造的政治现实，的确是一件令人惊奇的事情。

例如，在讨论克林顿政府医保改革尝试失败时，古特曼和汤普森二人试图将责任归咎于希拉里·克林顿（Hillary Clinton）的全国医保改革特别工作组（Task Force on National Health Care Reform）的秘密会议（secret meeting），还有其他没有提到的因素。二人赞成当时的批评者所说的，"如果在改革计划的形成过程中，政策的制定者不能表明他们正在回应批评并考虑各种利益"，那么，此计划将更难获得支持。由此二人得出结论，即使"保密可以提高协商的质量，它也会减少将一项理由充分的议案转变成为法律的机会"（Gutmann and Thompson 1996：117）。也许，克林顿政府是不称职的，没有能够成功地获得国会重要议员如参议员莫伊尼汉（Moynihan）和纳恩（Nunn）等人的支持，无力应对这项建议所涉及的巨大经济规模（3万亿美元经济体的 12％）[21]，还有里根政府和布什政府遗留的结构性赤字方面的原因，除此之外，秘密会议也是导致失败的原因之一[22]。但是，任何一个曾经历过由于大量信息误导而致使该法案的支持率逐渐下降，并遭政府抛弃的人，对于医药、保险和其他企业为了封杀该项立法而在公关和游说活动中投入 5 000 万美元巨资的重要性，又如何能不感到惊讶呢？[23]

在古特曼和汤普森看来，一般而言，保密对于政府而言并非一件好事。为了探究 1993 年和 1994 年医保改革的失败在多大程度上与保密有关，我们并不需要就此与二人展开争论。与电视口水战（the war of words）和政治游说活动提出的选择方式相比，保密的重要性似乎显得微不足道。由于它们的存在，重要的选择（特别是加拿大式的单一付款人制度［single payer system］）从来没有得到严肃的讨论，而整个辩论都集中在与医保改革法案要实现的基本目标——覆盖全部人口——无关的议题上。控制竞争的可能性以及人们有无选择医生的自由等问题，主宰了整个讨论，而 4 000 万未参保人口的困境却被搁置一旁。我们很难看出，古特曼和汤普森的协商赤字的任何一个方面是如何对此负责的，因为这一难题与使相互冲突的观点达成一致，或者在无法达成一致的人们之间发现通融，是没有什么关系的。相反，难题在于公众的脑海中本应出现某种相互冲突的观点，但却从未出现过。否则，我们如何解释这样一个事实，即人们为什么从未对单一付款人制度进行过严肃的讨论，即使在公共辩论的初始阶段，尽管一个资深学术评论机构曾经指出，它是迄今为止覆盖全部人口的、最符合成本—效益的可行的医保方式之一。[24]

对于任何一个因克林顿政府医保改革的失败而苦恼的人来说，金钱在辩论中的作用应该是最值得担心的事情。但是，古特曼和汤普森二人却从未提及这一点。也许他们会说，他们的著作不仅仅涉及这一主题，但是，这种说法很难与他们二人所宣称关注的焦点一致，他们所关注的焦点在于"每日的民主政治论坛"，从而使其协商观有别于其他学术讨论，因为后者"对惯常的政治背景麻木迟钝：权力的压力、不平等问题、多元化要求、劝说的迫切要求"。正如我所指出的，令人惊奇的是，他们对政治的这些独特之处所给予的关注极少。他们只是为以下事实所激励：尽管"协商的质量和从事协商的条件都远不理想，但在每一个案例中，某些公民和官员提出了与互惠性相一致的论证，这表明，协商的观点并不是一种乌托邦"（Gutmann and Thompson 1996：2-3）。

我们不应如此轻易地相信这一点。除非它有足够分量的证据来证明，并且能够获得充足的制度力量来影响由强大的利益集团所构造的政治运行方式，否则，就很难使人接受这样的观点，即协商将会引领人们通过相互承认彼此间的正当要求而趋于共同的善。金钱在政治中所扮演的决定性角色意味着，政治家首先必须为赢得竞选捐款而展开竞争，其次才是赢得选民的热情和理智。由于忽视了这一点，古特曼和汤普森对于权力关系对协商在政治中所发挥的作用的影响，缺少应有的关注。

阿克曼和菲什金设立协商日的提议，也存在类似的问题。这种提议对现实的政治选择产生影响的概率，似乎是微不足道的。除了忽视竞选支出的作用外，它还忽略了候选人的选拔、党代表大会、政策纲领以及利益集团的活动等。也许，如果在选举日（Election Day）一周前更早的时候将协商机制引入政治过程，并构建成为用来影响资源不平等所形成的政治结果的方式，那么，这些难题或许有可能得到缓解。阿克曼和菲什金甚至根本没有考虑这些可能性，这进一步表明，他们二人将缺少协商的程度与协商发生于其中的权力背景两个问题混为一谈了。

1.3　理想情景中的协商?

菲什金创立协商民意测验（deliberative poll）的提议也引起了类似的担忧。与他和阿克曼共同提出的协商日不同，协商民意测验有可能发生在权力不平等作用不明显的环境中：随机挑选参与者，并且给予他们报酬。毫无疑问，这样的协商民意测验能够提供某种便利，特别是在协商的时间成本与深入理解错综复杂的议题的益处之间起到一种平衡作用。将某些政治决策移交给这种团体的想法，无疑是新颖的，它事实上要比菲什金的观点更进一步。与关注陪审团合法性的理由相似，也许，它们也具有民主的合法性。事实上，一个组织这种民意测验的团体——明尼阿波利斯的杰斐逊中心（Jefferson Center）——就将它称为"公民陪审团"（citizen jury）。[25]但是，协商民意测验和公民陪审团的支持者显然未能成功地表达与其民主合法性相关的问题。由谁来决定将哪些议题提交给这些团体进行讨论并作出决策？谁来设定议事日程？在随机选出的团体面前进行论证的"专家"应该是"平衡"的，但是，谁来维持平衡？又由谁来决定他们应该使用什么标准？参与协商民意测验和公民陪审团有可能会改变人们的观点，但是，如果无法就上述问题给出令人满意的答复，就很难使我们相信这种改变会比原来更好，或很难使我们相信，在民主社会中它们应该获得特殊的尊敬。

其他一些比协商民意测验和公民陪审团更为彻底脱离政治现实的协商理论，也得到了发展。例如，尤尔根·哈贝马斯（Jürgen Habermas 1979，1984）的理想话语环境（ideal speech situation）和阿克曼（Ackerman 1980）的公平对话模式（dialogic model of justice），均诉诸一种与现实政治中的权力思考相分离的自由话语模式。

34 这些理论的支持者相信，他们可以在理想的协商条件下，使得人们在政治制度、安排及政策上达成一致。在这一点上，他们的努力与罗尔斯的设想是类似的，罗尔斯试图确定，在设计用来排除自利（self-interest）因素的"无知之幕"（veil of ignorance）背后，人们将选择什么样的基本政治制度框架。正如我在 1.1.4 节讨论布坎南和塔洛克的观点时所指出的，我们不能根据虚无缥缈的东西做出推断。因此，因循罗尔斯式传统的理论家们，依据关于人性和他们的模型中所使用的社会领域因果结构的假设而得出不同的结论，也就不足为奇了（Shapiro 1986）。就目前的讨论来说，需要注意的是，这些都是唯我论（solipsistic theory）的，都试图回答这样的问题：在某种具体明确的理想条件下，一个理性的人将会选择什么样的制度或安排？[26]

理想协商理论所面临的另外一个难题是，如果一个人能够毫不含糊地回答上述问题——事实上是不可能的——那么，每个人都有可能对此做出清晰的回答。但是，如此一来还需要协商做什么？理想协商的理论家们陷入进退维谷的两难境地。要么必须承认，他们关于理想协商条件下应该如何选择的推测是不明确的，正如古特曼和汤普森的推测，使得人们对他们的理论在现实世界中的作用产生怀疑；要么他们可以宣称，对他们证明真正的协商趋于相同结果的能力持怀疑态度是错误的。如此一来，协商将毫无价值可言。

【注释】

［1］尽管有些久远，但在对这些文献所进行的评论中，最全面且最实用的是米勒（Mueller 1989）的评论。也可参见 Shapiro 1996：16-52；Przeworski 1999。

［2］Riker 1982；Riker and Weingast 1988。关于多重否决项限制政府行动可能性的方法，见 Tsebelis 2002。

［3］霍姆斯常奚落他的法官同事，向他们提出挑战，要他们说出任何一条他们喜欢的公认的司法规则或判例，然后向他们展示用这些规则或判例来支持他们手头案例的任何一项判决。见 Menand 2001：339-447。

［4］Easterbrook 1982；Murphy 1964。对此更为普遍的论据是，如果确如赖克所言投票毫无意义，这对他的"自由主义"的损害绝不亚于他所攻击的"民粹主义"（populism）。见 Coleman and Forejohn 1986。

［5］我将在 4.1.3 和 4.1.4 两部分，讨论这些与决定人们的偏好是相互加强还是彼此交叉，以及在什么条件下前者如何转换为后者等问题相联系的经验性难题。

［6］也可参见 Green and Shapiro 1994：98-146。

［7］关于制度可以减少循环可能性的论据，参见 Shepsle and Weingast 1981。

［8］展现这部著作影响力的标志之一是，在其出版大约 1/4 世纪后的 1986 年，布坎南获得了诺贝尔经济学奖，表彰词特别指出："他的理论为经济学和政治决策理论提供了契约和宪政基础。"见 http://www. nobel. se/economics/laureates/1986/［9/3/20］。

［9］如果允许投票交易（vote trading），这一点就不一定成立了。在这一假设下，如果不用支付决策成本，就不存在为了同一理由而选择的最佳决策规则。正如科斯（Coase 1960：1-44）所指出的，在缺少信息成本（information cost）、财富效应（wealth effect）、外部效应（external effect）以及其他影响交换的因素如搭便车（free riding）等情形下，没有哪一套侵权责任规则（tort liability）体系

会比其他规则体系更为有效。无论这种体制怎样，人们都要进行交易以产生帕累托最优（Pareto-optimal）效果。不管怎样，即使纯粹的投票市场并不存在，布坎南和塔洛克（Buchanan and Tullock 1962：270-274）也承认，有一些限制是不可避免的。他们坚持认为，在缺少决策成本的情况下，全体一致规则是唯一可选的方式。

[10] 也见 Barry［1965］1990；Fishkin 1979：69。

[11] 当选民人数是奇数时，最佳决策规则是多数原则，n除以2加1/2；当n为偶数时，最佳决策规则为多数原则（n除以2加1），或多数原则减1（仅n除以2）。

[12] 社会学家特伦斯·马歇尔（Terence Marshall 1965：78）对三种类型的综合权利做出了十分明确的区分：公民权利（civil right）包括"必要的个人自由权利——人身自由、言论自由、思想和信仰自由、拥有财产的权利和缔结契约的权利，以及正义权（维护和捍卫自己权利的权利）"。政治权利（political right）包括"参与政治权力行使的权利，成为被赋予某种政治权威的机构的成员或者成为这种机构的选举团成员的权利"。马歇尔的社会权利（social right）的整个范围则是指，"从享有少量经济福利和安全到充分享有社会遗产并依据社会通行的标准享受文明生活的权利"。马歇尔的观点比历史已经证明的结果要乐观得多，他认为，社会在现代化过程中，权利是从公民权利转向政治权利再转向社会权利的。

[13] 这里需要先解决一些术语问题，才能继续探讨实质性议题。例如，洛克纳时代（Lochner era）最高法院以保护个人自由的名义取消了许多法案，而这些法案的目的在于增加社会和经济保障——按照前一注释中马歇尔的术语来说，就是以牺牲社会权利为代价来推动公民权利。见"洛克纳诉纽约州案"（Lochner v. New York, 198 U. S. 45［1905］）。关于洛克纳时代以及整个沃伦法院时期（1953—1969年）美国宪法演变的一般性讨论，见Tribe 1978。

[14] 对于卢梭来说，投票是通过使人们聚焦于社会整体的至善来克制私欲的手段。正如他所阐释的："当人们在人民大会上提议制定一项法律时，他们向人民所提问的，准确地说，并不是人民究竟是赞成还是反对这一提议，而是它是否符合公意，而这个公意也就是他们自己的意志。每个人在投票时都表达了自己对这一问题的意见。"（Rousseau［1762］1968：153）

[15] "莫泽特诉霍金斯县教育委员会案"（Mozert v. Hawkins County Board

of Education，827 F. 2d 1058［6th Cir. 1987]）。

　　［16］在"巴克利诉瓦莱奥案"（Buckley v. Valeo，424 U. S. 1［1976]）中，最高法院坚持认为，尽管国会可以规范政党和候选人的财政捐助，但却不能调整用于政治言论的私人支出。随后最高法院在"奥斯汀诉密歇根州议会商业案"（Austin v. Michigan State Chamber of Commerce，110 S. Ct. 1391［1990]）中，曾允许对企业政治资助进行少许限制。但实际上，按照"巴克利案"的原则，再对私人资助的政治广告进行限制，已经行不通了。

　　［17］阿克曼和菲什金（Ackerman and Fishkin，2002：148）坚持认为，"从标准的成本—收益分析角度出发，来看待150亿美元的年度支出，是一个严重的错误"，因为它所带来的"巨大"利益"无法与成本—收益关系中的其他要素用同样的标准去衡量"。即使我们承认收益与所宣称的一样巨大，而同时所付出的成本与收益并不相称，他们的观点仍然忽略了这里需要强调的重点：所获得的收益必须与将这笔巨款用于其他强化美国民主的方式所带来的收益进行比较。

　　［18］见西蒙（Simon 2000）和松斯泰恩（Sunstein 2002）对于经验性条件的讨论。在这些条件下，协商会导致观点的分歧而不是趋同。

　　［19］要求参与者依据重要性程度对治疗类别排序列表，并清楚地说明引导他们做出决定的价值。然后，州议会将这份列表作为拨付医疗款项的标准。俄勒冈州计划的目的是将医疗补助人口从符合联邦贫困标准的68％扩大到100％，并通过精确的定量配给程序来资助增加的支出。尽管到1997年2月俄勒冈州新参保人口增加了126 000人，但实际上其中多数是由于立法机关的新增拨款实现的，而并非通过定量配给优先性的协商带来的。见 Daniels 1991；Montague 1997：64-66。

　　［20］根据丹尼尔斯（Daniels 1991：2234）的报告，出席会议的绝大多数是"受过高等教育的、生活相对富裕的以及白人"听众，其中半数是保健专家。9.4％的出席者是未参保人员（当时未参保人数为全州人口的16％），而出席会议的医疗补助接受者（在其他议题上，他们也是贫困儿童的唯一直接代表）则严重不足。

　　［21］见 Marmor 1994：2-3，184。

　　［22］关于这一失败的解释，见 Hacker 1997；Skocpol 1997。

　　［23］5 000万美元这一数字是赖恩（Rinne 1995：4-5）提出的。另见 Hamburger and Marmor 1993：27-32。

[24] 见 Marmor 1994。

[25] 见杰斐逊中心网站：www. jefferson-center. org [9/3/02]。

[26] 关于哈贝马斯和罗尔斯之间的不同，见他们的交流：Habermas 1995；Rawls 1995。

第 2 章 以协商对抗统治？

协商并不像其支持者通常所认为的那样，是包治百病的灵丹妙药，但这并不意味着协商在政治中就失去了其存在的价值。那么，我们应该如何看待它在促进共同的善中的确切作用呢？鉴于迄今为止我们在讨论聚合式和协商式两种民主理论对共同的善的理解时所面临的难题，我建议采用一种更为凝练的概念——它来自马基雅维利而不是卢梭。在《李维罗马史疏义》一书中，马基雅维利暗示，共同的善指的是人们在避免统治方面共享的利益。[1]也许还有一种更为健全的共同的善的概念，似乎应该加以辩护，但是，上述概念是大多数貌似可信的关于正义和民主理论所共享的基本信念（Shapiro 1999a：1-63）。如果我们接受这一点，协商是否会促进共同的善这一问题，就会变成它是否会减少统治。

为了回答这一问题，我从 2.1 节开始转向对有关权力研究的文献进行分析。由于大多数研究者都忽略了制度性的安排，因此这些研究文献多具有提示性而非启发性。大多数研究者要么认为它们与权力的运行无关，要么专注于认识论问题，使得权力研究的理论家们远离了探究自身观点中的制度性意蕴。即使那些在某一特殊的权力理论问题上能够取得共识的理论家，也没有投入更多的精力去探究其理论对于制度设计或者规范理论的意义。相反，他们始终致力于捍卫其理论来应对批评家们的指责——例如，证明所谓的塑造议事日程和偏好的权力第二和第三向度，可以使用缜密的经验研究方式，或者阐释结构理论抓住了已经迷失在向度（face）争论中的权力的特征。这些行动或许是有价值的，但它们却没有回答如下问题：关于权力问题的思考如何在对民主的理论解释中发挥重要作用？我将从 2.2 节开始，以来自权力研究文献的深刻见解为基础，通过对协商制度的潜在角色进行解释来解决这一问题。我的解释始于这样的认知，尽管权力关系渗透在我们所做的每一件事之中，但是，它们从来都不是我们所要做的事情的全部。我们所面临的挑战在于，需要找到控制人类相互作用中的权力维度（power dimension）的方法，在最低限度介入非权力维度的同时对统治进行限制。审慎和强加的解决方法的诸多弊病都表明，如果有可能的话，应该使协商服务于这一目标。

　　无论如何，加强协商的权利和制度，会带来双重风险，这是我在 2.3 节和 2.4 节要讨论的问题。它们有可能被拥有权势者用来推诿和拖延，实际上是助长了统治而不是对它造成损害，而促进协商的制度性手段有可能仅仅起到讨价还价的作用。我认为，第二种风险所带来的麻烦较少，这取决于我们成功地降低了第一种风险的程度：将要求增加协商的权利，赋予那些在特定情形下处于弱势的人，因为他们的基本利益受到了威胁。如果这样做只能带来更多的讨价还价，这可能就是为错失一种较好的解决方法将要付出的代价，而我们原本是可以借助协商的创造性合作特征找到这种方法的。但是，至少这样一种代价不应该由最易受到统治影响的群体承担；从这一意义上来说，即便它不是最优结果，也仍然不失为一种值得期盼的结果。这一结论为我在第 3 章从权力中心观（power-centered perspective）出发，对政治制度进行更为全面的讨论创造了条件。

2.1　关于权力的思考

有这样一群理论家，或许称其为副现象论①者最为合适，他们包括马克思（Marx［1844］1972：26-52）、莫斯卡（Mosca 1939）、米歇尔斯（Michels 1962）和米尔斯（Mills 1956）等。尽管他们之间存在众多差异，但他们都假定，权力总是优于制度安排，这使得制度无法成为一个令人感兴趣的研究主题。按照他们的观点，要驯化权力关系是不可能的。权力关系随着时间的变化而演化、更替，但它们永远不会被消除。其结果是，在人类的集体生活中自始至终仍然保留着权力与统治。[2]事实上，值得注意的是，即使那些向他们发起挑战的学者，如达尔（Dahl 1961），也很少论及民主与这种挑战之间的关系。达尔在《谁统治?》（*Who Governs?*）一书中就试图证明，美国城市中不同的精英会作出不同的决策，但在该书中几乎找不到达尔对其民主原则的辩护。而达尔的"行为主义"权力理论，如同它所衍生的大量批判性和增补性文献一样，所关心的只是如何界定权力以及如何依据经验甄别权力。

诚然，关于权力向度（faces-of-power）争论的各种不同的理论，对于思考制度设计是有启发意义的。权力第一向度（the first face）的拥护者主要专注于决策问题，第二向度（the second face）的支持者更关注议事日程的确定问题，而第三向度（the third face）的追随者所关注的，则是那些抑制原本可以获得表达并付诸行动的偏好的因素。[3]即使在这些相互冲突的权力本体论（ontology of power）的约束之下，其支持者也未能阐述他们主张的制度意蕴——关于决策应该如何作出，在有关制度改革的争论中应该如何对待设定议事日程的权力，或者当沉默出现时应该如何处理。人们不需要对这些错综

---

① 副现象论（epiphenomenalism）是心理学的一种身心关系理论，主张"意识是行为产生的附带现象而不起任何作用"。——译者注

复杂的争论进行研究就可以得出结论，任何行之有效的民主理论都必须专注于决策、议事日程的控制，以及各种偏好得以形成和表达的条件。[4]此外，或许可以从关于权力向度的争论中发现与制度设计有关的特殊意蕴，但事实上却没有人这么做过。

关于权力思考的晚近欧洲传统，也在很大程度上忽视了制度安排，造成这种状况的部分原因在于它的马克思主义根源，部分原因则在于，它几乎只是在本体论（ontology）和认识论（epistemology）领域内来界定和甄别权力。而且，从马尔库塞（Marcuse 1965：81－117）对"强制性宽容"（repressive tolerance）的讨论，到福柯（Foucault 1977，1980，1982）对权力"无处不在、不可消除"的坚持，这些文献所提出的实质性主张，都未能带来对"驾驭权力关系方式的优劣"的讨论，更不要说有利于这一讨论了。或许，宽容是民主的一个值得期盼的特质，即使民主是带有强制性的。但是，诸如马尔库塞这样的批判理论家，从来都不关注诸如此类的问题。同样，福柯的著作为"权力关系无处不在、不可消除"的命题提供了有力的支持，但我们仍然不清楚的是，如果说它有意义的话，那么，这对于辨别可供选择的制度的可能性的意义何在？的确，秉承福柯传统的评论家有时候以论战的（agonistic）理由即民主有助于争论来捍卫民主（Hayward 2000：173-174）。不管怎样，如果统治关系（relations of domination）像九头蛇一样，蔑视所有驯化它们的企图，那么，正如福柯所言，这对于争论也毫无意义。即使有人相信其对立面（实际上是不可能的），福柯的著作中也没有告诉我们，哪种制度安排对于产生必要的争论更好或是更糟。

上述推论的一个不完全的例外是克拉丽莎·海沃德的《揭开权力的面纱》（De-facing Power）一书，此书给人留下了深刻印象，它对认为权力存在于社会界限（social boundaries）网络中的福柯式权力观，以及存在于英美权力研究文献中的系统案例研究的特征，进行了综合。海沃德提供了一个令人信服的论据，她认为，统治减少的程度，就是自由得以强化的程度，这里的自由应该被理解为使人们具有塑造他们自己可能的活动领域的能力。从这一点出发，她指出，政治制度"应该被构建，以使它对其他社会制度和实践发挥自由促进的作用"。但是，她却未曾论及如何实现这一目标，只是在谈论国家"对社会实践和制度的存续与繁荣具有重大影响"，以及民主规范和实践"部分是由社会行动的界限界定的，包括平等主义的价值观和尊重自决的原则，这既可以促进在社会可能性的集体决定方面的包容性，也可以在某种程度上促进权力关系的可变性"（Hayward 2000：177）。

我们可以赞同海沃德的观点，即民主和平等的价值观"可以用来使人们关注宪政原则与这些特定的实践和制度所带来的实际效果之间的矛盾"（Hayward 2000：177）。然而，这对于思考这一切在特定环境下如何发生，以及在使人们有能力提升他们的自由以形成他们得以集体行动来限制统治的领域，哪些规范能够或多或少发挥有效的影响，显然只是一个微不足道的起点。对于民主的制度工程而言，采取下一个步骤，甚或系列步骤，只是所面临的众多重大挑战之一。

我提出"系列步骤"的构想，目的是为了强调，权力关系无处不在的观点在以下两个方面处于过度伸展状态：一是未能成功地对权力行使的不同方式作出区分（我将在第 3 章讨论这一主题）；二是将权力存在于所有集体生活的有效观察等同于所有集体生活都可以简化为权力关系的错误观点。它认为权力关系弥漫于诸如工作场所、家以及教堂等各种环境之中，并不是要否认这些地方除了权力的行使外不存在其他活动。产品的生产和服务的提供有可能经常性地，或许是不可避免地涉及权力关系，对亲密（intimacy）、情感（affection）、教育以及精神满足的追求也不例外，同样也可能包括权力关系，但它们并非权力关系本身。在这一领域中，民主理论家们所面临的挑战在于，为人类相互作用的权力维度设计一种机制，以便在尽可能地限制对其他活动进行干预的同时，使统治最小化。关于人们所期盼的协商有助于这一目标实现的条件，笔者将在 2.3 节中进行讨论。首要的是，我

39

们必须更为充分地揭示权力关系以及渗透着权力关系的人类其他行为之间的差别。

2.2　局内人智慧与高位善

正如我所指出的，协商的好处并不是清晰可辨的。它取决于环境的许多偶然性，而且，有时候协商所付出的成本超过了它所带来的益处。这一现实给未来负责制度设计的第三方（third-party）带来很多困难：他们通常并不知道多少协商以及哪些协商可以增强人类的其他行为。例如，即便在公司内部增加可以使公司运转更有效的某种协商形式，为什么就能假定政府计划的制定者知道这些协商是什么？假定那些介入公司运营的人知道这一点，或者具有发现它的动机，看起来是一个不错的方法。如果他们失败了，而他们的竞争对手却成功了，他们就会屈从于市场的准则。就像体育运动队一样，如果某种协商可以提高它的成绩，那么，实行协商的运动队将获胜，而失败者将付出代价。这些事例表明，我们可以假定，在选择问题上的智慧偏向的是局内人智慧（insiders' wisdom）：在特定活动中有娴熟技巧的人比其他任何人更有可能知道如何才能做得更好，更有理由知道需要多少协商以及哪些协商更有可能促进它。我们可以说，局内人的智慧与追求高位善（superordinate goods）有关，即与人们努力追求并从中获得意义和价值的目标有关。[5]

关于偏向局内人智慧的假设，并不是针对"坚持集体行动的追求必须伴之以协商制度"所进行的一种假设。它只是要求，这种坚持的目标及为其所作的辩解不是我们所说的为了促进行为的追求。正如我们将要看到的，要求协商还有其他原因，它们与我们在追求高位善的过程中对他人行使权力的现实联系在一起。要恰当地控制我们行为的权力维度，就需要一种特殊的局内人智慧，这种智慧就是我所描述的关于民主控制的低位善（subordinate goods）。政府应

40

该尽其所能对此拥有渊博的知识，而协商有时候即与此相关。但是，这一主张既不同于认为人们所追求的高位善在某种程度上有别于他们卷入其中的权力关系的观点，也不同于它们应该免于政府管辖的看法。

现在，可能有人会提出反对意见，认为我的讨论到目前为止都过分依赖于经济绩效和体育比赛获胜这两个容易误导人的例子。相比之下，这两个例子都依赖于毋庸置疑的底线（bottom lines）来判定其成功与失败：公司赢利或赔钱，运动队获胜或出局。但是，许多集体行动的目的都是存有争议的，而且无论怎样都缺少清晰度。在这方面，大学在终身职位激励下对学术成就的评估，就是很好的例子，至少在人文和社会科学领域如此。一个人的卓越洞察力，在另一个人看来，可能是陈腐的老生常谈，而底线——尽管不过如此——是由背负言辞重负的不大可靠的名誉等级来加以衡量的：最优秀的人就是最优秀的人，因为是由那些被誉为最优秀的人来宣称他们是最优秀的，而有时候甚至没有任何其他理由。明显客观的标准，如引文索引（citation index），很容易被内部的派系所操控，由他们自己来掌控成功的定义。外部的底线有可能在某些方面加强或削弱他们的判断，但这需要几十年甚或几代人才最终有可能发生，而在某些情况下却根本不可能发生。

这是一个严肃的问题，特别是因为人类很多集体活动与学术评估——而不是体育比赛的获胜或公司赢利——有更多的相似之处。不过，这对我目前的论证不会产生影响。不论多么困难，我们都没有更好的理由认为，政府官员具有评判伊丽莎白时期诗歌或不同种类社会科学的能力，正如我们没有理由相信他们懂得如何管理公司或体育运动队。然而，政府可以在防止这些评估被假冒成其他东西方面发挥正当功能。关于这一点，我将在 2.3 节中讨论。局内人对于什么是最好的文学或社会科学，可能存在争议，但是我们很难以此为根据来假定缺少局内人智慧的人会做得更好。文本主义者（textualist）和背景主义者（contextualist）对于如何阅读书籍持有不同观点；后现代主

41

义者（postmodernist）和统计学家对于如何从事社会研究意见也不统一。这些争议可能很激烈，即便假定杰西·赫尔姆斯（Jesse Helms）① 知道哪一方是正确的，对于解决这些争议也是丝毫没有意义的。

对于从观察中获得的上述观点的另一种可能的不同意见在于，即使那些公司的控制者对如何使公司运转意见一致，他们也有可能是错误的。经济领域内短期行为的投资决策带来的破坏性后果、经理人经常损害股东的利益、买方以某种形式的企业并购来掠夺和破坏赢利的公司等，关于其效果的种种观点，都建立在这些事情实际有可能发生的基础之上。我们不能不考虑这种可能性。无论如何，重要的是要对两种观点作出区分：一种观点主张为保护弱势雇员的利益而介入；另一种观点假定，局外人知道如何能够使公司更加有效地运转——更不用说他们也清楚什么时机在公司内增加协商更加有助于这一目标的实现。协商太少有可能导致效率低下，滥用协商也有可能出现相同的结果（Hansmann 2000）。询问"协商是不是一件好事"，就如同在问"锯子是不是一种好工具"。如果你要制作木架，它当然是一种得心应手的工具。但是，如果你要修理一只手表，它就不是好工具了。

政府机构又怎么样呢？在民主体制中，人民应该是进行自我管理的。也许，政府应该在对我们提出协商要求的方面受到严格的限制，但是，不能由此得出结论说，我们在要求政府进行协商时，也应该受到相似的限制。这种观点又令人难以置信地倒退到古希腊将民主理解为轮流进行统治和被统治的观点。在一个由大型民族国家组成、人口以千万甚至上亿来计算，以及具有复杂劳动分工的世界中，轮流坐庄是一种不切实际的空想，而代议制政府原理的发展，就是对这种空想的一种回应。它同样也是对这样一种思想的部分让步：治理是一种活动，在其内部存在着对特殊能力产生影响的劳动分工。现代术语"民主控制"（democratic control）一词，使人想到一种受到民主制约的

---

① 杰西·赫尔姆斯，自1972年起曾五度连任美国联邦参议员，并多年担任参议院外交委员会主席，被称为新右翼（New Right）的旗手。——译者注

独立活动。从这一角度来看，政府的民主控制与公司的民主控制，在性质上没有明显的不同：有一些局内人，通常是但并不总是专业人员，人们期望他们具备专业能力，但同时也应该受到民主的限制。

人们不再认为，局外人有资格要求最高法院法官在投票赞成或拒绝调取案卷之前应该协商，就像他们不再被认为有资格要求经理人在投资新产品生产线之前应该协商一样。类似的事例，还有不容亵渎的、需要精心维护的参众两院的规则，内阁会议的频率和持续时间，或者参议院中围绕着阻挠议事行动而展开的秘密实践，等等。诸如此类的实践，或多或少经常以协商的方式得到改革，但却鲜有迫于外界的协商要求压力而作出回应的。政府事务运行的此类规则，是关于那些被认为具有相关局内人智慧经验的人的高位善的组成部分。

不管怎样，政府治理的确不同于公司、家庭、教会以及其他集体活动的经营和运作。区别在于，政府治理的高位善的重要组成部分之一是在既定疆界或领土内权力的合法行使。这为控制那些通过民主竞争获得政治权力的政治家提供了正当理由，关于这一点我们将在 3.2 节中加以讨论。它同样也是重视在增加协商的过程中产生的反对派权利的理由：保护弱势群体以使他们避免接受强加的决议。关于这一点，我将在 2.3 节中加以讨论。但是，这毕竟不同于理论上所说的增加协商通常可以改善政府的治理。局外人无法辨别它的真实性，就像他们无法得知，在人生其他领域有多少协商以及哪种协商是最佳选择一样。

在公民中增加协商，应该由政府根据协商的内在价值而不是工具性将其制度化。这种建议又怎么样呢？从某种程度上说，这样做有助于人们进行更多的协商，但这取决于他们试图或必须完成的其他目标是什么。我们应该能预料到，这是因人而异的。认为更多的协商总是一件好事的观点，容易使人联想到一群政治"瘾君子"沉浸在回忆上次会议讨论的情景，或者治疗专家宣称，所有可能的世界中，最好的就是人人总是接受治疗的世界。

毋庸置疑，的确存在着貌似可信的关于人类条件的概念，它们对协商具有内在价值的思想发挥着支撑作用。例如，某人可能会根据"主体间的认知是存在的最高阶段"这一观点，而支持新黑格尔哲学心理学（neo-Hegelian philosophical psychology）。[6] 按照这种观点，仅仅当我们能够向他人证明自己是谁时，我们才能成为真正的人。那么，协商就被视为这种行为固有的东西，而不应根据它对其他行为的贡献或减损来作出评估。毫无疑问，这种关于人类条件的观点是可信的，但也存在着其他可信的观点，而且，很难看出这种观点为什么会优先于其他观点。持不同政见者（dissident）有可能不情愿接受这一观点对公民权利提出的强烈要求，那么，就没有理由强迫他们那么做。这并不是要阻止真正的信仰者与其他志趣相投的人进行协商，对于后者而言，协商是一个重要的甚或至关重要的高位善。

43

因此，对于那些为了保护其内在利益而进行的协商，政府最好将其视为一种"善"的消费；人民应该自由地——而不是被迫地——决定是否加入其中。这并不是说政府不应该在其中掺杂自己的利益。有强烈协商偏好的人，可能会通过控制议事日程或仅仅在政治上耗费大量时间，而对协商结果施加更多的影响（Sirianni 2001，1993：283-312）。一旦跨过这一门槛，我们就有太多的事情需要协商，但是，问题在于我们不知道这种事情究竟会在什么时候发生。从本书提出的观点来看，我们应该像对待任何其他高位善一样来对待这种形式的协商。在具备局内人智慧的有利条件以及政府认知能力受限的条件下，我们应该怎么办呢？接下来，我们将讨论这一问题。

2.3　通过协商限制统治

对于如何追求高位善问题，最好留给那些具备局内人智慧的人去解决，但是，也不能使他们完全不受限制。前文已经提出之所以这么做的理由：高位善与权力之间关系密切。这暗示着政府在调节高位善追求的过程中扮演着另外一种角色。不管怎样，此角色是一种发挥条件作用的角色，其目的不是为了寻求政府一己之私利。恰恰相反，在人们追求高位善的过程中，政府既然不能消除统治，那就应该极力去限制出现统治的可能性。

有一种方式对于思考政府应该尽力建立协商机制的适宜环境是有帮助的，那就是赫希曼式（Hirschmanesque）的思考方式：当退出成本提高时，发言权的重要性也随之增加（Hirschman 1970）。根据这一观点，我们可以说，参与协商的权利应该随着人们受制于困境的程度而发生变化。如果一位股东因公司的管理而蒙受损失，他可以出售该公司的股票而买入另一个他喜欢的公司的股票。而一个受到不利影响的公司雇员，却很少有相同的行动自由，因此，他要求进行协商的愿望也更为强烈。从这一有利形势出发，我们很容易明白，为什么在 1.2.2 节中所讨论的市政会议无法令人满意。在会议举行过程中，退出成本很高的年老穷人没有有效的发言权，因为他们中的大多数并没有参加会议，而参与协商的大多数人的退出成本都是微不足道的，因为他们还有医保补助之外的其他选择。这样，拥有有效的发言权与退出成本之间本应是一种正相关，但现在却被负相关所取代。

即使受影响的一方无法参与决策过程，在某些情形下坚持由其他人参与重大问题的协商，仍然不失为一种明智之举。因此，在刑事案件中要求陪审团必须作出全体一致的决定，其目的就是鼓励陪审团在判决某人有罪之前进行充分的协商。终止病危患者生命维持系统的决定，也应被看做属于相似的类型：坚持在经过协商之后再作出决定，或许还需要在法院的监督之下，才能保护那些不可避免受到这一决定影响的人的重要利益，这是无可非议的。

当每个人的退出成本都很低的时候，事实上已经不存在要求协商的理由了；从定义来看，利益攸关不是决策的抵押品。当所有人的退出成本都很高，而且他们拥有相同的切身利益时，也可以得出同样的结论。如果所有人受决策影响的程度相同，那么，将关于使用什么决策规则、是否需要协商、需要多少协商等问题，交由聪明的局内人去处理，是一种理性的做法。如果所有人都具有同等重大的相关利益（正如"无知之幕"中，一群健康人事先对未来如何控制器官移植作出决策），那么，任何人都无权凭借决策程序凌驾于他人，局外人也没有任何理由对此评头论足。

在思考要求进行协商的适当时机时，我们不能只考虑退出成本的差别，还需要考虑相关利益的种类。只要我们考虑将要求协商的权利与退出成本联系起来这一规则的局限性，或许在退出成本非常高时，赋予那些承担最大成本的人以拖延、上诉甚至否决的权利，这一点就变得特别明显。凭借我们的直觉（to fix intuition），来思考民主转型前处于少数地位的南非白人的情况。在预定的转型过程中，白人的损失注定要远远高于事实上获益的非白种人（nonwhite），因为他们原本就比非白种人拥有更多的资源、更显赫的地位和权力。从这种意义上说，白人的退出成本是较大的，但这并不意味着他们因此就应被赋予拖延、上诉甚至否决的权利。部分原因或许是由于在实行种族隔离政策期间，他们的获益都属于非法所得，但这并不是决定性的因素。毕竟，如果我们回溯得足够久远的话，大多数人的收益都有可能是来路不明的。

我的建议是，当基本利益面临重大威胁时，就可以激活诸如此类的保护措施。我们可以根据人们所需的明显要素来思考人们的基本利益，包括人们在这个世界上作为独立个体生存和发展所需的各种物品，可能是人们一生所需要的。这个概念与罗尔斯（Rawls 1971）、德沃金（Dworkin 1981）和森（Sen 1992）等人提出的观点，都应被归入资源主义观点（resourcist views）一类，所有这些人从实现多重良善生活的角度，都强调一些基本的或工具性的财物的重要性。关于他们与其他资源主义者之间观点的差别，我们不需要在这里详加讨论。我们只要知道以下观点就足够了：就良善生活的各种相互冲突的概念来说，与诸如效用主义（utilitarianism）强加某种单一概念的那些观点相比，他们是更为自觉的多元主义者，不可避免地喜爱某些概念而讨厌另外一些概念，而且，正是由于这一原因，正如他们的追随者在某些时候所宣称的，他们并未在关于良善生活的各种冲突概念之间保持中立（Shapiro 1999a：80-99，186-190）。

不过，我们没有必要在这里解决这些问题，因为我所关注的焦点问题，限定在维护基本利益所需的资源与权力关系的民主化之间存在什么关系。任何一个人，如果他所占据的位置威胁到了他人的基本利益，那么，他显然对他人具有很大的权力。在一个没有失业救济的社会里，可以解雇雇员的雇主就拥有这种权力。雇主可能在管理某个特定企业时具有重大相关利益，如果双方都决定退出或被迫退出，那么，雇主的退出成本在经济上要远远高于雇员。但是，在这一案例中，雇员的基本利益受到威胁，而雇主的利益却不受威胁。这一点在1935 年的《全国劳工关系法案》（the National Labor Relations Act）中得到了体现，这一法案所依据的就是对"不拥有充分结社自由或实际契约自由的雇员，与以公司或其他所有权形式组织起来的雇主之间的谈判权利的不平等"状况的清醒认知。该法案对这种状况的回应是："鼓励集体谈判的实践和程序，通过保护工人的充分结社自由、自我组织以及自行指派代表等权利的行使，来参与协商他们受雇的期限和条件。"它还强行规定，雇主有与工会选出的代表进行谈判的义务，也包括对封闭式雇佣制企业（closed shop）① 以及其他集体权利的保护等。[7]

需要注意的是，该法之所以决定加强雇员的发言权，不仅取决于谈判权利（bargaining-power）的差异性，而且还取决于存在雇员缺少充分自由结社和实际的契约自由这样的事实。雇员面临着被马克思主义者视为结构性压迫（structural coercion）的处境。用我的话来说，就是他们的基本利益遭受威胁。如果我们考察法律上限制契约自由的其他领域，这一点同样适用。法院不会强制执行将会使配偶一贫如洗的婚前协议（尽管它们常常强制执行一些没有实际效果的不平等协议）。它们也不会强制执行那些取消某种法规保护的租赁契约，或

---

① 封闭式雇佣制企业是指工会与资方协议，只雇用某一工会会员作为职工的企业。——译者注

者出售某人的身体器官或出卖苦力甚至卖身为奴的协议。

诸如此类的规章能够创造多少"发言权"是存在差异的。一些协议（如卖身为奴的协议）如此明显地对基本利益造成了损害，以至于无论各方持什么观点，这类协议从一开始就是无效的。其他协议，如某种类型的租赁契约，有可能遭受怀疑并在法庭上面临挑战。这样，如果承租方感到权利受损，强制协商就有了可能性。在其他情形下，如在《全国劳工关系法案》所规定的情形下，政府试图通过履行积极的谈判义务来实施协商。总的来说，我们可以将极力促使协商的制度设计，看成是强行介入与完全遵从局内人智慧之间的一种中间方式。从规范的意义上看，我们可以得出结论，一个人的基本利益受到的威胁越多，他要求协商的意愿就越强烈，但是，如果受到的威胁超出了人所能承受的临界点，即使这样做也于事无补。

要找到威胁的临界点（threat threshold）并不是一件很容易的事情，它往往取决于环境因素的影响。类似于卖身为奴这样的例子，从概念上界定是很容易的。但是，在大多数情况下，保护人们的基本利益以制约统治与高位善追求之间的紧张关系，是非常不明确的。事实上，即使人们的基本利益受到了威胁，政府是否适合为此做更多的事情，也不是一件不言而喻的事情。这就是我们要竭力主张在协商能够成功地解决问题的时候，使用协商方法的原因之一。我先前所讨论的对于政府认知的限制所引证的观点，在实践上通常可以从追求高位善扩展至对人们基本利益的保护。在很多条件下，那些具备局内人智慧的人，比外部协调者更加适合于发现如何最佳地协调两者之间的紧张关系。当围绕这一问题出现利益冲突，而且拥有权力的人缺少参与有利于相关调和的协商动机，这时，难题就出现了。通过加强基本利益受到威胁的群体的实力，政府根本用不着提出任何解决方案就可以间接地改变各种动机之间的平衡。

按照这种指导思想，例如，可以赋予那些选择不离开公立学校的学生的父母以拖延、上诉甚至否决的权利，使他们有能力要求保障其子女的教育福利最终得到落实，我们可以用这样的方法来取代禁止教育券计划（voucher scheme）。这样，教育券计划的倡导者就不得不与他们进行协商，考虑他们的诉求，并想方设法告知他们，这些问题是有可能得到解决的。要想知道他们的协商权利到底应该有多强大，仍然需要对其子女基本权利受到实际威胁的严重程度做出独立的判断，而不是从外部对教育券的优点做出裁决。[8]其目的应该是使那些子女仍然留在公立学校的人拥有足够的实力（仅仅是足够的实力——这是制度设计面临的挑战），以确保他们能够从改变现状的倡导者那里获得相关的保障或补偿，而同时又尽可能少地与其他人的利益发生冲突。这样做，反过来又为那些意欲改变的鼓吹者提供了动机，鼓励他们为了所有人能够获益而进行制度设计，即使做不到，也要提供一种万全的保障措施，同时力求使那些基本利益受到威胁的群体相信，他们已经这样做了。如果这一目标得以实现，那将是低位协商（subordinate deliberation）的一个胜利。

这种方式认识到了政府在认知方面的局限性，但并未放弃它们调节社会生活的权力维度以限制统治可能性的责任。在这一事例中，政府并不需要去评估富有革新精神的资金计划的优点，而是应该运用它的权力让那些鼓吹者去劝说基本利益最有可能受到威胁的人。按照这种方式所形成的协商是有益的，因为它赋予具备局内人智慧的人们动机，使得他们得以运用其创造力，采用最大限度减少统治的方式来追求高位善。当成功地做到这一点时，就会对以牺牲弱势群体的利益为代价从而有效地追求高位善的做法形成制约。以这种方式来加强弱势群体的力量，其目的是为了在发生利益冲突时鼓励各方寻求合作的解决途径，同时最大限度地增加不是以被迫的协议为代价来获取这些解决途径的可能性。

正如教育券计划这一事例所表明的，上述推论不仅适用于政府机关，同样也适用于社会中其他有权势的行为者，只要它们的行为对人们的基本利益构成了威胁。拖延和上诉的权利迫使权力行使者不得不考虑受到威胁的利益。这方面的一个典型例子，就是 1970 年最高法院在"戈德伯格诉凯利案"中所裁定的，在举行正式的举证听证会之前，福利机构不得终止对穷人的公共救助。[9]

有些学者，如佩蒂特（Pettit 2000：105－146），主张将强大的"争论权"（contestatory rights）扩展至民主制度中的所有少数群体，以减缓政策的出台，并坚持主张，这些权利只有"在运用过程中才能加以修改"，其目的是为了使我们更加接近于一个世界，在其中，"影响所有人的事务"必须经过"所有人的思考和赞成"。按照这种极端做法，我们在1.1.4节中讨论全体一致规则时所遇到的困难将会再次出现。除非我们把拖延权仅仅赋予那些基本利益受到威胁的群体，否则，我们就是在维持现状，这将使得政府不可能去防止统治（Parijs 1999；Ferejohn 2000）。当然，如果想要为法院或其他机构得以合法地阻挠多数原则的任何机制进行辩护，则需要为司法审查（judicial review）找到一种正当理由，这样的理由不能诉诸我们在1.1.1节和1.1.5节中所讨论的令人生疑的反多数原则的论据。因此，我们将在3.3节和3.4节对这一正当理由进行分析。

2.4　协商与讨价还价

有人会提出反对意见，认为这里所提供的解决方法不足以实现最终的追求。我将我所关注的问题限定在政府试图要求的协商类型上。我建议，政府应该加强在不同环境下基本利益受到威胁的弱势群体的力量，这或许足以确保更为平等的讨价还价，但这不是协商。的确如此，不过，作为回应，我们应该注意以下两点：其一，政府是否能够真正要求人们进行协商是值得怀疑的。政府可以尽其所能，或多或少使得协商有可能发生，但最终的协商仍然取决于个体的承诺。就其条件而言，协商需要有热切的善意（solicitous goodwill）、创造性的智谋，以及获得最佳答案的渴望。这些都无法靠强迫获得。即使是陪审团，有时候也会因其想要回家才选择了谈判，而不是进行协商。而且，当他们真的这么做时，其他任何人都是无能为力的。

其二，我建议，在我们所讨论的各种情形下，通过加强弱势一方的力量，使得政府能够增加局内人施展他们的聪明才智来寻找协商式解决方法的可能性，而这些方法可能正等待着人们去发现、去挖掘。俗话说得好，"生命比我们更富有想象力"，它当然也比多数政府官员更富有想象力。这样做并不是要否认，建构通过局内人的协商来促使人们寻找最大限度地减少统治的解决方法的动机有可能会失败。在特殊案例中，也许经常会失败，因此，增加弱势群体的发言权只不过是增加了他们的谈判实力。倘若发生了这样的情形，我们也应该为如下事实而感到欣慰，即那些基本利益受到影响的人，不必再自己承担所有的失败成本。虽然谈判有时候不如协商，但是，从我所主张的、我们应该坚持的朴素的共同的善的概念出发，统治却总是比两者更为低劣。

【注释】

[1] 参见马基雅维利在《李维罗马史疏义》中对罗马人观点的思考，应该使普通人成为自由的捍卫者，因为他们与贵族不同，后者的愿望是统治，而前者的愿望则是摆脱统治（Machiavelli [ca. 1517] 1970：1.5）。

[2] 参见拉克劳和穆菲（Laclau and Mouffe 1985）以及海沃德（Hayward 2000）对这一观点的证明和讨论。

[3] 对于主张权力第一向度的理论家如达尔（Dahl 1956）和波尔斯贝（Polsby 1960，1963）等人来说，权力通常被理解为在决策过程中占优势。在巴克拉克和巴拉滋（Bachrach and Baratz 1962，1970）之后，主张权力第二向度的理论家指出，对议事日程的控制和接近，通常能够决定结果。而主张权力第三向度的理论家如卢克斯（Lukes 1974）认为，权力可以决定人们对所能清晰表达的偏好的感知能力。这一辩论在卢克斯（Lukes 1974）、加文塔（Gaventa 1980：3-32）和海沃德（Hayward 2000）等人的研究中得到了全面的阐述。

[4] 应该说，如果我们认为，权力第二向度的支持者，如巴克拉克和巴拉兹等人，主张民主理论可以忽视与偏好表达相关的议题（他们只是在这一主题上表示沉默），那就错了。同样，如果我们认为权力第二向度的支持者主张忽略议事日程的控制和偏好的表达，也是错误的。达尔在其有关民主的著作中，对二者进行了明晰的讨论（关于这一讨论的概况，见 Dahl 1979：97-133）。

［5］详细阐述见 Shapiro 1999a：12，80-81，92，116，132。

［6］关于黑格尔对认知的解释，见 Hegel［1807］1949：229，645，650，660。

［7］关于《全国劳工关系法案》的引述来自《〈全国劳工关系法案〉的立法史》第二卷（Washington，D. C.：National Labor Relations Board，1959，§ 1，7，8，arts. 1-5，pp. 3270-3274）。

［8］就当前的议题来说，我同样假定，父母与其子女在这一问题上没有重大的利益冲突。关于这种冲突的可能性，见 Shapiro 1999a：64-109。

［9］"戈德伯格诉凯利案"（Goldberg v. Kelly，397U. S. 254［1970］）。

第3章 权力与民主竞争

政治制度与人类其他领域的集体活动的不同之处在于，权力的行使在追求某一长远目标的过程中不是附带发生的，它是权力这头猛兽 *50* 的固有属性。诚然，政府的确做了很多行使权力之外的事情：它们对市场失灵作出回应，从事基础设施建设，提供教育，为银行担保，提供福利——这份清单很长。但是，使政府行为区别于其他各种集体活动的社会行为者的行为的，却是合法的强制力（legitimate coercive force）这一幽灵。韦伯（Weber）也许走得更远，他将国家定义为合法使用强制力的垄断机构。正如斯科特（Scott 1985，1990）和其他人曾经指出的，这一垄断通常是不彻底的，其合法性至少会受到精英群体的质疑。[1]但是，如果斯科特所言弱者的武器过于强大，或者政府的合法性广受质疑，那么，形势就会像20世纪70年代的黎巴嫩或20世纪90年代的哥伦比亚一样，濒临崩溃状态。而且，韦伯在国家渴望在其疆域内保留对强制力的合法垄断这一点上，无疑是正确的。因为，它们得以存在的理由，就包括合法强制力的有意识的部署与保持，这不可避免地成为政府高位善的重要组成部分。

这样的现实表明，对于民主理论家来说，一系列制度设计所面临的挑战，不同于我们在第 2 章中所讨论的问题。在第 2 章中我们所思考的是，在最低限度干扰高位善的同时，对人类作用的权力维度进行驯化。而我们在这里所讨论的高位善，本质上是作为合法的公共垄断者的身份来行使权力的。其结果是，我们所讨论的问题很少围绕着如何把握限制统治与追求其他善之间的平衡，而更多的是围绕着控制权力行使方式的优劣，以确保政府能够限制统治而不是为其提供便利。在 3.1 节中对这一问题解决途径的优点进行详细阐述之后，我将在 3.2 节对约瑟夫·熊彼特所提出的最有影响的权力中心政府理论在 20 世纪的发展进行分析。值得注意的是，与惯常的自由主义和共和派的观点相比，熊彼特关于控制权力关系的假设，更具有吸引力和说服力。熊彼特主义富有说服力的批判表明，这是构建政治权力的最有效的方法，我们应该补充完善而不是对它加以拒绝。这将促使我在 3.3 节和 3.4 节两部分讨论如何更好地对它进行补充和完善，届时我将提出一种增进民主的司法审查——与我在 1.1.1 节中所驳斥的限制民主的观点有明显的不同。增进民主的司法审查将统治最小化的思想作为一种简约的共同的善理论，是以下两种观点的折中：一种观点是以熊彼特为代表的，主张将民主仅仅简化为一系列程序，如多数原则；另一种观点的代表人物就是第 1 章所讨论的聚合式民主和协商式民主的理论家们，他们将民主等同于实质上的人民意志概念。

3.1 构建限制统治的权力

将民主视为限制统治的方式，提供了如下几个有利因素。首先，在"与什么比较"（compared to what）框架中，它提出了有关民主的规范性问题，因为民主不能通过非此即彼的问题（either-or question）来加以判断，质问它是否产生了社会福利函数，或者引发了共识，而应以使统治最小化为标准，来评判它如何有效地使人们得以驾驭权力关系。其次，这种方式要求我们避免用另外一种二元思考方式（binary thinking）来思考民主本身。驾驭权力关系的方式可能或多或少是民主的。达尔的多头政体（polyarchy）思想是一个突出贡献，它将民主问题转化成"或多或少"（more-or-less）问题，而不是"要不要"（whether-or-not）问题。[2]最后，以权力为中心的方式，使得民主理论的规范性文献与政治科学关于民主的经验性文献发生冲突。 *52* 规范理论家们很少关注后者，其结果是，他们所提出的建议并不具有可行性，这导致其他理论家往往倾向于忽视他们。

即使规范理论家们解决了前两个问题，他们对经验实践的疏忽也足以破坏他们的论证。例如，布坎南和塔洛克（Buchanan and Tullock 1962）在回答"有多少民主"（how much democracy）这一问题时指出，其益处必须与消耗时间的其他有价值的方式相互平衡。抛开1.1.4 节中引证这一观点所带来的难题，布坎南和塔洛克在没有提供任何论据的情况下就假定，人民最为珍视的正是那种标准的自由主义式的权利保障。他们认为，正是这些权利被绝大多数抑或全体一致规则带来的变化所隔离。如果我们对这一假设提出质疑，那么，也应该质疑他们所提出的所有实质性主张。

这种以权力为中心的思考方式的另一个优点，就是它为解决长期以来民主与公民权利关系这一复杂难题，提供了一种切实可行的视角。通常认为，民主理论无力解决有关它自身范围的问题。它取决于一种决策规则，通常是多数原则的某种变体，但是这样就等于又假定了"谁占多数"（majority of whom）问题已经获得解决。无论如何，如果这一问题不是按照民主的方式来解决，那么，来自民主决策的结果在什么意义上才能够是真正的民主？因此，夏皮罗与哈克-科尔东（Shapiro and Hacker-Cordón 1999a：1）注意到，在"民主的内核里，潜藏着一个鸡与蛋的难题"。与边界和成员身份相关的难题，其重要性似乎要优先于民主决策问题，但矛盾的是，这些难题又迫切需要使用民主的方式来解决。

如果民主就是构建权力关系来限制统治，那么，认为公民权利问题有别于受民主条件制约的其他高位善问题，就没有任何必要了。无论一个人是否具有公民权利，在集体决策中，其民主表达权的要求，恰如其分地取决于相关利益受到影响的因果关系原则。毕竟，美国革命的战斗口号就是"没有代表权，就不纳税！"（No taxation without representation!），而不是"没有公民权，就不纳税！"（No taxation without citizenship!）。也许有更好的理由来限制公民权利，但这并不意味着就应该剥夺非公民（noncitizens）对影响其切身利益的事件的投票权，如加利福尼亚州决定拒绝非法移民的子女进入公立学校就读[3]，或者身处异国他乡的"客籍工人"（guest workers）① 要求在制定相关法律问题上拥有发言权（Barbieri 1998）。正如我在 2.3 节中所论证的，参与决策的合法要求，取决于某人的利益是否有可能受到决策结果的影响。当人们的基本利益受到威胁，有可能受到他人统治的影响时，人们参与决策的要求就会非常强烈。

近年来，针对消除公民权利在民主参与的决定权中的决定性作用，以及代之以不同团体对不同种类的决策拥有至高无上权利的司法权交叉体系的大量论证，都援引了这种以因果关系为依据的观点——正如欧盟治理中正在发生的情形。与此同时，对于英国来说，把某些决策权移交给布鲁塞尔（Brussels），或者将其他决策权下放到苏格兰和威尔士的地方议会，甚至下放给地方政府，都可能是富有意义的做法。这里所蕴含的重要思想在于，人民（demos）的适当范围，应该依据所要决定的事务而定，而不是依据不同的国别而定。民主改革最好是在使决策结构更加符合权力关系结构的期盼的引领下进行，而不是由成员权利所决定。从这种观点出发，最好将成员权利视为一种高位善。[4]

鉴于达尔和其他具有实现全球民主制度思想的学者所确定的难题，这的确是一个审慎的结论。在这一问题上，某些学者如赫尔德

---

① 客籍工人，尤指从意大利、土耳其、西班牙和巴基斯坦等国雇用的工人。——译者注

（Held 1995，1999）指出，难题仅仅在于制度发展问题。正如现代世界的民族国家（nation-state），在实现民主化之前，曾经是集权的垄断者一样，全球制度的发展也是如此。按照赫尔德的观点，应该模仿17—19 世纪民族国家的发展，优先创造一种国际性的法治国家（Rechtsstaat），然后再迫使其实现民主化。关键的差异在于，在当今世界舞台，全球政治制度的形成面临着巨大障碍，与民族国家形成时所面临的困难不同。也就是说，强大的民族国家在其形成过程中，拥有广泛的政治合法性和强制力，从而可以随心所欲地傲视全球制度（Wendt 1999，Kymlicka 1999）。[5] 在这种世界里，根据所要决定的事物进行决策，逐步按照可行的方式向民主化发展，看起来比期望迅速实现民主化的全球秩序的发展，要更有意义。而且，2.2 节中所探讨的利益影响原则以及有利于局内人智慧的假定都指出，次国家层面（subnational）的决策比世界政府更为合适。

当然，在一种既定的条件下，要解决关于谁的相关利益受到影响的各种主张之间的相互冲突，就一定会出现各种难题。类似的情形通常都富有争议，关于哪些人可以合法要求拥有公民权利的主张同样如此（Smith 1997）。而且，这一经验对于解决其他领域受影响利益的争论，具有指导意义。例如，在处理侵权诉讼（tort actions）案件时，法院制定了规则来决定谁应该拥有起诉权，从各种无理要求中甄别出真正的诉求，对受到诉讼不利影响的各种指控的强弱作出区分。这种比较表明，可以培育制度性的机制，从而对相关利益如何受到影响的各种相互冲突的要求进行评估和管理。这些机制也许并不完美，但是，对它们的评估应该以现实世界中存在的、人类集体决策的其他不完美机制（imperfect mechanism）为基础，而不是与一种虚无的理想进行比较。[6]

这并不是要将政治变成侵权法的依据。应该通过多样化的制度安排对利益影响原则加以运用。尽管大量学术文献背后隐含着很多假设，但是，人类通常不会凭空设计政治制度，人类对现存政治制度进行重新设计的思路，类似于"在海中重建船只"（rebuilding a ship at

sea)。正是由于这一原因，最好将利益影响原则看成是直接进行制度
改革的指南。无论我们所承继的是什么样的决策体制，当它变得能够
更好地反映受影响的利益，特别是基本利益时，积极的改革就会发
生。在某种条件下，法院也许是能够促使这种改革发生的最行之有效
的工具；在其他条件下，也可能通过其他方式来实现——行政机构、
劳工谈判、仲裁听证，除此之外，当然还包括立法程序本身。除了
2.3节中所讨论的反对派权利，无论运用什么样的机制，其目标都必
须有利于利益受到决策结果影响的人们参与到决策过程中来。

3.2　熊彼特式竞争

关于民主驾驭权力关系的方式，20世纪最有影响的观点是熊彼
特在《资本主义、社会主义和民主》一书中提出的论证。尽管书中大
部分内容充斥着对马克思主义的论战式批判（polemical critique），但
同时，他也试图确立一种理论，来探讨民主理论长期存在的缺陷，以
期在当今世界决策权和反对派权利两者都能得到充分的实现。熊彼特
的观点内在的逻辑极其简单，可以归纳为以下两点主张：（1）有组织
地竞争权力，要优于霍布斯式的无政府状态，也优于被霍布斯视为对
无政府状态的必然的逻辑回应的权力垄断；（2）在无政府状态、权力
垄断以及权力竞争之间做出选择，才是最有意义的。熊彼特的这两点
主张均富有开创性，尽管都曾遭到激烈批评，但仍然没有被抛弃。

3.2.1　动机 *vs.* 限制

熊彼特的观点常常被认为是保守的。这样说是有根据的，但是，
如果我们很快就将焦点集中于此，难免会掩盖其观点的激进色彩。

在熊彼特的观点提出之前，学术界对于制度和政治稳定的研究，
主要存在两种相互冲突的权力观。一种是单一式（monolithic）的权
力观。这种观点认为，权力是统一而不可分割的。这种观点至少可以

追溯到霍布斯的《利维坦》（*Leviathan*）一书。霍布斯认为，除非权力掌握在拥有绝对主权的人手中，否则将出现无政府主义的混乱甚至内战。对于马克思和精英主义民主理论家来说，权力总是被定位在一个地方——要么掌握在资产阶级手中，要么掌握在其"执行委员会"手中，或者掌握在某些幕后的政治精英手中。当韦伯（Weber 1947：156，1998：310-311）将国家定义为在一个既定疆域内合法地享有强制力垄断权的机构时，他清晰有力地表达了单一式的观点，当诺齐克（Nozick 1974：23-24）将强制力视作（唯一的）自然垄断现象时，他更加清晰地阐述了这种单一式的权力观。

1.1.4 节和 1.1.5 节中所讨论的那些自由宪政主义者，无论是否有意识，他们通常都信奉单一式的权力观。他们限制政府权力的方式，要么是增加否决环节，要么是对其进行围堵，来创造一个稳固的"私人领域"（private sphere），从而使类似于法院这样的反多数原则的机构得以将政府拒之门外。正如我们所看到的，这样做的困难在于，使政府丧失活力仍然可以保留已经嵌入现状的统治，而统治及其所带来的威胁，通常发生在民间和私人机构中。由于未能把握这一现实，自由宪政主义者的观点极易受到女权主义和其他人的批评，即便批评者所提出的解决方法并不是很有说服力（Shapiro 1999a：64-229）。这种单一式的权力观，在调节人类相互作用的权力维度并使干预最小化问题上，不易引发创造性的思考。

与此相比较，共和主义者接纳了比较复杂的观点，在他们看来，权力是可分的，而将权力分离是驾驭权力的最佳方式。波科克（Pocock 1975）将这一观点追溯至亚里士多德。亚里士多德认为，最好的政体兼备君主（the one）、贵族（the few）和平民（the many）三者的权力，尽管在随后的几个世纪里出现了很多变种。意大利文艺复兴时期，在马基雅维利与奎恰迪尼（Guicciardini）之间的辩论中，最好的政体才展现出其当代类型的特征，并由哈林顿（Harrington）及其追随者作为一种物质主义的主张承袭下来。他们认为，不同社会阶层的权力，必须在政府中得到反映，并且为了政体的稳定，这些阶层之间的权力必须实现平衡。在孟德斯鸠（Montesquieu）以及受其影响的美国革命者那里，权力平衡思想被权力分立的思想所取代，在他们看来，权力必须在一个人的代表（总统取代了国王）、少数人的代表（法院取代了贵族院）、多数人的代表（国会取代了下院）三者之间实行分立。政府的每一个部门都被赋予特定的权限，并受到其他两个部门的制约。用麦迪逊那句著名的话来说，就是"以野心来对抗野心"，从而保护公民免受统治之害（Hamilton，Madison，and Jay ［1788］1966：160）。

《联邦党人文集》的作者对权力追求过程中的动机与限制进行了区分，并播下了有关这一问题的第三种观点的种子。麦迪逊在《联邦党人文集》第 48 篇中指出："仅在羊皮纸上划分各部门的法定界限，不足以防止导致政府所有权力残暴地集中在同一些人手中的那种侵犯。"这种"外部规定"是不充分的，必须加以补充，正如他在《联邦党人文集》第 51 篇中所阐述的，要通过附加的规定给予"各部门的主管人抵制其他部门侵犯的必要法定手段和个人的主动"（Hamilton，Madison，and Jay ［1788］1966：150-151，159-160）。这种区分非常重要，但是，我们仍然不清楚的是，权力分立的制度设计何以成为一种激励机制而不是约束机制。毕竟，这只是一份有关权力和管辖范围的清单而已。正如人们通常所指出的，如果行政部门选择不执行最高法院的决定，最高法院实际上是无能为力的。简言之，正如很久之前达尔（Dahl 1956：30-32）就在《民主理论的前言》（*Preface to Democratic Theory*）一书中指出的，长期以来，提倡利用动机来规范权力的行使，往往也只能流于空谈，而且对于实际上的运行机制也缺乏解释。联邦党人的解决方案充其量也不过是设计出了使得所有政府行动更为困难的僵化机构，以保护地主精英的利益。在这一点上，它与标准的自由主义对两院制、强烈的宪政主义以及其他常用来限制民主的制度否决形式等的辩护，并没有什么本质上的不同（见1.1.1 节）。

熊彼特的理论试图在对权力是单一还是可分这一问题不加讨论的

同时，更为充分地实现一种以动机为基础（incentive-based）的体制。其精髓在于，只有通过竞争才能获得权力，而权力的拥有则有时间限制。熊彼特的解释是一种激进主张的起点，在他看来，一种体制可以通过将权力转化为选举竞争的目标而对其加以控制，而不是屈服于权力（霍布斯）或者对其加以限制（其他理论家）。鉴于设定限制的目的就是通过规则（例如，权力的分立或者其他宪法上的限制条款）来限制政治家的权力，而动机则将政治家所发现的战略上有益于竞争性政治需求的因素联系在一起。

熊彼特通过强调政治竞争与经济竞争之间的相似性，清晰有力地表达了他的竞争思想。他指出，我们将选民比作消费者，政党和政治家比作相应的公司，政治家所追求的选票是利润，而政府实施的政策就是政治商品和服务。[7]诚然，民主不可以简化为竞争。它通常还要涉及其他事情，典型的是参与议定议事日程的权利，以及充当"忠诚的"反对党的权利——如果不是为了其他原因，至少也是为了使得竞争更富有意义。一旦政党被比作以实现利润最大化为目标的公司，试图实现选票的最大化，那么，我们就可以认为政党领袖受到了竞争需求的控制。唐斯（Downs 1957）和其他人试图将这一点转化为一种预测选举竞争的理论，实际上并未获得成功（Green and Shapiro 1994：chap. 7）。但是，作为一种规范理论，熊彼特的解释实现了新的突破。根据他的观点，竞争的价值是双重的：它以失去权力相威胁而对领袖实施控制，一如公司受到破产的威胁。同时，它也使得未来的领袖比他们的竞争对手具有更为充分的动机对更多的选民作出回应。

熊彼特将选民的投票行为比作消费者的消费行为，取代了他在思考卢梭的古典式民主理论中的"代表"思想。事实上，卢梭的民主理论不过是轮流统治与被统治的古代民主思想的新古典主义版本。如果因为古典民主思想关于民主（排除了妇女和奴隶）的假定在当代人看来问题重重，那么，新古典主义思想中的代表理念就会因种种理由而发生动摇。在一个民族国家的人口可以千万甚至上亿来计算、国家的规模以洲来衡量、拥有大量的官僚机构和复杂的经济体的世界中，代议制政府可以看成是对古典民主思想的一种必要的调整。但在规范民主的层面上，它却是非常脆弱的，因为议员们履行职责的情况良莠不齐，他们可能会受到特殊利益的挟持；此外，他们堕落为一个职业阶层的危险始终存在着，对他们自身晋升的关注远远超过了他们所履行的代表职责。如果议员们能够遵从伯克（Burke［1790］1969）的告诫，不要为了选民的意见而牺牲自我的判断，他们就很容易受到精英主义的责难，而如果他们的行为反映了公共舆论的变化，那么，他们就是在"迎合"选民。简言之，代表是民主国家中一个令人困惑的概念，显然是一种其合法性不可避免地要饱受质疑的实践。[8] 熊彼特将有关代表的讨论转换成对消费者主权（consumer sovereignty）的阐述，省略了上述这些难题。

3.2.2　熊彼特主义的难题

熊彼特式民主常常由于下列两个原因之一，而被认为是"极简式"的：一是它排他性地将焦点集中于狭义上的（通常是全国的）政治制度；二是熊彼特依据权力的竞争来对民主进行界定。不管怎样，熊彼特的推论中不存在任何固有的限制。我们说除了全国性的政治制度之外的社会安排应该实现民主化，并不是要否认熊彼特式的工具在这种努力中的效用，正如我在其他部分所证明的（Shapiro 1999a：64-229）。也不是要宣称，即使我们认为其他改革也非常必要，但国家的政治制度无法从熊彼特式改革中受益。

诚然，或许有人认为，熊彼特式民主终究只是一套约束体制，而不是激励机制，原因在于，选举中的失败者可以拒绝放弃权力，正如一位政治官员或军事指挥官可以拒绝执行他所反对的法院指令。事实上，正是因为如此，现代熊彼特主义者如亨廷顿（Huntington 1991）将竞争性条件解释为，除非至少出现两次政府因选举失败而放弃权力的情形，否则，政体就是不民主的。这是一项艰难的测试。按照这种标准，1840 年以前的美国、20 世纪大多数时间里的日本和印度、撒哈拉以南非洲所谓的第三波民主化浪潮中的大多数国家，都将被排除在外。这也是反对派权利在民主国家十分重要的原因所在：富有意义的政治竞争，要求反对党时刻准备批评政府，并向选民提供潜在的替代选择。简言之，极简并不意味着微不足道。

尽管熊彼特主义有很大的吸引力，但它也遭到来自权力中心主义观点的批评。一方面，熊彼特式竞争产生响应民意的政府的认识，是受到限制的，并且由此导致不充分的政治竞争。至少在理论上，左派对市场的权威批判观点——认为市场奖赏那些拥有重要资源的人——并不适用。尽管有人从效率或者强度的层面出发，偶尔为选票市场进行辩护，但是，一人一票（one-person-one-vote）是一种资源均衡器，它被人们普遍视为民主的绝对条件（Buchanan and Tullock 1962：125-126，132-142）。然而，正如我在1.2.3节中所指出的，特别是对于美国来说，问题在于，为了在选票竞争中处于有利位置，政治家们必须为竞选捐助而竞争。或许有足够数量的选民支持对超过一千万美元的遗产征收遗产税，但是，没有政党提出这样的主张。事实上，2000—2001年，美国国会在两党的大力支持下，通过一项取消现行遗产税的法案——只有最富有的2%的美国人为此买单。[9] 政 *60* 治家们似乎看起来不愿意对富人加税，因为他们担心，如果那样做的话，资金将会流向他们的竞选对手。对诸如此类的观点进行经验研究，原本是非常困难的，但是，假定在政治家所提供的提案的形成过程中，受到了竞选捐赠者议事日程的强烈影响，这样的假定又是非常理性的。要不然，他们为什么不把钱捐到其他什么地方？此外，主要政党的数量较少，这意味着，我们所实行的实际上是一种寡头垄断的竞争，而且，越来越清楚的是，认为政党会像身处竞争市场中的公司关注消费者那样去留心选民的观点，其价值已经大打折扣了。

另一方面，在现任者常常以高票获得连任的情形下，我们仍然不清楚的是，选举竞争是否提供了更多的训诫式动机（Lowenstein 1995：653-667）。但是，这将再次引发如下回应：与什么进行比较？倘若与并不存在的理想相比，选举约束所形成的行为准则似乎是温和的，但对于那些生活在缺少这种行为准则的国家中的数十亿人来说，实现这一点将是一个重大收获（Przeworski 1999：43-50）。一旦这一点得以实现，再来思考对政治家进行额外的、必要的惩戒性约束，似乎就合情合理了。这些额外的约束包括，迫使政治家公开决策机制、削弱现任者权力的任期限制、挑战现任者决策的机制（如对反对派的宽容）以及政策执行过程中予以"修正"的机制——隶属于2.3节中提到的限制性条件。

不管怎样，我们可以在不全盘否定熊彼特主义的同时，欣然接受上述两种批评。这些反对意见的矛头所指并非政治竞争思想，而是不完美的制度竞争方式。竞选捐助者的权力过大，应该予以削弱（已经有了很多改革提案)[10]，而且，可以通过增加政党的数量来实施改革，以利于更多的竞争。事实上，公共利益的当事人（litigant）、积极分子和政治评论家（更不用说政治理论家了），都不主张尝试利用反托拉斯法（antitrust law）来攻击现行的两党对权力的垄断（duopoly），这是非常值得注意的。如果权力的竞争是民主的生命力所在，那么，两党寻求共识的行为（以及这种行为背后的协商式一致），就真正成为限制民主的反竞争共谋。为什么人们不据此对得到两党支持的立法或者其他形式的两党共识提出挑战？我们还远未搞清楚的是，破坏民主党和共和党两党关系的有价值的理由，是否少于使得美国电话电报公司（AT&T）与微软公司（Microsoft）关系发生破裂的理由?[11]

针对政党的反托拉斯诉讼（antitrust action）会遇到法律上的障碍，但也存在未经检验的法律上的可能性。例如，最高法院的内尔—彭宁顿原理（Supreme Court's Noerr-Pennington doctrine）就规定，反托拉斯法不适用于"有效的政府行动，而不是私人行动"。[12]但是，这一点并不是针对政党的行为来说的。而且，尽管《谢尔曼（反托拉斯）法案》（Sherman Act）一般来说并不适用于非经济实体，如工会，但例外还是有的。特别是当这种非经济实体与企业达成共识企图损害其他企业的利益，或者这种一致不包括"合法的工会利益"[13]时，例外就会发生。与此相似，如果政党与企业联合来推动反竞争的实践活动，抑或能够证明政党试图超越"合法的党派利益"相互达成一致，这样的政党行为就是不可豁免的。

在政治上适用反托拉斯原则的宪法障碍，其根源在于请愿权（right of petition）以及"人民具有将自己的意愿告知其代表的能力"[14]。但是，这种类型的政治豁免的根本原因，并非要形成破坏自由的政治表达过程本身的共谋——政党通过高昂的进入成本（entry cost）、达成协议将小党排除在政治辩论之外，以及相关的实践，来参与这一过程。由于《谢尔曼法案》仅仅适用于企业的并购[15]，以及那些具有商业目的的组织[16]，对这种行为的反托拉斯规范，有可能需要另外进行立法。由于明显的原因，我们很难想象立法者会制定这样的法律，但是，政治上的反托拉斯措施作为创制投票（ballot initiative）的一种结果予以采纳，倒是不难想象的。

在大量的其他领域中，美国政治的反竞争性质通过嵌入制度中的各种规则和行政实践，得以维系。例如，为了对竞选财政实施管理，美国于 1974 年成立联邦选举委员会（Federal Election Commission），该委员会由 6 名委员组成——共和党和民主党各有 3 名。由于这一委员会采用多数原则，因此，它具有为政党的共同利益服务的强烈动机，而不需要考虑公平或者严格的竞争。其结果是，它经常忽视其专业人员提出的建议。如 2001 年 10 月，该委员会就否决了它的总顾问（general counsel）的一项发现：为数不少的参议员候选人、两党参议院竞选委员会以及许多州的政治组织，均明显卷入在 2000 年大选中收受软性捐款（soft money）① 的非法活动。[17]这样的事例强调，不将两党制度混同于无党派制度是多么的重要。两党制具有达成双头垄断行为的动机，使它们免受法律和潜在的政治竞争的制约。两党辩论委员会的运作具有类似的功效，限制政治辩论的措辞，对第三党维持高昂的进入成本。

————————

① 软性捐款指工商企业、社会团体、专业组织等利益集团在美国总统大选中捐助的钱，无数额限制。——译者注

在所有上述领域中，都不是由于熊彼特的类比出了问题，而是不能有效地贯彻实施。与政党在政治领域中的所作所为类似，在经济领域中，私企极力增加其产品在市场中的份额，如果可能的话甚至成为市场的垄断者——即便这样做对竞争制度是有害的。这就是需要独立于市场内运行的公司的制度行为者（institutional player）进行协调，才能使市场保持有效运行的原因之一。由两党的政治调节所带来的难题，有可能酷似于经济领域中将证券交易委员会（Securities and Exchange Commission）、美联储（the Federal Reserve）以及其他相关机构，都交由最大的经纪商（brokerage firm）来操作，而不是移交给不受党派政治影响的专业人员或被委派者。诚然，隔绝党派政治影响的效果常常低于实际的预期，但在政治领域中，其必要性甚至尚未被人们觉察。只有很少一部分人会对两党制仍然牢牢地控制着政治辩论的主题感到惊讶。

关于政党数量激增的优点的各种论据（实行比例代表制通常可以增加政党的数量），有时候是基于一个特殊的背景提出的，即它有可能带来更公平的结果。这里所蕴含的关键思想在于，如果存在更多的有效政党，说明这种体制具有更广泛的代表性，而不是更具有竞争性。值得注意的是，这种论据可能含有过多的吹嘘成分。比例代表制（proportional representation）通过向选民提供更多可供选择的政党，使得选举结果更加具有代表性，但它未必能够导致更具有代表性的政府。我们在以色列常常能看到这种情形：当需要极端小党的加入才能组成有效的执政联盟（governing coalition）时，这些极端小党就会对政府政策施加更大的影响，从而导致非常不具有代表性的政府的产生。然而，试图确保政党在与其他政党竞争过程中能够代表更多的选民，的确是一种挑战。从原则上讲，这种挑战可以在熊彼特主义框架内得到解决。但通常我们有理由认为，与权力竞争制度相比，比例代表制所产生的政策与中间选民（median voter）的偏好更为接近（Rae 1967，1995；Powell 2000）。

不管怎样，如果能够得到有效的贯彻和实施，那么，对于代表性的强调就会转变成对于竞争思想的拒斥。如果我们假定，政府能够最大限度地代表所有人的利益[18]，并追问"那么反对派代表谁"这样的问题，这一点就变得非常清楚了。也许，所有观点都能够在决策过程中得到公平代表的概念，对于那些关注达成一致的人来说，是一种含蓄的理想：如果所有团体都能得到公正的代表，那么，他们就可以协商出一种所有人都能接受的结果，就会使反对派政治（opposition politics）失去存在的必要性。我在 1.1.4 节中探讨布坎南和塔洛克的观点时，已经对这种虚妄的推论进行了探究，这里不再赘述。在本书 4.2 节中，在探讨"某些社会中的分裂如此严重，以至于多数原则政治将会出现爆炸性的机能障碍"这一主张时，我将进一步讨论共识模式。现在需要注意的是，当我们用某些外部标准进行衡量时，熊彼特的竞争观作为一种对掌权者的惩戒，是有价值的，是独立于其公平性和代表性的。诚然，对于这种模型来说，不可或缺的是，政治家至少应该像他们的竞争者那样，具有对选民的要求作出回应的动机，而且，在这一范围内，它是一种具有代表性的制度。但是，还有一个同样重要的思想，那就是，权力垄断本质上是一件糟糕的事情，因而选举规制对于权力的腐化是一种有价值的制约。从这种观点来看，反对党的价值在于，它们具有照亮阴暗角落、揭露腐败并要求政府接受公共评判的动机。对于选举竞争来说，要想有利于这一过程，就必须富有意义，以便鼓励人们设计出用于避免垄断或双头垄断制度的创造性 *64* 改革。

3.3　司法审查充当什么角色？

我在 1.1.1 节和 1.1.5 节已经指出，传统自由宪政主义者关于司法审查的论据——诉诸立法机关固有的不理性，或者借助于对多数暴政的托克维尔式恐惧，或者两者兼而有之——是没有说服力的。在已经详加阐述的意义上，法院并不一定比立法机关更加理性，也有证据表明，缺少司法审查的民主体制，并不一定比具有司法审查的民主体制更有卷入多数暴政的可能。而且，通过剥夺立法机关的合法性功能，法院有可能在实际上阻碍民主的运行。不管怎样，这并不意味着司法审查必定是有害的。还有其他正当理由可用来为建立司法审查制度辩护，它们根植于民主的逻辑之中，其目的是促进民主的运行。

支持建立一个相对独立于多数原则政治的司法系统的理由之一，隐含于我们刚刚谈到的"游戏玩家不能自己充当裁判"之中。显然，这一点在 2000 年美国总统大选的余波中最具有戏剧性。当时，事实上的难分胜负以及随后围绕着佛罗里达州出现的选票计算僵局，最终都是通过法院得到解决的。无疑，许多法官的行为带有强烈的党派色彩，这无助于他们形象的提升，但是，即便是那些对判决结果持强烈反对意见的人，最终也接受了最高法院的适当角色。如果没有在独立性和合法性方面广为人知的解决选举纠纷的某些现存的渠道，那么，赤裸裸的权力争夺对政治家产生的诱惑就会更加强烈。美国的政治家们感觉到，他们不能公然挑战他们所强烈反对的法院的权威，无论法院的命令是取消南方学校的种族隔离、交出水门事件（the Water-gate）的录音带，还是让他们接受选举失败。事实上，"布什诉戈尔案"最引人关注之处或许在于，尽管在大法官中出现了党派分裂，尽管广遭舆论诟病，但戈尔竟能如此迅速地表示接受最高法院的裁决。[19]

法院应该保护民主以使它免遭政治家侵害的理念，在美国的司法体系中，有着悠久的历史，这一历史至少可以追溯到 1938 年斯通（Stone）大法官在"美国诉卡罗林产品公司案"判词中添加了著名的第四条脚注。斯通强调，功能良好的民主过程有可能剥夺"分散的和孤立的少数族裔"的权利。他认为，在这种情形下，司法系统对立法决定的介入可能是公正的和必要的。斯通将他的注意力限定在这样的情形下，即倾向于"严重地削减那些少数族裔一般赖以得到保护的政治过程的运行"[20]。尽管这一典型案例具有正当的理由，但是，我们仍然有可能考虑，某些南方州的立法机关对赋予黑人选举权的回应：将投票站设在禁止黑人去的地方。这种种族歧视显然与民主的运行格格不入，以至于斯通感到必须让法院介入并对这种现象说"不"。我们在 3.2.2 节中所探讨的那种限制民主的共谋，有可能不如这种做法更加明目张胆，但是，不难想象，它已经跨越了"卡罗林案"逻辑得以运用的门槛。[21]

对于不完美决策规则和政治资源控制上的差异所导致的综合影响的警觉，已经使得众多评论家更进一步依赖"卡罗林式"的推论，来为实质民主概念优于程序民主概念作辩护。例如，伊利（Ely 1980）就曾参照"卡罗林案"为沃伦法院的大多数司法能动主义（judicial activism）① 进行辩护。伊利指出，其观点是纯粹程序性的，目的是用来修正民主程序的缺陷。但是，正如批评家们所指出的，通过下文的讨论我们也可以搞清楚，很显然，伊利的观点是一种关于实质民主的论证（Smith 1985：89-91，170-174）。贝茨（Beitz 1988：155-174）也用相似的思考来论证其观点，他认为，平等的投票权在数量上体现出来的公平，从来不会确保产生实质上民主的投票结果。在他看来，一个真正具备"质的公平"的民主体制，要求具有一套优先的"公正的立法"体系，因为不能仅仅寄希望于平等的投票权产生公正的结果。"卡罗林案"的逻辑不应该被设想成政治左派的独占领域。例如，赖克和温加斯特（Riker and Weingast 1988：378-379）就利用这一点来抨击财产税（taxation of property），他们质问道："为什么少数族裔的某些经济权利的减少，反倒不如其政治权利的减少那么令人忧虑？"

仅仅阐述实质性民主的各种观点，就足以清晰地揭示它们在本质上存在的问题。伊利何以能够知晓，如果没有受到"卡罗林案"的消极影响，民主过程应该实现什么样的目标？出于什么原因，公正立法所针对的是贝茨将评估的投票程序结果？赖克和温加斯特又如何知道

66

————————————

① 司法能动主义，指主张法院优先于立法机关和行政机关的政策而适用自己的政策，例如，法院宣布政府行为因违宪而无效。——译者注

哪一种财产权制度是公正的？这些观点使我们联想到瑟古德·马歇尔（Thurgood Marshall）在"弗曼诉佐治亚州案"中所坚持的观点，他指出，如果美国人真正了解死刑实施过程所牵涉到的东西，他们就会反对死刑。[22]他又如何能够得知？像伊利和贝茨这样的理论家，对于那些并不接受他们各自所提出的"平等的关心和尊重"以及"质的公平"概念的人，他们简直无话可说，而"赖克—温加斯特式"的方法则更加强调了将"保护少数"转换成实质民主概念的难度，这一点已经在 2.3 节中进行了讨论。正如我所坚持的，如果并不存在一套完全独立于民主所产生的结果的公正标准，那么，人们不应为此而感到惊奇。

不管怎样，这样说并不是要对导致"卡罗林式"推论的难题作出回应。根本不存在什么完美的决策规则，在其他条件相同的情况下，只有那些身处最佳位置、能够将放任式自由转换成政治权力的人，才可以随心所欲，自主行事。难题是真实存在的，但所提供的解决方案却由于过分夸大而不能十分奏效，这表明人们希望找到一种折中的立场。[23]"多于程序，少于实质"（More than process, less than substance）或许是一个适宜的口号。它表明，法院的角色应该被限定在这样的范围，即确保利益影响原则不会因剥夺合法选民的选举权而遭到破坏，特别是当他们的基本利益受到威胁时，以此来防止对民主的颠覆。但是，一般而言，法院应该以一种被动的安全阀式（safety valve）的方式运行——阻止立法者犯法，而不是取代他们。

许多理论家已经试图拓展这一折中的观点。例如，伯特（Burt 1992）主张，民主中包含着对多数原则和非统治（nondomination）的基本承诺，当多数作出导致统治出现的决策时，两者之间始终会存在潜在的冲突。他指出，当这类冲突出现时，司法审查就具有了正当性，而法院不应该以这样的方式介入，即假定它们知道应该如何解决这种冲突。相反，法院应该宣称，从民主过程中产生的统治是不可接受的，并且坚持，各方应该尽力重新寻找一种调和的方法。从这一意

义上说，法院从来都不应该傲慢地将结果强加于桀骜不驯的立法机
关，或者保护社会免遭多数原则之害。恰恰相反，法院应该利用其权 67
威促使立法机关面对自身行为的矛盾，迫使它们重新思考应该如何实
现多数的意志，而又不助长统治。

　　从这一观点来看，应该予以抵制的一个例子，就是在"罗伊诉韦
德案"中，大法官布莱克门（Blackmun）代表的多数派意见（ma-
jority opinion）所采纳的方式，这项发生于 1973 年的判决肯定了妇
女的堕胎权。[24] 在"罗伊案"中，得克萨斯州的一项法令规定，除
非母亲的生命因持续怀孕而受到威胁，否则堕胎就是犯罪。最高法院
认为，这项法令违背了宪法第十四条修正案"正当法律程序条款"
（Due Process Clause）。[25] 布莱克门代表的多数派意见以三个月为一
个阶段，将正常的孕期划分为三个不同的阶段来对待，极大地限制了
各州规范堕胎的权力。在第一阶段的三个月时间里，各州不得对堕胎
加以规范；在第二阶段的三个月内，在胎儿成活之前，只有当母亲的
健康受到威胁时，各州才有权对堕胎做出某些规定；在第三阶段，当
胎儿已经具备成活能力，如果一个州为了保护"具有潜在生命"的胎
儿应享有的权利来对堕胎加以规范或禁止，那么，当主治医师作出
"适当的"判断，认为为了母亲的"生命或健康"必须堕胎时，这些
限制也就失效了。这样一来，最高法院既承认各州有权保护潜在的生
命，但实际上又使这项权力从属于妇女的堕胎权——即使是（尽管是
有条件的）在胎儿具备存活能力之后。布莱克门对此案的判决，所依
据的是 1965 年最高法院对"格里斯沃尔德诉康涅狄格州案"的判决
中所确认的隐私权和生育自由。[26]

　　无论堕胎权的法理基础是什么，正是"罗伊案"的判决方式——
至少与其内容一样——引发了广泛的争议，并使得其合法性饱受质
疑。毕竟，最高法院针对"罗伊案"所做的一切，已经远远超出了驳
回得克萨斯州的堕胎法。法院多数派的意见，对于详细说明在什么条
件下的堕胎符合要求，阐明了一系列详细的检验标准。实际上，布莱
克门创作了一部他自己的联邦堕胎法。鲁思·巴德·金斯伯格

(Ruth Bader Ginsburg) 提供了强有力的证据来论证，这种判决有可能损害最高法院的合法性。如果法院走在政治过程的"前面"，那么，就有可能引来强烈的反对，会激起人们的指控，认为它僭越了自身在民主的宪政秩序中应有的位置（Ginsburg 1993：30-38）。

68 　伯特（Burt 1992：344-352）将最高法院对堕胎问题的处理和20世纪50年代废除学校种族隔离的方式进行了比较。许多人认为，法院在处理那些案件时过于胆怯，对此，伯特持反对态度。他认为，最高法院的立场是正确的。在"布朗诉教育委员会案"中，大法官们宣称，"隔离但平等"（separate but equal）原则违背了宪法的平等保护条款（equal protection clause）[27]，但是，他们并未对可以接受的学校教育条件进行描述。相反，他们又将案件移交回南方各州的立法机关，要求它们自行设计可以接受的补救办法。[28]这些补救办法作为后续的诉讼结果被提交至最高法院，由最高法院来加以评估，但法院却发现，它们通常无法令人满意（Burt 1992：271-310）。不过，最高法院却避免亲自设计补救办法，以免受到非法侵占立法功能的指控。相比之下，正如金斯伯格所指出的，在"罗伊案"中，法院"并不请求与立法者进行对话"。相反，法院通过在事实上彻底摧毁当时存在的任何形式的堕胎法规，近乎彻底地将球从立法者的球场带走（Ginsburg 1993：32）。

按照金斯伯格—伯特的观点，对"罗伊案"的决定性的裁决，降低了最高法院的民主合法性，同时也终结了各州正在启动的放宽对堕胎法进行限制的各种计划。1967—1973 年，有 19 个州通过了相关法律，放宽了准许堕胎的理由。许多女权主义者对这一改革的步伐和范围表现出不满，她们发起一场运动，最终导致最高法院对"罗伊案"作出裁决。伯特不情愿地承认，在 1973 年，的确"不清楚新近通过的州立法，到底是预示着废除所有堕胎限制的一场全国性趋势的开端，还是在已经自由化的各州，新颁布的法令将会极大地增加每个人的堕胎机会"。然而，他仍然坚持认为："在大量公共论坛中，人们围绕堕胎议题进行了公开、热烈的论辩，而且，与 1967 年的制度环境

不同，我们不再清楚谁将成为这场战争的赢家。"（Burt 1992：348）
按照"布朗案"的模式，最高法院原本应该在"罗伊案"中废除得克
萨斯州堕胎法（无论是根据布莱克门的隐私观，还是依照金斯伯格、
伯特以及其他人所赞成的平等观），并将案件发回州法院进一步审理，
这样，最高法院就可以在不直接介入堕胎法规设计的情况下，对立法
机关规制堕胎的行为设定种种限制。根据金斯伯格—伯特的观点，这
样做可以为民主地解决冲突留下空间，以确保堕胎权的保留。与此同
时，又可以保全最高法院在民主的宪政秩序中的合法地位（Burt
1992：349-352）。

　　或许，最高法院已经意识到了它对"罗伊案"的裁决缺乏合法
性，因而逐渐开始修正堕胎法律。最高法院对 1992 年"计划生育组
织诉凯西案"的判决，再次确认了"罗伊案"的基本判决，但却将它
从布莱克门以三个月为基础的分析框架中分离出来，参照根植于宪法
第十四条修正案中正当法律条款的过度负担标准（undue burden
standard）①，重新制定宪法上的堕胎权。[29]

　　颇具讽刺意味的是，尽管"罗伊案"是在金斯伯格被任命为最高
法院大法官之前判决的，但是，这一判决却使得法院的立场与金斯伯
格—伯特处理堕胎问题的方式保持了一致。通过确认妇女所拥有的现
存宪法上所规定的关于堕胎的基本权利，承认各州在保护潜在生命权
利上的合法性，并坚持各州不得以导致妇女承担过度负担的方式来追
求其正当利益，最高法院对各州必须进行改革的堕胎规制设定了
限制。

　　对"凯西案"持有异议的人正确地指出，人们对在各州实施并经
法院检验的各种规制，存在一定程度的不可预测性和困惑。[30]特别
是当这种检验具有了发展维度时——随着孕期的增加，这种检验明显
使得规范的难度增加——这一点便是不可避免的。按照首先鼓励效率
和明晰事理的裁决观（adjudication），这一点看起来似乎是一种应该

---

　　① 过度负担标准，指的是联邦最高法院所持的如有关堕胎的州法对妇女主张堕胎的
权利产生实质性阻碍，该州法则应被废除之标准。——译者注

70　　受到指责的、会引发进一步诉讼的做法。[31]不管怎样，依照金斯伯格—伯特的观点，"凯西案"所引发的诉讼也许是一种值得付出的代价。它要求民选的立法机关提供不至于引起过度负担的规范堕胎的模式，要迫使它们这样做，要让它们知道，它们所制定的法律将接受法院的检验，一旦发现检验结果不符合要求，就将被废除。这将给立法者很大激励，当他们试图维护各州在保护潜在生命方面的合法利益时，就会设计出使得妇女承担最小负担的规范制度。"凯西案"的判决同样也为联邦法院在宪政民主体制中指定了一种合法的角色。"没有采取大踏步前进的方式，因而不用冒遭到强烈反对来对其进行抑制的风险，最高法院通过宪法上的裁决，使得社会变迁得到强化，或者为社会变迁大开绿灯"（Ginsburg 1993：36）。

　　通过采纳金斯伯格—伯特的方法，最高法院可能已经开始背离阿拉斯代尔·麦金太尔（Alasdair MacIntyre 1984：6-8）的主张。麦金太尔认为，堕胎争议的各方，所运用的是概念上不一致的假设，而在这些假设之间作出裁决是不可能的。相反，当争议已经从高度抽象的无法解释的事物——关于生命什么时候开始，以及胎儿是不是人——转向思考在为政府的合法利益服务时，什么因素对宪法所保护的妇女权利构成了过度负担。越来越清楚的事实是，关于合法堕胎权的理性争论拥有足够的空间。堕胎问题有可能成为无法控制的极端议题，但这并不意味着它已经成为这样一个议题，而且，这确实是"凯西案"判决方式的一个优点，它促使辩论远离了在多元文化中无法得到解决的议题，而转向有可能实现调和的领域。

　　在这一点上，值得注意的是，尽管最高法院对"凯西案"和"韦伯斯特诉生育服务中心案"，这项1989年的判决首次放弃了"罗伊案"中以三个月为基础的检验[32]的判决，被提倡堕胎合法化的团体（pro-choice group）视为对堕胎权的侵犯而遭到广泛批评，但是，最高法院的过度负担标准为限制堕胎规范提供了可能性，这比"凯西案"的批评者们已经认识到的更为有力。当然，在"凯西案"发生后，这样的观点或许只是一种合理的解释策略，正如德沃金（Dworkin 1993：173）所主张的，即任何关于堕胎判决的规范，都应该被看成是一种不必要的、因而是"过度的"强制，如果同等程度的"关于堕胎判决责任方面的进步，能够以某种较少强制力的方式得以实现的话"。这样的推理路径表明，如果原告能够证明，较宽松的规范能够实现各州在规范堕胎方面的既定目标，那么，就必须废除现行的各种规定。了解了这一点，立法机关在周密思考通过有关堕胎的法规时，就会有动机不采纳那些更为严厉的规范措施，除非能够证明采纳它们是非常必要的。[33]

过度负担标准同样也具有恢复平等主义思考的潜力，布莱克门避开了平等主义的观点，依据"格里斯沃尔德案"中的隐私原则作为他对"罗伊案"判决的基础，而不是按照当时某些批评者所建议的，始终贯彻较好的宪法条文和政治理论——以第十四条修正案中的平等保护条款为基础。[34]原因在于，在不断推敲判决的适当负担与过度负担问题时，如果不参照平等主义的主张，极有可能是非常困难的。在堕胎补助领域这一点显得尤为真实（在"罗伊案"中，最高法院始终坚持，堕胎权中并不包含堕胎补助），人们可以想象，这种情况在其他领域同样会出现。[35]正如这些案例所证明的，通过采纳过度负担标准，最高法院批准了一套检验标准，要求立法机关制定相关的堕胎法规，来最大限度地减少对妇女的支配，但并未告诉它们法规的内容应该是什么。在这一领域，仍然为民主决策留下了很大的空间，而最高法院也没有像在"罗伊案"中那样被视为立法领域的帝国主义者。

对此持异议的大法官斯卡利亚（Scalia）的一个观点可能是有效的，他认为，过度负担思想涉及的是关于大法官们将会在哪些问题上产生持续分歧的哲学选择问题。不过，他的观点只有部分是正确的。由于司法体系正处于逐渐发展之中，它显然也包括对"凯西案"持异议的大法官们无人试图对此提出严峻挑战的观点，例如，有这样一种观点认为，在可以选择安全堕胎流程的情况下，要求妇女经受不安全的堕胎流程，这样的规定就等于向妇女施加了过度负担。围绕着哪一种堕胎流程最为安全，人们展开了激烈的争论，正如"斯滕伯格诉卡哈特案"所说明的。"凯西案"之后，最高法院的大多数大法官坚持认为，在堕胎合法的环境下，不得以其他替代流程难以保障妇女安全为由，禁止"局部分娩堕胎"（partial birth abortion）。[36]

这种主张引起败诉的当事人和最高法院持异议的大法官的质疑，而美国的法院体系所提供的解决此类分歧的方式，是要求上诉法院（appellate court）的法官既不能将自己置于具备良好素质的仲裁者的位置，也不能盲目地将其委托给州立法机关来处理。一般来说，上诉法院不再重新考虑应由法律决定的事实问题（question of fact）。上诉法院限定自己只处理法律问题，所依据的理论是，审理事实的法官已经听取了证言和各方的不同意见，因而他们比较适于对它们的可靠性做出评估。上诉法院所要查验的是，初审法院（trial court）① 在对事实争议作出裁决时，是否已经遵循了它们自己的程序，但上诉法院一般会支持初审法院的事实认定结果，除非审判结果中包含着初审法院不当做法的证据，或者审判记录中的事实认定结果毫无根据可言。由于得知他们施加给妇女的负担将以这种方式进行检验，立法者就有动力去举行相关的听证会，去创建能够使陪审团和审理事实的法官倾向于服从他们而不是其对手的业绩档案（track record）。

有人可能会提出反对意见，认为法院在"凯西案"中实际上已经判定——尽管是含蓄的——各州在保护潜在生命方面的利益永远不可能得到保护，但事实并非如此。"卡哈特案"的司法解释清楚地表明，2000 年最高法院的大多数法官，都赞成在较小范围内出台"局部分娩堕胎"禁令，这种禁令限制了晚期的堕胎流程，也包含了有关母亲生命和健康的规定。这反映出这套检验标准不断发展的特点，它假定，随着胎儿的发育（而且，更为不容置疑的是，必须容忍的意外怀孕的剩余时间也相应减少），对妇女施加完成分娩的负担也变得越来越理性。过度负担标准不必在生命何时开始等令人烦恼的问题上表明

---

① 初审法院，也称为"审判级法院"、"一审法院"。——译者注

立场。正如朱迪思·汤姆森（Judith Thomson 1971）在"罗伊案"判决之前就指出的，人们可以认同胎儿可能是人的主张，但却没有义务确保使其活下来。[37]毕竟，每年发展中国家饿死的人多达数百万，他们原本有可能因为我们的干预而得救，但我们却听之任之。我们的确没有否认他们属于人类，但我们却坚定地认为——至少通过我们的行为——拯救他们所带来的高昂负担是我们所无法承受的。关于堕胎争议的分歧，并不在于胚胎是不是人的问题，而在于一位孕妇是否应该受强力所迫而维持胚胎的存活。最高法院的态度——只有在不给孕妇带来过度负担的情况下，才可以这么做——就这样把问题交回各州立法机关，使其在这项限定的范围内作出决定。

3.4　法院与折中观点

"布朗案"和"韦伯斯特案"之后有关堕胎的判决表明，关于民主体制中法院的角色存在着一种折中观点，其目的是改善民主的运行，而不是用传统的自由宪政主义的方式来替代民主。这种折中观点来源于两种不同的但却兼容的推动力：一种是通过"卡罗林案"的洞察力得知的，民主国家中的行为者有可能暗中破坏宪政规则，令人震惊地阻止它按照民主的方式运行，至少对相当一部分人来说是这样。丧失了公民权的少数族裔持续增加，他们来自那些由于经济原因而被容忍的永久"非法"移民，以及最近许多州里被永久剥夺公民权的重罪犯（felon）。据估计，大约有 390 万美国人被剥夺了公民权，其中超过 100 万人已经服完刑期。他们当中来自少数族裔和弱势群体的人数与来自其他群体的人数不成比例，以至于在 1998 年有 13％（约 140 万）的非洲裔美国男性被剥夺了公民权——这一群体占整个被剥夺公民权人数的 1/3 强（Fellner and Mauer 1998；Uggen 2002）。

与上述事例一样让人烦恼的是，我们发现，问题已经从这些分散而又隔绝的少数族裔扩展至政党的垄断行为。政治家在强制自己遵从竞争的游戏规则方面，不比企业做得更好。其结果是，为法院在救治和规范方面扮演潜在的重要角色提供了可能性。遗憾的是，在美国，在"巴克利案"发生后 1/4 的世纪里，法院已经走错了方向，它们通过展示金钱与言论之间的密切关系，限制了规范的可能性。这一判决由于为富人提供了接近权力的不平等途径，常常遭到人们的批评，除此之外，它还进一步强化了美国制度的反竞争维度。它增加了除百万富翁和社会名流之外让所有第三党候选人都望而却步的高昂进入成本，同时还维系着这样一个世界：在一个既定的选区内，使相同的捐赠者对于两党候选人的获胜都产生举足轻重的作用（Steen and Shapiro 2002）。2002 年安达信（Arthur Anderson）和安然（Enron）两公司破产后，网上流传着许多关于它们的笑话，这表明，大公司向两党领袖以及所有与公司利益攸关的各种委员会中有影响的政治家们提供捐助，已经成为一种越来越可以接受的惯例。[38]

　　这一难题没有得到普遍的重视，正如我们所看到的，这不是熊彼特式民主的过错，恰恰相反，而是过分极端地强调其逻辑性使然。将"一致"、"两党制"以及"共识"等与民主的目标混杂在一起的倾向，使得人们难以发现这些价值与竞争利益之间的冲突，也使人们不了解为何维持竞争竟然如此重要。竞争是一台发动机，它为政治家提供了向选民作出回应的理由，为了使它更好地运转，必须使他们具有围绕着政策而不是个性魅力展开竞争的动机。如果政治家在事实上就有关政策仅仅对捐助者作出回应，那么，围绕着政策展开的竞争就有可能减少。如果两党都准备提供相同的信息，那么，除了攻讦它们充当信息的传递者之外，还剩下什么值得人们去攻击呢？

　　也许有人会提出反对意见，认为熊彼特式的竞争已经对确定体现着共同的善的公意的卢梭式计划彻底绝望了，而竞争的价值主要体现在它是惩戒政治家的一种手段，那么，为何我们还要关心政治家在为什么而竞争呢？但是，这种"抛弃捣蛋鬼"（toss the rascals out）哲学，虽然比世袭君主制和终身独裁制可取，但却至少失去了使得政治竞争良性运转的其他三个维度。其一，竞争是使反对派政治实现制度化的主要方式。有效的竞争要求，应该有一个潜在的可替代的政府，其成员具有要求现任政府为公共利益服务，并使他们自己成为那些为现状所困的弱势群体谋求自身利益的工具的动机。如果反对派应负的责任，与昔日政府对所有安然和安达信公司应负的责任一样的话，那么，它们的反对派监督功能极有可能体现在囿于个性的诋毁和诽谤，而不是有可能让他们的捐助者感到不舒服的"黑暗角落的光亮"（shining light in dark corners）。

其二，我在3.1节中已经指出，竞争的价值不仅体现在它是对权力腐败后果的一种惩戒式制约，同样也体现在，它能够激励政治家比其竞争对手给予大多数选民更多的回应。如果两党都优先回应他们的捐助者（可能是相同的群体），那么，在回应这一阵地（responsiveness front），政治市场（political market）就失灵了。例如，某一特定选区的两党候选人，可能都没有动机去纠正选民对于不得不支付遗产税（estate tax）的可能性的误解。[39]如果候选人面临着捐助者和组织良好的说客要求废除遗产税的巨大压力，那么，避免谈论这一主题或者促使选民产生误解，可能更符合他们的利益（Shapiro and Birney 2002）。从某种程度上说，竞争是使政治家对选民的利益进行回应的一种机制，有必要制定一些规则来防止这种类型的政治市场失灵。

其三，本书始终坚持这样的观点，即单纯的程序主义是不充分的。公共机构中熊彼特式竞争之所以值得期待，并不是由于竞争本身的缘故，而是因为它是实现旨在限制统治现象发生的折中立场的最有效的机制。在某种程度上，接受大量捐助和组织良好的人们，可以使体制的运行发生扭曲，可以使它缺少对其他人的回应，因而无法变成实现目标的有效工具。如果法院能够通过使这种制度更具有真实的竞争性，从而在限制那些扭曲中发挥作用，那么，它们就等于为这种简约式的共同的善概念作出了贡献。不管怎样，由于这是一种折中的观点，法院如果独断专行的话，就超越了其管辖权限——就等于强迫竞争的各方接受其解决方法。法院的确应该始终以增进民主的方式运

行，保护游戏规则并在当选的政治家的政策被认为跨越了助长统治的
界线时，坚决要求他们提供不同的解决途径。

对于要介入其中以加强协商和其他反对派权利的法院或者其他事
后评判机构而言，事实同样如此，正如我们在 2.3 节和 2.4 节所讨论
的。再次说明，其理由在于增进极端弱势的民主参与者的发言权，而
不是事先宣布他们在发言时应该说什么。在 1.3 节中我们已经发现，
不管怎样，都存在着这样的理论，其支持者为了自身的合法性而呼吁
协商思想，但同时又宣称自己知道如何实现协商——即使在正确的条
件下适当运作，这样的理论内部也存在着无法破解的重大难题。实际
上，这些理论都是披着协商外衣为自己寻求民主合法性的理性主义理
论。在民主国家中，法官始终应该避免出现大法官马歇尔（Mar-
shall）在"弗曼案"中无力抵制的那种诱惑，避免凭借"如果人们
适当知情，就会如何决定"的主观臆测来作出判决。相反，法官应该
发挥其事后评判的作用，极力促成这样一个世界，在这个世界里，人
们拥有适当的知情权和必要的资源，可以为了他们自己的利益而参与
集体决策。

也许有人会说，这种折中观点事实上是一种含蓄的实质民主观。
如果法院或者其他事后评判机构对经由民主程序产生的结果进行干
预，以民主的理由宣称对此不能接受，那就一定是一种实质民主理
论，不管它多么含蓄，都可以凭借这一点作出这种判断。尽管这是一
种简约式的折中理论，其观点只有部分是正确的，但是，其目的是旨
在使得这一制度更具有竞争性，防止公民权被剥夺，以及通过加强反
对派的权利来保护那些易于遭受统治的弱者，而且，它具有强烈的程
序主义倾向，总是将问题发回各州立法机关，而不是强行施加解决办
法，这样就使得法院成为民主内在的支持力量，而不是敌对力量。长
期以来，在一个以民主为合法性来源的世界中，能够获得一种独立的
角色，对于法院来说，不失为一种最佳选择。

这种折中立场所具有的反前卫主义的（antivanguardist）、"否
定"（nay-saying）的维度，使其进一步与实质性民主的观点区别开

来。即使人们不能清楚地表达不可以接受什么，他们也能够理性地发现可以接受什么。20 世纪 60—70 年代，南非有很多人都坚信，种族隔离（apartheid）违背了民主治理的基本原则，但他们中间却很少有人——如果有的话——能够对代议制民主理论作出清晰的阐释，抑或能够说出他们将如何解决已经在后种族隔离时代的南非出现的有关代议制民主的种种难题。他们是按照本书第 2 章所探讨的马基雅维利式的观念来反对统治的，即使无法解释自己想要什么。这一点富有戏剧性，但却并不反常，人类是在很多方面具有灵敏反应和适应性的生灵。他们拒绝考虑不可接受的事物并回避失败，并常常假定一定 77 有更好的解决办法。这通常具有更多的规范色彩，而不是一种含蓄的理论，而有时候希望是会破灭的，但事情并不总是如此。这种折中观点所依据的是这样的假定：通常，人类的才智足以应对由于揭露民主程序的失败而带来的挑战，而且，与未来的替代方案相比，事先就决定要促进这种结果，是一种更好的民主解决方法。

【注释】

　　[1] 即使在美国，像阿米什①这样的团体，在教育实践上，也经常有组织地反抗州的意志。在著名的"威斯康星州诉约德案"（Wisconsin v. Yoder，406 U. S. 205 ［1972］）之前几十年时间里，地方诉讼机构几乎完全放弃了强行使它们接受中学教育的企图。"约德案"只是威斯康星州合理化改革计划的一个副产品，而这样的计划与阿米什无关。见 Arneson and Shapiro 1996：365-411。

　　[2] 达尔提出了八项标准来衡量一个国家符合多头政体条件的程度。这些条件围绕着四个阶段的内容展开：投票阶段（voting）：政治体系中的成员的选票必须是等值的，获得个人投票最多的选项获胜；投票前阶段（prevoting）：成员具有同等机会提出替代方案和相关信息；投票后阶段（postvoting）：获胜的领袖或政策取代了那些失败者，当选官员的命令得到执行；选举过渡阶段（inter-election）：其决策服从于选举过程中做出的决定，如过渡期间的参议员将被赢得下次选举的参议员所取代（Dahl 1956：71-76，84-89）。

―――――――――

　　①　阿米什（Amish），美国基督教"门诺派"中的严紧派。——译者注

[3] 这是在 1994 年 11 月举行的加利福尼亚州创议投票中以 59％的赞成票和 41％的反对票通过的 187 号提案，随后即被联邦法院宣布为无效，原因是它违反了无论是否移民都应具有宪法赋予的受教育的权利，还因为移民法是联邦管辖事务，而不是州管辖事务。

[4] 见 Pogge 1992；Antholis 1993；Wendt 1994；Benhabib 2001。关于成员权利的决策不应被视为优先于民主决策的其他论证，见 Shapiro and Hacker-Cordón 1999a：esp. chaps. 6，10，12，and 15。

[5] 这一点在 2002 年 7 月戏剧性地得到证明。当时，联合国安理会被迫接受美国维和部队享有安理会试图设立的常设战犯法庭（war crime tribunal）豁免权的事实。见 Edith Lederer，"U. S. Exempt for One Year from Tribunal Prosecution," *Miami Herald*，August 13，2002，p. 1。

[6] 有关这一观点的详细阐述和辩护，见 Shapiro 1999a：31-39。

[7] Schumpeter 1942：269-283。这种类比实际上首先是由经济学家霍特林（Hotelling）提出的。

[8] 当代学者中，对代表概念处理得最好的是皮特金（Pitkin 1972）。

[9] 美国国会在 2000 年夏通过《废止遗产税法案》（Death Tax Elimination Act），遭克林顿总统否决。布什总统签署了一项类似的条款，成为法律，作为减税计划的一部分，在两党的大力支持下于 2001 年夏获得国会通过。

[10] 例如，可见阿克曼（Ackerman 1993a）和艾尔斯（Ayres 2000）的论述。

[11] 激进主义者的确提出过这种批评（Epstein 1986：17-71）。在当代文献中唯一的批评声音似乎来自威特曼（Wittman 1973）。

[12] "东部铁路董事长大会诉内尔摩托货运公司案"（Eastern R. R. President's Conf. v. Noerr Motor Freight，365 U. S. 127 [1961] at 136）①。

[13] Connell Constr. Co v. Plumber & Steamfitter，Local Union No. 100，483 F. 2d 1154，1164 (5th Cir. App. 1973)；另可见 Local Union No. 189，Amalgamated Meat Cutters v. Jewel Tea Co.，381 U. S. 676 (1965)。

[14] Noerr，356 U. S. at 137，138。因而，法院驳回了密苏里州的要求。该州认为，全国妇女组织（the National Organization for Women）在尚未批准

---

① 这一案件是导致内尔—彭宁顿原理产生的诉讼案之一，其主要内容是有关豁免企业的反托拉斯责任。——译者注

《权利平等修正案》（the Equal Rights Amendment）的各州发起联合抵制活动，违反了《谢尔曼法案》，法院坚持认为，参与抵制活动的人是以合法政治组织的形式，而不是破坏性的商业竞争者的身份来参加活动的。"密苏里州诉全国妇女组织案"（Missouri v. National Organization for Women，Inc.，467 F. Supp. 289，304［1979］，and cert. denied，449 U. S. 842［1980］）。

[15] "帕克诉布朗案"（Parker v. Brown，317 U. S. 341，351［1943］）①。

[16] Klor's Inc. v. Broadway-Hale Stores，Inc.，359U. S. at 213 n. 7，and Apex Hosiery Co. v. Leader，310 U. S. 469 at 493 n. 5.

[17] 见 www. commoncause. org/publications/oct01/102401. htm［9/2/02］。

[18] 要实现这种最大限度，在实践上是很困难的。正如旨在民主党内实行完全比例代表制的麦戈文-弗雷泽改革（McGovern-Frazier reform）的设计者所发现的，越来越明显的是，更多的相关利益无法按比例得到代表。见 Ranney 1975。在理论上，它同样是难以理解的。见 Rae et al. 1981。

[19] "布什诉戈尔案"（Bush v. Gore，531 U. S. 98［2000］）。

[20] "美国诉卡罗林产品公司案"（United States v. Carolene Products Co.，304 U. S. 144［1938］at 152 n. 4）。

[21] 与这种"跨越了'卡罗林案'逻辑得以运用的门槛"的说法最为接近的、最有力的谴责来自菲利普斯（Phillips 2002）。

[22] "弗曼诉佐治亚州案"（Furman v. Georgia，408 U. S. 238 at 360-369），也可参见马歇尔对"格雷格诉佐治亚州案"所持的异议（Gregg v. Georgia，428 U. S. 153［1976］）。

[23] 对于"卡罗林案"其他缺点的讨论，见 Ackerman 1985。

[24] "罗伊诉韦德案"（Roe v. Wade，410 U. S. 113［1973］）。

[25] 正当法律程序条款规定："任何州……不经正当法律程序，不得剥夺任何人的生命、自由或财产。"

[26] "格里斯沃尔德诉康涅狄格州案"（Griswold v. Connecticut，381 U. S. 479［1965］）。

[27] "布朗诉教育委员会案"（Brown v. Board of Education Ⅰ，347 U. S. 483［1954］）。

---

①　由此案引出帕克原理（Parker Doctrine），该原理规定，反托拉斯法不得禁止州所实施的反竞争行为。——译者注

[28] "布朗诉教育委员会案"（Brown v. Board of Education Ⅱ，349 U. S. 294 [1955]）。

[29] "宾夕法尼亚州东南计划生育组织诉凯西案"（Planned Parenthood of Southeastern Pennsylvania v. Casey，505 U. S. 833 [1992]）。

[30] 雷恩奎斯特（Rehnquist）在与大法官怀特（White）和斯卡利亚（Scalia）三人共同提出的部分有分歧的司法解释中，谈到了"凯西案"的主要司法解释："共同司法解释对合法性进行颂扬的最终结果，是阐述了对各州妇女堕胎权立法进行评估的一套全新标准——过度负担标准……'罗伊诉韦德案'采用的是基本权利标准，依据这一标准，只有当各州立法符合'严格审查'要求时，才能够得以存续。尽管我们不认同这一标准，但它至少在'罗伊案'判决时具有得到确认的宪法基础。而过度负担标准与此不同，它在很大程度上纯粹是由共同司法解释的作者们杜撰的。这套标准即使在今天也没有博得本法院大多数的支持。而且，我们深信，它不会产生共同司法解释所预期的那种易于实施的'简单贯彻'结果。"（112 S. Ct. 2791 [1992] at 2866）

[31] 参见雷恩奎斯特引述前文脚注之后的评论。对于联邦上诉裁决的更为一般的辩护，见 Posner 1985b：169-315。对于波斯纳观点的批评，见 Shapiro 1987：1009-1026。

[32] "韦伯斯特诉生育服务中心案"（Webster v. Reproductive Health Services，492 U. S. 490 [1989]）。

[33] 见 "马厄诉罗伊案"（Maher v. Roe，432 U. S. 464 [1977]）；"波尔克诉多伊案"（Poelker v. Doe，432 U. S. 519 [1977]）；"哈里斯诉麦克雷案"（Harris v. McRae，448 U. S. 297 [1980]）。

[34] 女权主义者如麦金农（Mackinnon 1987：93-102）和韦斯特（West 1988：67-70）等人认为，将堕胎权建立在隐私权的基础上，是一种倒退。以往隐私权是以保护男性免于承担强暴妻子的责任的形式存在的，这种存在形式助长了其他形式的屈从，因此，自20世纪60年代以来，女权主义者发起了持续的抗议。正如金斯伯格（Ginsburg 1993）所主张的，他们更喜爱一种平等的保护理论，这一理论无论在什么情况下都是较好的符合宪法的法律，才能使得判决较少受到宪法中没有出现"隐私"这一术语的那种有效指控的影响。

[35] 有关堕胎补助的裁决，可以参见"马厄诉罗伊案"（Maher v. Roe，432 U. S. 464 [1977]）、"波尔克诉多伊案"（Poelker v. Doe，432 U. S. 519 [1977]）以及"哈里斯诉麦克雷案"（Harris v. McRae，448 U. S. 297 [1980]）。

［36］"斯滕伯格诉卡哈特案"（Stenberg v. Carhart, 530 U. S. 914［2000］）。

［37］汤姆森（Thomson 1971）提出了一个著名的问题：假定有一天你醒来时发现，你的肾脏已经通过各种管子与一位杰出的但却病入膏肓的小提琴手连在一起，而且，除非这种连接能够保持 9 个月时间，否则，小提琴手就会死去。在不否认小提琴手是一个人的前提下，你仍有可能坚持认为，你没有义务保持这种连接。

［38］正如一位评论家所观察到的，安然公司"向那么多政治家提供了捐助，以至于那些没有受到捐助的人竟然怀疑他们自己是不是不重要"。见 Mark Thomas, "Anron fallout," www. drownedinsound. com/articles/3810. html［9/2/02］。据报道，2002 年超过一半的众议员和 91％的参议员，自 1989 年以来一直在收受安达信公司的现金。同一时期，71 名参议员和 186 名众议员（占 43％）从安然公司领取捐助。见 "Enron and Anderson," www. opensecrets. org/news/enron/index. asp［9/2/02］。

［39］尽管美国大约只有 2％的纳税人需要支付遗产税，但民意测验却显示，17％～37％的美国人认为，他们或其家庭中的某一成员必须支付遗产税。见 Gallup Poll, June 22-25, 2000, Wendy Simmons, "Public Has Mixed Feelings about Tax Cuts," Poll Analyses, Gallup News Service, January 24, 2001, and Greenberg Quinlan Rosner Research Poll, June 11, 2002, http://www. ombwatch. org/article/articleview/811/1/125/［9/2/02］。关于围绕着废除遗产税展开的政治角逐，见 Shapiro and Birney 2002。

第 4 章　民主的实现与存续

熊彼特式民主或许是值得期待的，那么，究竟在什么条件下可以
实现民主并使其得以存续？毕竟，世界上大多数地区的大部分历史，
长期以来一直是不民主的。即使在今天，尽管亚非拉许多国家已经步
入民主化进程，但世界上绝大多数人口仍然处于非民主政权的统治之
下。而且，尽管从托克维尔（Tocqueville［1835］1969）到弗朗西
斯·福山（Francis Fukuyama 1992）等评论家们都认为，人类正以不
可阻挡之势向历史的民主终端迈进，但事实上所发生的一切要复杂得
多。在托克维尔时代，1830 年和 1848 年发生的席卷欧洲的两场民主
革命，在短短的几年之内就遭遇了重大挫折。法西斯主义在 20 世纪
给民主带来的打击，应该能够抑制那种认为自 1989 年以来的民主革
命又向历史终结的民主之路迈进了一步的目的论观点。民主的虔诚信
徒们也许因近来的胜利而倍感鼓舞，但他们最好还是能够意识到，这
一切也极有可能被轻易地颠覆。许多新兴的民主国家还不稳固。拉美
各国以往就发生过民主崩溃的情况，这种情形还有可能再次发生
（Linz 1978；Linz and Stepan 1978）。沾沾自喜于非洲民主的奇特复
兴（Mbeki 1998），实际上过分看重了南部非洲脆弱的新生政权的影

响；我们应该牢记阿尔及利亚和卢旺达两国再度发生动荡的可能性。联合国在 2002 年就曾发出过警告，自 20 世纪 80 年代以来出现了 81个民主国家，其中有许多国家已经堕入严重的危险之中（United Nations 2002）。

然而，那些始终坚持民主在世界很多地区无法实现或者预言民主行将逊位的人，并不比主张民主目的论（teleology）的人更为成功。亨廷顿（Huntington 1984）早在被他后来命名为世界第三波民主化浪潮（Huntington 1991）开始之时就指出，在世界上创建更多民主国家的可能性非常渺茫。现如今，这些民主国家中的大多数已经步入了第二个十年发展期，并在经历无数选举后得以存续，其中一些国家已经成功地通过了亨廷顿所说的"通过选票箱"（via the ballot box）来实现两轮权力更替的测试。诸如俄罗斯和南非这样的国家，虽然尚未做到这一点，但是，它们已经举行了多次全国性和地方性的竞争性选举，而且，民主的实际运行情况比起很多人在两国处于剧烈转型期时所作出的预测，似乎还要好一些。罗伯特·卡普兰（Robert Kaplan 1997）所主张的"民主不过是世界政治史上稍纵即逝的瞬间"的观点，对于 20 世纪 90 年代早期的必胜主义（triumphalism）不啻是一剂令人清醒的良药，但是，这种观点显然已误入歧途。由此引发如下问题：什么导致民主的转型？在民主国家建立后，又是什么因素导致民主的成功或失败？这些就是本章所关注的问题。

早期的文献往往将影响民主实现与民主存续的因素混为一谈，但是，由于存在着与两个问题相关的不同变量和动力，我将按照最近的实践，在 4.1 节中对两种因素加以区别讨论。事实上，在某些环境下，实现成功转型的要素与使得民主切实可行的要素之间，在一定时期内会处于紧张状态。在政治科学中，关于这些主题的可靠知识与狂妄的主张之间的比例并不协调。那些已经完成的可靠的研究表明，实现民主的方式是多重的，而且，我们缺少充分的理由来支持那种民主本质上不适宜于某种社会的主张——包括由少数族裔、种族抑或宗教联系和抵触所引发的分裂社会。这就引起了 4.2 节中将要讨论的规范性问题：民主应该在什么时候遵从集体的承诺和期盼？其支持者应该在何时使用民主的方式再造民主？在前几章对高位善和利益影响原则论证的基础上，我将对民主政体中团体的期盼值得遵从的条件进行探讨。

4.1　民主的转型与巩固

接受"熊彼特式民主值得期待"的观点，对于回答民主是否可以实现，或者实现以后如何存续这一问题，是没有丝毫帮助的。通过迄今为止的讨论我们得知，显然，要想获得关于这些主题的有效的普遍原理，是非常困难的。世界并未明显地表现出要走向民主或远离民主的趋势，民主得以产生或未能出现、得以存续或无法延续下去的方式，也许是通过不符合普遍理论发展的各种偶然性来促成的。在这一领域，寻找富有特色的模型而不是预测性的法则，也许是我们的最佳选择。从关于民主转型的相关文献出发，我们发现，事实的确如此。

4.1.1　通向民主之路

已经有数代学者对民主产生的条件进行了理论上的阐释。托克维尔（Tocqueville［1835］1969）声称，民主是平等主义道德观念（egalitarian mores）的产物。西摩·马丁·李普塞特（Seymour Martin Lipsett 1959：69-105）则主张，民主是现代化的副产品。对于巴林顿·穆尔来说（Barrington Moore 1966：413-432），中产阶级的出现是关键因素。而鲁谢迈耶、斯蒂芬斯和斯蒂芬斯（Rueschemeyer, Stephens and Stephens 1992）则认为，一个有组织的工人阶级的存在才具有决定性意义。现在看来，问题似乎很清楚了，通向民主之路绝非只有一条，因而，不可能存在关于民主产生条件的普遍原理。民主可能起源于数十年逐渐的演化（英国和美国）、模仿（印度）、自上而下强制实行（智利）、革命（葡萄牙）、协商解决（波兰、尼加拉瓜和南非），或者外部强加（日本和德国）（Przeworski 1991：chap. 1；Huntington 1991：chap. 1；Shapiro 1996：chap. 4）。也许，还存在其他种种可能性。

我们在思考之后发现，这并不令人惊奇。假定不存在通向任何单一目标的多重道路，或者假定不存在通向既定目标的新道路，都没有令人信服的理论依据。毕竟，烤箱一旦被发明，其他人就可以仿造它；没有必要让每一个人都经历同样的发明程序。而且，一旦人们从其他地方看到过烤箱，就会利用固有的技巧和当地的材料发明新方法——甚至是更好的方式——来制作烤箱。的确如此，这并不能阻止人们对性能良好的烤箱所具有的特性进行理论上的解释。制作烤箱的方式毕竟是有限的，因此，综合各种不同可能性的复杂理论，在原则上是可能得到发展的。将此运用于民主的转型或许可行，但我们仍然有相当长的路要走。

这并不是说关于民主转型的研究毫无理论上的建树。举例来说，我们可以获得有用的分类法，正如亨廷顿（Huntington 1991）将民主的转型划分为变革（transformation，自上而下强制）、干涉（intervention，外部强加）、置换（replacement，自下而上革命）和移转（transplacement，协商式转型）等四种类型。[1]我们也有可能对发生不同类型转型的可能性所需的条件进行解释性说明。也许人们没有太多的兴趣去谈论变革、干涉和置换，因为它们取决于某个力量足够强大的行为者单方面决定要强加民主并加以执行。有可能导致这种事件发生的各种偶然性因素，似乎是无限的。[2]

人们的大多数研究兴趣集中于亨廷顿所说的移转，部分原因或许是因为其中隐含着更多似乎易于解决的东西需要去了解，部分原因则可能是由于协商式转型比规范性理由更值得渴望。它们似乎喜欢用民主的方式来实现民主（Huntington 1991：164），而有一些人则认为，从较长时期看，移转比其他方式更加有利于民主的生存和发展

81

（O'Donnell and Schmitter 1986：39）。

事实上，两种规范性的观点都是值得怀疑的。例如，在南非，由于反对转型的人们——主要是右翼南非白人团体（Afrikaner group）和曼戈苏图·布塞莱齐（Mangosuthu Buthelezi）领导的祖鲁族因卡塔自由党（Zulu Inkatha Freedom Party，IFP）利用他们在谈判中的地位——对谈判进行阻挠，使得两轮圆桌谈判破裂，最终导致南非国民党（National Party）政府与非洲人国民大会（African National Congress，ANC）秘密协商签署了转型协议。这一事件印证了我们在 2.3 节中所讨论的，不考虑人们的利益或议事日程而给予每一个人"发言权"，是非常危险的。他们会滥用这种发言权来进行拖延和设置障碍，以阻止变革。在民主转型过程中，如果强大的力量遭遇失败，除非它们被边缘化（如南非白人右翼），或被同化（如非洲人国民大会中的激进派），或被说服改变了初衷而参与到转型进程中来（如因卡塔自由党），否则，民主将有可能永远无法实现。事实上，在协商民主转型如何进行及其成功的可能性之间，有可能存在着一种平衡（Jung and Shapiro 1995：278-292）。当然，关于通过具有广泛包容性的参与过程来实现民主的例子，历史上还不曾有这样的记录。

尽管实例为数不多，而且其中多数实际上都是亨廷顿所说的几种类型的混合物，从而使得这一领域令人信服的普遍原理的提出充满危险。这就是我们对"从长远来看协商式民主更为可行"的观点持怀疑态度的理由之一。例如，西班牙的民主转型属于亨廷顿所说的变革类型，而南非的民主转型则被视为移转类型的教科书，但是，我们仍然看不出前者比后者更缺少可行性。事实上，协商式转型的缺陷之一就是，签署协议的各方创建了他们认为适合自己的制度，但却无益于民主的健康发展。这在南非的例子中得到了充分证明。例如，南非通过一项规则，即任何一位国会议员，如果离开自己的政党或被本党逐出，那么，他也将同时失去在国会中的议席，其位置将由党内名单上的下一位成员取代。这一项已经被写入宪法的条款，导致后排议员

82

（backbencher）的力量极其孱弱，也使得南非成为民主世界中拥有最强大党鞭制度（whip system）的国家之一。由于非洲人国民大会具有压倒性的优势，因而南非很有可能出现一种类似于印度的国大党（Congress Party）和日本的自民党（Liberal Democrats）那样的趋势，但党内反对派的缺乏却使该党麻烦丛生（Jung and Shapiro 1995：289-292）。参与转型协商的各方，毫无疑问会追逐自己的利益。从长远来看，这是否有益于民主似乎是极为不确定的，也是很难预测的，特别是因为具有政治家风度的行为有可能受到个人气质的影响（Horowitz 2000：253-284）。

这并不是说我们不能对转型协商进行富有启发性的理论阐释。例如，亨廷顿就指出，当威权政府中的反动力量强大到足以阻止变革发生，反对派中的革命力量过于弱小而无力实现置换，而政府改革派和温和的反对派力量足够强大，并且联合起来将威权反动力量和反对派中的革命力量边缘化，并促使双方签署一揽子协议时，移转就有可能发生（O'Donnell and Schmitter 1986；Jung and Shapiro 1995）。

当然，即使在这样的环境下，也存在转型无法发生的可能。如果南非总统德克勒克（de Klerk）在 1992 年全民公决之前遭不满的右翼分子枪杀，南非的转型就有可能失败。而如果不是以色列总理伊扎克·拉宾（Yitzhak Rabin）在 1995 年遇刺身亡，那么，以色列和巴勒斯坦之间或许早已成功地达成一项和平协议，并已付诸实施。假使这些相反的事件成为事实，我们很有可能在 2003 年就已经尝试对中东的成功进行解释，而且要与陷入暗无天日的种族冲突和日益恶化的内乱泥潭的南非进行比较。因为与促使转型成功的正确方式相比，有太多的方法可以导致转型失败，也因为协商式转型非常容易遭到不可预测的偶然性事件的颠覆，因此，试图预测协商式转型什么时候能够成功，是徒劳无益的。在合适的时间采用正确的方式需要考虑众多因素，而主要行为者必须在关键时刻做出明智的选择。[3]

尽管如此，至少有四点考虑表明，尝试对转型协商的特殊动力和

83

限制做出具体的阐释，仍然是有意义的。第一，可以公开选择的事物都会受到这些动力和限制的影响，也会对行为者即将启动协商或者达成协议而不是退缩的可能性产生影响。例如，如果人们不进行协商或无法达成一致，就会增加成本，抑或协商或达成一致可以增加成功的机会，那么人们就更有可能进行协商或者达成协议。在既定条件下，如果我们能够具体阐释哪些因素改变了成本和机会，就能够更好地说明，人们何时或多或少有可能进行协商并达成一致，即使我们永远无法确切地得知这一点。

第二，假使我们能够正确地获得相关的动力和限制，这将有助于解释为什么经过协商的方案都展示出某种特有的形式。例如，为什么这些方案使得行为者倾向于制定制度性规则对新秩序中的强大反对派政治进行限制？这反过来有助于我们深入理解民主转型与民主制度长期发展之间存在的紧张关系，以及民主转型从过渡时期到最终制定宪法这一过程中所提出的变革要求（Shapiro and Jung 1996；Luong 2000）。

第三，人类能动作用的偶然性和变迁也许意味着，预测协商结果的成功和失败都是不可能的。成功的协议需要一些必要条件。如果这些条件已经出现，而且外部的打击并未颠覆它们，并且行为者在他们必须把握这一时刻时做到了这一点，那么，就有可能成功地达成协议。但是，如果缺少必要条件，那么，不管其他情况是否会发生，也不管行为者如何去做，都不会成功地达成协议。举例来说，20 世纪 80 年代晚期，当杰里·亚当斯（Gerry Adams）作为爱尔兰共和军（Irish Republican Army，IRA）戴着"人性"面具的、务实的新领袖出现时，引发了人们对是否可以达成北爱尔兰和平协议的无休止的猜想。但是，直到 1997 年布莱尔（Blair）当选英国首相时，人们似乎才清楚，亚当斯及其所作所为毫无意义。20 世纪 80 年代或 90 年代，无论爱尔兰共和军的领袖是谁，没有任何一届保守党政府能够在北爱尔兰问题上签署协议，因为它们需要得到威斯敏斯特议会中联邦主义者（Unionist）的支持。面对它们的侧翼，保守党政府过于孱弱，无法做出相关的妥协。工党的胜利，使得这一事件的发展前景发生变化，而尤为重要的是当时出现了一位务实的、善于妥协的领袖，而且他有足够的能力迫使爱尔兰共和军中的激进派接受协议（Jung，Lust-Okar，and Shapiro 2002）。谁才是关键时刻的关键行为者，怎样才可以未雨绸缪，预先防止在绝望的情况下误置信心，只有掌握了成功转型协商的必要条件，这一切才能变得更加清晰。

第四，理解了成功达成一致的特有动力，就可以揭示那些原本可能遭到忽视的机会。能够带来成功的机会之窗很少开启，也很少得以始终敞开着。政治家们通常不愿冒穿越机会之窗的重大风险，但是，有时候他们似乎既没有看到存在的各种可能性，也没有看到它们会稍纵即逝。对于协商动力的一种更加精确而普遍的理解，或许能够使得他们在重大选择面前发现果断行动的紧迫性。例如，1995 年拉宾遇刺后，希蒙·佩雷斯（Shimon Peres）宣布举行临时选举，当时的民调结果表明，佩雷斯有可能充分利用拉宾这位"逝去的英雄"的形象来赢得授权推动协商，直到最终签署协议（这种行动类似于德克勒克在 1992 年 3 月南非全民公决［referendum］中对一系列补缺选举失败所作的回应。它给予反对转型的白人右翼势力以沉重打击，致使它们自此一蹶不振［Jung and Shapiro 1995：287–289］）。

佩雷斯要么是不愿意冒险，要么是不理解其政治资本消耗会转瞬即逝，致使其优势消耗殆尽，最终在 1996 年 5 月的选举中以微弱劣势败给了本杰明·内塔尼亚胡（Benjamin Netanyahu）。而此时，阿拉法特（Arafat）所推动的协商的失败，却加强了哈马斯（Hamas）以及阿拉法特所领导的其他激进派组织的力量，这迫使阿拉法特采取诱使和欺诈（bait and switch）的方法——试图恢复其地位和抵抗派形象。可悲的是，当 2000 年埃胡德·巴拉克（Ehud Barak）成为工党领袖时，尽管他意欲疏远联盟伙伴来寻求达成协议，甚至在必要的时候不惜诉诸全民公决进行一搏，但此时的阿拉法特已经过于虚弱而无力代表巴勒斯坦官方对最终协议的要求做出让步。尽管西方媒体大量报道了阿拉法特在 2000 年戴维营（Camp David）和谈期间反应迟

85 钝，指责他一而再、再而三地错失良机，但是，民意测验数据强烈地显示，在当时的情形下，他根本不可能达成协议并使其得以存续（Jung，Lust-Okar，and Shapiro 2002）。

先前的讨论应该足以证明，尽管有关转型的研究存在诸多内在局限性，但是，所取得的知识方面的进展仍然是富有意义的。大部分进展有可能使那些因误解而坚持错误信念的人得以醒悟，并使得他们在特定环境下试图决定什么具有可行性时，将所关注的焦点集中于正确的因素之上。这种知识的价值绝不是微不足道的，即使其预测不可避免地附有先决条件，并受到偶然性因素的制约。

而且，似乎没有决定性的证据表明，协商式转型是优于其他通向切实可行的中期民主路径的较佳路径。事实上，如果与自己的眼前政治利益发生冲突，那些负责协商谈判的人，也许根本没有理由去创建有利于民主健康发展的制度。我们可以从南非的例子中涉及反对派制度的相关内容中看到这一点。同样，纵然中东能够达成一项和平协议，它也不可能为新的巴勒斯坦提供更多的民主，抑或损害已经削弱的以色列阿拉伯人的民主权利。当领导者能够找到共同的基础，能够使其对手边缘化，或者同化其对手，使他们信服并接受协议，那么，协商就成功了。这种共同基础是否有益于民主，要么是一种偶然性的运气，要么取决于领导者具备能够超越眼前利益的政治家般的能力。这需要一种与众不同的运气——同样也是无法预测的。

哪一条路是最切实可行的通向民主之路？从某种程度上看，这样的问题中掺杂了人为因素。国家很少拥有这样的选择机会。第二次世界大战结束后，联邦德国和日本两个国家就不可能出现协商式转型。佛朗哥（Franco）之后的西班牙，由于反对派力量过于弱小，因而不可能实现置换民主转型。而1974年的葡萄牙或者1989年的民主德国和罗马尼亚，则由于威权政府过于虚弱而无法抗拒置换式民主转型。正如我们所看到的，当政府与反对派力量之间以及它们各自内部获得一种独特的权力平衡时，移转就成为威权主义的唯一可行路径。这表明，对于民主制度的设计者来说，更具有针对性的问题不是哪一条路最佳，而是就某个国家已经选择的路径来说，为了增加民主制度（如果已经建立）得以存续的机会，什么是领导者应该做的最重要的事情？这就是接下来我要讨论的问题。

4.1.2 民主的存续

无论民主国家是如何形成的，与其他国家相比，它们在某些环境下更有可能得以存续并得到繁荣发展。有关此领域的研究文献，是沿着制度的、经济的和文化的三个维度展开的。前两个维度的观点比较直接，而且，与转型文献相比，可以参照大量系统的跨国数据进行评估。文化研究文献的界限模糊，经验上不可靠，部分原因是因为文化解释常常倾向于残差解释（residual explanations）①。部分原因则是因为文献中存在着差别很大的多种文化解释类型。在我们简要考察有关制度类和经济类文献的状况之后，再来解决这些问题。

制度类文献是从林茨（Linz 1978，1994）的观点发展而来的，林茨认为，议会制比总统制更加稳定。他指出，总统制倾向于造成政治文化以及总统与国会之间的极化，但却缺乏缓解这种极化的制度性机制。与总统制相比较，议会制则比较稳定，能更好地应对领袖危机。林茨的观点遭到舒加特和凯里（Shugart and Carey 1992：chap. 3）的挑战，他们二人将总统制划分为稳定与不稳定两种，而梅因沃林和舒加特（Mainwaring and Shugart 1997：12—55）则认为，孱弱的或被动的（reactive）总统制，如美国实行的总统制，就与议会制同样稳定。随后的学术研究成果表明，事关重大的制度安排有可能与是否采用总统制没有太大关系，而是与其他的制度特征关系密切。例如，总统所在的党派（presidential party）在国会中的现实存在、有利于结盟的政治条件以及政府行政权力的集中等，都有可能比议会制的制度安排更有利于稳定。这也许可以用来对拉丁美洲诸国之间的差别作出解释，例如阿根廷、智利和乌拉圭属于比较稳定的、可

---

① 所谓残差是指实际观察值与回归估计值的差，残差解释就是通过残差所提供的信息，分析出数据的可靠性、周期性或其他干扰。——译者注

控制的国家，而厄瓜多尔、秘鲁以及当代的委内瑞拉等国，则属于缺乏稳定性的国家（Foweraker 1998：665-670；Cheibub and Limongi 2000）。

经济类研究文献的代表人物是普热沃尔斯基等人（Przeworski et al. 2000：chap.2），他们揭示了经济发展对于民主政权稳定性的影响。他们发现，尽管经济发展并不能预言民主的实现，但是，经济发展（特别是人均收入水平［per capita income］）与民主政权的存续之间存在着一种较强的相关性。富裕国家的民主似乎永远不会消亡，而贫穷的民主国家却是非常脆弱的，特别是在年人均收入低于 2 000 美元（按 1975 年的美元计算）的国家，情况更是如此。当年人均收入低于这一标准时，民主在一年内崩溃的几率达到 1/10；年人均收入在 2 001～5 000 美元时，这一几率下降至 1/16；而年人均收入超过 6 055 美元时，民主一经建立，似乎就会无限延续下去。而且，在贫穷的民主国家，当政府成功地促进经济发展并避免经济危机发生时，民主更有可能得以存续（Przeworski et al. 2000：106-117）。

当我们将注意力转向文化类研究文献时就会发现，在某些国家，当政府选举失败时，会谋划发动军事政变而不是放弃权力，然而在美国，没有任何一个败选的总统会严肃而认真地考虑将坦克开到宾夕法尼亚大道（Pennsylvania Avenue）① 上。事实上，我们在 3.2.2 节中已经看到，如果过于生搬硬套的话，麦迪逊对于动机和限制所做的区分，只有在人们被反复灌输一旦选举失败就要放弃权力思想的支持下——被概括为亨廷顿式的两次轮替规则（two-turnover rule）——才有可能成立。这也许是一个很好的大拇指法则②，可以用来决定竞争式的熊彼特主义是否已经根深蒂固，但是，对于导致某一个国家的失败者选择放弃权力而另一个国家的失败者却不会这样选择的条件，

---

① 宾夕法尼亚大道是美国首都华盛顿的一条大街，为白宫所在地。——译者注

② 大拇指法则是指风险投资收益的一种不太精确的经验定律，指每十个风险资本所投入的创业公司中，平均会有三个企业倒闭，三个企业会成长为小公司，最终被收购，另外三个企业会上市并会有不错的市值，还有一个则会成为耀眼的企业新星并被称作大拇指。——译者注

这种规则却是毫无意义的。

亨廷顿（Huntington 1991：36-37）认为，政治精英群体对民主价值的承诺，对于民主的存续是非常必要的。这一貌似合理的推测，可能有助于我们理解（否则会令人费解）印度民主在非常艰难的情况下仍然能够得以存续的原因。在殖民时代，印度的精英通常都在牛津和剑桥接受教育，而且，他们中的很多人已经从英国人那里汲取了民主思想。相比之下，非洲的政治精英却没有做到这一点，总体上看，民主并未在非洲的英国前殖民地国家得以存续，或许与此有关。不管怎样，制度变量或许可以对这种差别作出解释。英国在印度实行的是直接统治，而在非洲却通过地方代理人实行间接统治（Mamdani 1986）。正如第二次世界大战后民主得以在日本和联邦德国建立所表明的，只要实行直接统治直到民主制度得以扎根，就可以将民主强加给那些不具有成功民主记录的国家。但是，美国的例子——尽管英国依赖于间接统治，但民主却得以存续——贬抑了这种观点的价值，并再次显示出文化与信念的重要作用。制度的、文化的、经济的以及其他的各种变量，都有可能发挥各自的影响。遗憾的是，现有的数据不适合进行大样本多变量的分析，而进行这种分析需要系统掌握这些变量各自的重要性。

具有理性选择理论传统的评论家认为，担忧民主的承诺（democratic commitments）问题，既没有必要，也没有任何实际意义。例如，普热沃尔斯基（Przeworski 1991：19-34）将民主定义为一种自发或者自我强化的顺从体系，无法再为所欲为的自私的行为者通常要进行计算，他们有可能认为接受失败符合他们的利益，可以遵循这套规则等待下一次获胜的机会，而不选择摧毁这一制度（即便有实力）或者停止参与（如果缺乏实力），只有在这种情况下，民主制度才有可能得以成功运行。一旦民主制度正常运转，对民主的规范性承诺，尽管有时候会出现，但对于"催生对民主结果的顺从却是不必要的"。那些拥有摧毁民主制度实力的人的战略性谋划在于，保留这一制度，不摧毁它符合他们的利益。这对于民主制度的存续已经足够了，当

88

然，也有可能是非常必要的。否则的话，托马斯·谢林（Thomas Schelling 1960）以来的博弈理论家们所说的"承诺难题"（commitment problem），就不可能得到解决了。

一般来说，出现这种结果的必要条件之一，是假定存在一种不确定性，这种不确定性产生的原因，在于人们的各种偏好处于分层交叉的状态。任何一个既定回合选举的失败者必定认为，未来有足够的不确定性，他们有可能在下一次选举中获胜，或者成为一个不同联盟的组成部分，或者在确保他们能够持续参与的其他众多议题上占有优势。这就是诸如迪·帕尔玛（Di Palma 1990）这样的民主理论家将稳定的民主描述为一种关于未来不确定性的制度化体系的原因。我们在 1.1.2 节中所讨论的米勒的观点，也充满了同样的直觉，即多数原则所具有的"理性的"不稳定性，事实上是多元民主理论中政治稳定性的来源之一。

假如只有在自发性的自我顺从（self-compliance）的条件得到满足时，民主制度才能得以存续，那么，我们将会生活在一种纯粹以动机为基础的世界里，而普热沃尔斯基（Przeworski 1991：20-22）的观点无疑就是正确的了，即引入对民主的规范性承诺的尝试，无疑是在浪费时间。当需要它们来阻止民主的崩溃时，它们却无法遂人心愿，而当民主崩溃的威胁并不存在时，它们又成为多余的存在。在这样的方案中，正如动机的重要性远远超出麦迪逊式的限制，它们同样也比文化和信念更为重要。

普热沃尔斯基本人也注意到，不管怎样，他所讨论的必要性问题存在一个相反的例证（counterexample），而且，似乎还有其他的事例表明，即便团体的工具性利益（instrumental interests）在民主进程中受到损害，团体仍然会一如既往地支持民主（Shapiro 1996：chap. 4）。在随后的著作中，普热沃尔斯基（Przeworski 1999：25-31）承认，对于单独依赖于自利的自发性顺从的承诺难题，迄今为止还没有找到理论上的解决办法。作为一个经验问题，这种逻辑只是提供了一种未经解释的事实，政治家通常在没有希望恢复权力的情况下才选择放弃权力，如罗纳德·里根（Ronald Reagan）总统和克林顿总统各自在 1988 年和 2000 年所做的选择。即使没有任期的限制，当他们得知未来恢复权力的希望极其渺茫时，通常也会选择接受失败。吉米·卡特（Jimmy Carter）和老布什是最近的两个典型例证，但在美国，这种惯例可以追溯至两个世纪前的约翰·亚当斯（John Adams），在 1800 年总统大选中，当他被托马斯·杰斐逊（Thomas Jefferson）和共和党击败时，他选择了默认。哈丁（Hardin 1999：136）指出，亚当斯对失败的默认"或许是美国宪法制定后第一个十年中最为重要的个人行动……它以一种必定处于所有合理的民主定义的核心位置的方式，赋予新生的美国民主深远的意义"。这或许有些言过其实，但他的观点的确强调了这样一种现实，即追求权力最大化者的动机尽管重要，却永远不足以用来维系民主制度。[4]

事实上，自发的自我顺从思想依赖于人们对政治竞争条件的期待，而其他竞争环境满足不了这些条件。例如，在经济活动中，个别企业试图扩大它的市场份额，如果可能的话，成为垄断企业——假定它只对个人动机作出回应。但是，竞争性市场的生存，依赖于企业对由第三方所施加的防止垄断发生的规则和规范的接受程度。在程式化的民主定义中，缺少执行规则的第三方，这表明，在这一维度上，政治与市场有着本质上的区别。然而，我们有足够的理由对这一所谓的错误类比（disanalogy）的两个方面持怀疑态度。

一方面，最有实力的经济行为体事实上可以拒绝按照规则行事，正如哥伦比亚和俄罗斯的流氓资本主义（gangster capitalism）与 19 世纪美国的敛财大亨（robber baron）① 等例子所提醒我们的。因此，问题仍然在于为什么他们在某些情况下会同意按照规则行事，而在其他情况下却拒绝这样做，这一点与我们可能会问"为什么军队在某些环境中服从文官政府的控制，而在其他情况下却拒绝服从"这样的问 *90*

---

①　"robber baron"一词在英国指的是封建时代抢劫路过其土地的贵族或封建主，而在美国则指 19 世纪后期靠不择手段残酷剥削致富的资本家。——译者注

题非常相似。另一方面，坚持这样的错误类比，就会令人难以置信地假设，限制经济行为体的制度和实践对于限制政治行为者是无效的——也许是因为在民主制中，人们用程式化的比较方法将维护政治稳定的力量简化为一种在真空环境中实行多数原则的民主。事实上，政治决策总是要受到沿袭下来的制度和实践的约束。法院、警局、军队以及各种长期设立的管理机关，都对决策者的行为形成了掣肘——更不用说人们已经形成的行为规范。政治竞争的运行均囿于上述和其他各种束缚，正如经济竞争所受到的各种制约一样，这表明，作为一种独特的、自发的、自我强制性的体系（self-reinforcing system），多数原则民主这种理想类型，正在走入误区。也许，没有哪一种仅仅建立在以十足的工具主义行为者的自愿服从为基础的体系能够得以存续，但是，既然民主并不是这种体系，那么我们并不清楚这种观点有什么实际意义。

然而，将关注焦点集中于动机仍然是有用的，它强调了避免极端政治（all-or-nothing politics）的重要性。确保在任何竞争中付出相对较低的赌注，可以减少输家走上背叛道路的冲动。如果能够定期对各项议题进行再思考，如果能使它们在各种论坛中得到讨论，如果我们不用再在同一时间对所有议题作出决策，如果候选人可以竞选多个职位，那么，选战中的输家就会有更多的理由来保持对体系的承诺。对于那些在特定竞争中处于劣势的人，如果我们想要创造促使他们保持对他们所反对的结局"忠诚"的动机，重要的是使他们知道可以在未来或者通过不同的途径去追求自己的目标。否则，他们就会义无反顾地走上背叛的道路——无论是满怀敌意地撤出、转向犯罪，还是成为政治化的革命者。这或许不足以让反对派保持忠诚，但假定它有可能增加胜算的机会，似乎却是理性的。

不管怎样，都不能过于简单地断定某种偏好结构（例如多元主义者所指的分层交叉体系）将会导致自我维系的民主制度，而其他偏好结构则不会产生相同的结果。偏好并不是与生俱来的，正如我们所看到的，它们是被塑造出来的，部分是通过教育和同化（acculturation），部分则是由于对制度安排的回应。因此，聪明的做法是尽力对事情做出安排，以使人们站在其他人的合理要求的立场上来思考问题，并使人们做好准备来修正他们追求目标的方式，以避免损害民主的根基。这意味着，失败者必须开始接受眼前失败的合理性，甚至有时候还要尝试在贯彻落实他们所反对的政策时扮演一种建设性的角色，而胜者也应该充分重视不将自己当前的战略优势用尽的智慧。他们应该懂得容忍——甚至尊重——经久不衰的反对派的智慧，即使这有可能限制他们在特定环境下最大限度实现其目标的程度。简言之，我们可以审慎而明智地假设，如果要使民主得以存续，就必须说服人们超越短期的工具性利益去重视它。[5]

91

关于文化在民主的稳定中所发挥的作用，另外一部分学术成果所关注的是大众而不是精英的信念问题。一些研究结果表明，大众对民主的信念，也许在保持民主的持久性方面发挥着某种作用，但效果似乎并不明显，而且，其中还掺杂着大量其他变量的影响。[6]还有一种文献，其主要代表人物是普特南（Putnam 1993a，1993b，2000），致力于用一种不同的方式来研究大众政治文化。其观点是，大众对于民主的信念并不重要，重要的是地方社团中成员之间的关系，尤其是相互之间的信任，使得民主得以持久延续。普特南的观点来自他对意大利的一项研究，他指出，有效治理与制度上的成功取决于公民社群（civic community）的生机和活力。普特南发现，在意大利，尽管具有持续公民参与传统的地区与缺少这一传统的地区有着相同的制度结构，但是前者却比后者体现出更高水平的制度绩效（institutional success）。要使公民参与得到蓬勃发展，社群成员就不得不相信，自己与周围其他人之间存在着互惠性，他们必须具有利用社会网络的能力和资源。普特南使用"普遍互惠"① 这一术语来表达一种社会知性（social understanding），即一个人参与并保护共同的善的努力，将会换来其他人（认识的或不认识的）的回报。

---

① 普遍互惠，英文为 generalized reciprocity，另可译为"一般化互惠"、"概化互惠"等。——译者注

不管怎样，普特南对两种不同类型的文化网络（cultural net-work）进行了区分：一种是平行的文化网络，由拥有平等地位和资源的个体组成；另一种是垂直的文化网络，这种网络将那些具有依赖关系或在等级制度中处于不平等地位的人联系在一起。他认为，正是那种通常来自社群参与的平行文化网络，对于形成制度绩效所需的社会资本（social capital）来说才具有重要意义。事实上，垂直的文化网络，例如，天主教会、封建的土地所有制度以及裙带关系（clientalism），无法培育出在他看来非常重要的社会资本。处于高低不同等级的人们，将会从同一合作环节中体验到完全不同的结果（Putnam 1993a：173-175）。这一观点与托克维尔（Tocqueville［1840］1969：450-451）的主张发生了冲突。托克维尔认为，等级森严的民间机构（civic institution），如天主教会，是有益于民主的，在缺少国家对价值的权威性分配的背景下，为了维护社会的稳定，通过其他方式来实现这一点非常重要。与此相反，按照普特南的解释，平行的公民参与，就像一个上升的螺旋，能够带来极大的信任、网络和规范，这些信任、网络和规范使得普遍互惠甚至制度上的成功具有了可能性。

按照类似的精神，普特南（Putnam 2000）指出，在当代美国，地方社群参与的减少破坏了民主参与的基础——还有稳定性和治理能力。在20世纪的前65年中，美国人对政治团体、正式的社交俱乐部、非正式的俱乐部（如保龄球协会或桥牌俱乐部）的参与呈现稳定增长。但自20世纪60年代中期之后，美国人的参与开始出现下滑。普特南利用图表对此进行了说明，并试图对这种处于衰退中的社区政治化和政治参与传统做出解释，他将这种衰退归因于郊区化、大众媒体（特别是电视）以及人口的变化等多种因素：年老者和积极参与的一代人逐渐逝去，婴儿潮时期出生的几代人以及 X 一代①并未填补到社会的、政治的以及慈善的组织中来。他们对老一代所喜爱的非正式社会网络也没有什么兴趣可言。按照普特南的说法，其结果必然是社

---

① X 一代，即无名一代，指 1961—1971 年（另说 1965—1976 年）间出生的美国人，其特征是对现实不满，没有生活目标。——译者注

会网络萎缩，而正是这种社会网络对有效的民主制度所必需的普遍互惠起到了支撑作用。

或许普特南的观点是富有启发意义的，但却遭到了意大利历史学家和当代美国民主研究者的猛烈抨击。[7]从理论上说，要想理解人们为什么期待将强烈的地区归属感（local attachments）和地方社团内部的信任转化为对民主政治制度的信任，是非常困难的。卢梭（Rousseau［1762］1968：150 ff.）很久以前就曾指出，对地区性社团（sectional society）的忠诚，更有可能逐步削弱而不是加强对集体制度的承诺。李维（Levi 1996：45-56）也表达了一个与普特南相似的观点：至少我们可以在表面上认为，地方公民社团内部的强烈信任将导致对政府的不信任而不是相反，民兵组织就是很好的例证。一种可能的回应方式是，立场坚定的知名大型公民组织对于民主才是重要的，但是，按照这种说法，显然我们不知道如何才能区别美国童子军（Boy Scouts）和希特勒青年团（Hitler Youth）。如今，我们很难发现一个在概念或经验上令人信服的案例，来证明低层次的公民信任将颠覆民主制度，或者即便这种事情可能发生，它们对民主制度的破坏程度会远远高于对非民主制度的破坏程度。

4.1.3　民主与文化分裂

在现有文献中，一个反复出现的主题是，在某种社会形态中，文化分裂（cultural division）的程度是否果真如此之深，以至于竞争性民主根本行不通，试图举行竞争性选举更无异于火上浇油。这里所说的"深"意味着什么，通常是令人困惑的（Koelble and Reynolds 1996：221-236；Shapiro and Jung 1996：237-247）。有时候，它似乎指人们归属于宗教、族群和种族团体的强度。（令人惊奇的是，这些术语在相关文献中得到广泛的交替使用，致使南非、中东以及北爱尔兰均被称为分裂社会。）而在其他时候，分裂社会（divided society）指的却是由多种因素导致的分裂，原因在于，种族、族群、宗教、社会、经济以及人们的所有其他差别之间，是相互加强

93

而不是相互交叉的。这就是说，正如我们在 4.1.2 节中所讨论的，要通过确保不能总让同一群体成为胜利者或失败者，通过将未来的不确定性制度化等方式，来消除产生多元主义稳定性的交叉分层的可能性。[8]

潜藏在这些争论背后的，是一系列关乎人类认同与归属感的心理学假设。通常情况下，似乎正是这些假设，使得那些对分裂社会有争议的人之间产生了分裂。然而，人们通常会认为这些假设是理所当然的，不需要借助任何令人信服的证据加以辩护，甚至将它们看做合理的默认假设（default presumption）。原生论（primordialism）① 和后现代主义是有关人类认同和归属感的两种主要主张，对它们有关认同和归属感的相互冲突的概念中存在的问题进行详细说明，对于我们搞清楚它们如何对评论者在争辩中的特殊立场产生影响，是非常有价值的。我们将会发现，原生论和后现代主义这两种主张，都没有说服力，也都没有传递出其支持者认为似乎已经得到证实的含义。这样一来，就为我们利用这一领域已有的知识，讨论似乎最有意义的默认假设，提供了极大的方便。

我们先从原生论的观点开始分析。如果有人像原生论者一样主张人类的认同不会发生更改，那么，与此相匹配的政治立场就有可能是纯粹工具主义的：通过对人们坚定不移的渴望中的破坏性因素进行疏导，来找到避免人们相互残杀的方法。在有关分裂社会的文献中，这种观点通常会导致协和主义（consociationalism）②。关键在于设计出一套包括少数派否决（minority vetoes）或其他机制的制度，以迫使不同团体的领袖制定临时协定（modus vivendi），并实行"卡特尔精

---

① 原生论是一个与强调族群认同场景性的场景论相对应的概念，它认定民族是自古以来已经存在的自然现象。——译者注

② consociationalism 一词存在多种中文译法，如协和主义、联合主义、联合整体以及联盟制等，本文采用苏子乔所译安德鲁·海伍德著《政治学的关键概念》（台北，五南图书出版有限公司，2009）一书中的译法。按照维基百科的解释，协和主义是一个用以描述深度分裂社会中的冲突控制的概念，见 http://www.globalwarmingart.com/wiki/Wikipedia：Consociationalism。——译者注

英"（cartel of elites）式的治理（Lijphart 1969：213-215，222）。在这里，对共识的诉求不是基于公平或由内在的渴望所驱使的协商观（deliberation-inspired），其目的是为了避免内战。如果原生论者的观点是正确的，那么，在这种条件下，竞争性民主就不可能产生，而协和式的调和就成为我们所期待的最佳选择。不管怎样，如果他们的观点是错误的，正如我和琼（Jung）所指出的，他们在南非的例子中的观点确实是错误的，那么，他们就理应受到指责：他们所提供的药方对其宣称要治疗的痼疾有可能起到维持——甚至是培育——的作用（Jung and Shapiro 1995；Shapiro and Jung，1996）。例如 1995 年签署的关于解决南斯拉夫冲突的《代顿协定》（Dayton Accords），其中所体现出来的那些协和式安排，也许对于结束族群之间的内战是非常必要的，但这并不意味着它们为民主提供了一种可靠的基础。事实上，霍罗威茨（Horowitz 1985，2000）提供了一个令人信服的经验案例，他指出，将协和主义作为控制族群冲突的一种手段，是极其失败的。关于非洲的更晚近的经验研究著作，也都支持这种观点（Spears 2000，2002）。

相反的观点来自后现代主义对原生论观点的摒弃。后现代主义者认为，政治认同具有"社会建构性"，它们具有很强的适应性，并随时间的流逝而演化。按照这种观点，族群、种族以及其他建立在团体基础上的忠诚（affiliation）或憎恶（antipathy），都不是自然而然的或必然的。它们原本可以按照完全不同于当前的方式发展，而且，无论现在还是将来都是可变的（Vail 1989）。事实上，它们的流动性使得这种变化或多或少不可避免地将会发生。后现代主义的作者们却很少探讨如何实现这一点的技术性细节，但是，如果按照他们的观点，假定认同形式可以发展成完全不同于在当今世界流行的那些形式，那就非常合理了。特别是人们有可能开始接受甚或颂扬成为当今相互仇恨源泉的种种差别（Jung 2000：chap. 9）。

后现代主义者可能会正确地指出，政治化的认同会随着时间和环境的改变而演化。但是，将它们看成是历史的偶然并不意味着它们是

95

无限可变的，甚至也不意味着，已经经过政治动员的认同形式，之前可以不经这一环节，之后可予以遣散。这一问题的难度大大超过将牙膏重新挤回软管里面。事物的可变程度，也许根本就不会随着它们达到社会建构的程度而发生变化。自然界的众多特征，从洗澡水的温度到人类的基因结构，都可以通过人类有意识的设计得到变更。而与此相比，社会建构现象却常常使有意识的人类控制的所有努力化为泡影。市场是人类建构的结果，但是，我们却有可能无力规范它们以实现没有通胀的充分就业。族群仇恨有可能是公认的习得行为（learned behavior），但是，我们却不知道如何才能使它们避免在下一代身上重演。社会建构理论的支持者，异常迅捷地将建构概念转换为可变性概念（alterability），而两者之间充其量只存在着一种偶然的联系。

关于如何避免原生论和后现代主义两种观点所产生的相关问题，一种表面上看来更为合理的折中解释如下：背景与环境（context and circumstance）塑造了人类，但人类同样受其遗传本性的制约。这些本性可能会自行演化，但在特定的时空条件下，它们却限制了社会再建构的可能性。人们的心理始终是可变的，但从来都不是无限可变的。而且，在任何特定的条件下，塑造人们心理的某种方式可能比其他方式更加有效。令人感兴趣的问题是，限制这种可变性的因素是什么，哪一种形式的社会再建构可能会更加有效。对于民主制度的设计者而言，困难在于，关于这些经验性问题，在社会科学领域没有太多的知识积累。因此，明智的做法似乎是从边缘着手，并根据3.1节中所提出的观点，思考制度的再设计问题，而不是无中生有。认同在某种——通常是未知的——程度上是确定的，但它们同样也会适应环境、动机和制度规则。制度设计的目标应该是在可能的情况下重塑这种限制，以使边缘的制度认同以更加有益于而不是有害于民主政治的方式演化。如果要从这一观点出发对协和主义进行评论的话，那就是，尽管政治化的认同是极容易改变的，但却倾向于使那些错误的认同获得再生。

4.1.4 认同与选举工程

在推动竞争性政治发展的过程中，选举制度是降低团体冲突的潜在工具，但是，根据我们刚才所进行的论证，我们并不清楚选举制度能够产生什么样的效果。如果我们假定，基于团体的忠诚和憎恶至少部分是自上而下进行动员的，那么，竞选公职的候选人所面对的各种动机就是一个逻辑起点。根据熊彼特的观点，最低目标就应该是避免鼓励那些雄心勃勃的领袖在追求权力的时候煽动团体的仇恨。按照这种观点，我们可以将选举制度排列在一个工程连续体（engineering continuum）中，从左至右按照如下顺序进行排列：首先是迎合主流偏好的反作用式体制（reactive systems），经由在现存偏好中保持中立的反映式体制（reflective systems），再到试图用促进竞争性民主的方式改变它们的主动式体制（proactive systems）。

如图 4—1 所示，分离（secession）和分割（partition）分布在反作用式体制的左端，接下来是种族隔离和协和主义（前者是由强势一方强加的，而后者则得到了某种精英协议的认可），其目标是在一个统一的政体中实现功能分割。再往右是围绕着在立法机关中产生多样性的团体差异而设计的各种制度，如美国南方通过不公正的选区划分（gerrymandering）而产生的少数族裔占据多数的选区（majority-minority district）。所有这些反作用式的回应都将基于团体的忠诚作为前提，希望围绕着它运行。在这一工程连续体的中间位置，我们可以看到各种反映式回应：它们对基于团体的各种差异非常敏感，但是既不赞成也不反对，而是保持中立。拉妮·吉尼尔（Lani Guinier）所讨论的各种累积投票制方案（cumulative voting schemes）就属于这种类别。[9] 这里的原则在于，应该给予每一位选民与席位数相同的选票。如果一个州立法机关中有八个代表，那么，就应给每一位选民八张选票，并让选民按照他自己的意愿投票——将所有选票投给一个候选人或者分散投给几个候选人。如果对少数派团体具有强烈的偏好，那么，团体成员可以将八张选票都投给"他们的"代表；如果没有这种强烈的偏好，就不用这样投票了。与种族式的选区不公正划分以及协和主义不同，反映式方案所回应的是团体的忠诚，而不是去做什么事情导致或强化这种忠诚。其结果是，它们可以避免反作用式体制所遭遇到的诸如推动巴尔干化（balkanization）① 等类似的批评。

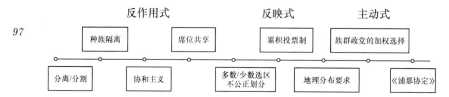

图 4—1 选举制度工程连续体

尽管累积投票制所回应的是有可能在人们中存在的、事实上非经制造或强化的强烈的团体忠诚，但是，这种制度并没有使它们得到改善或遭到侵蚀。从民主的观点来看，这就是这种制度不如那些能够给予雄心勃勃的政治领袖积极动机的制度的原因，后者的目的是避免动员那些加剧文化竞争的认同形式，而且还要设计出一种能够跨越团体分裂的意识形态诉求。由于这些原因，我们现在移向连续体的主动式体制部分。既然政治家经常动员团体的仇恨，以对通向权力之路作出回应，那么，正如霍罗威茨（Horowitz 1985：154-155）已经指出的，以促成不同结果产生的各种方式来塑造获得权力的动机，就显得非常重要了。当团体的憎恶感非常强烈时（并假设议事日程上没有分割），制度就成为一种必需，它可以用正确的方式，使一个团体的精英对其他团体的基层成员的行为产生影响。这一点可以通过建立各种不同的机制来实现，它们都要求政治家为了赢得自己所在团体之外的其他政治团体的选票而展开竞争，并以此来推动包容性（accommodation）政治而不是排他性政治的发展。

最明显的是联盟政治（coalition politics）与异质性选区（heterogeneous constituencies）的混合体。霍罗威茨（Horowitz 1985：154-155）描述了马来西亚的一个成功案例，在这一案例中，马来西

---

① "巴尔干化"喻指使某一统一政体分裂为若干敌对小国或行政区。——译者注

亚人和华人政治家在某种程度上被迫依赖属于其他族群团体的政治家的投票。这些选票都不是现成的，"除非领袖能够说明，候选人对于那些跨族群投票的团体所关心的议题持温和立场"。在这种条件下——霍罗威茨所描述的情况已经在类似于黎巴嫩、斯里兰卡以及尼日利亚等截然不同的国家中运行了相当长一段时间（随后以失败告终）——联盟高层之间的妥协由于来自底层的选举动机而得到强化。

另一个可能的设计是地理分布的必要条件。例如，尼日利亚在1979 年和 1983 年两次选举中使用的总统选举方案就要求，获胜的候 98 选人必须赢得最多的选票，同时要求在尼日利亚联邦（Nigerian Federation）当时 19 个州的 2/3 中赢得 25％以上的选票。不管怎样，这种类型的制度，不适宜像南非这样的国家，原因在于政治团体在地理分布上处于分散状态。在这种条件下，最有前途的两种制度是利用单一可转移投票制（single transferable vote system）的比例代表制，以及选择投票制（alternative vote）规则，这种选择投票制同样要求列出一个以上的偏好次序，但却规定只有赢得绝对多数（majority）而不是相对多数（plurality）选票的候选人才能当选。这两种制度都要求政治家迎合选民的选择而不是他们的第一偏好，所以政治家的动机往往是相对温和的。假如政党数量出现激增，那么，使用选择投票制会使这一点更加突出（Horowitz 1985：184，166，187-196）。与那种仅仅要求在联合政府中政治家之间席位共享（seat pooling）的协和式安排或制度相比，无论它们是实行简单多数代表制（first-past-the-post）还是比例代表制，这种选票共享制度（vote-pooling system）都更有可能促成族群内部的政治合作。作为一种反作用式的体制，协和式的安排或制度对于缓和团体间的仇视毫无意义。恰恰相反，它们通过提高被经济学家称为团体合作的保留价格（reservation price）的东西，来赋予政治家谋求预期（ex-ante）谈判地位最优化的动机。

尽管霍罗威茨的论证具有天然的感染力，但是，避免诉诸团体间仇视的主动式动机并不能保证总是奏效。在政治化团体的内部，政党有可能采用逐渐损害加权投票方案（weighted vote scheme）背后逻辑维度的方式而得到迅速发展。[10] 通常（误入歧途地）所获得的一些最糟糕的被称为族群间暴力（interethnic violence）的案例，实际上都是族群内部的暴力事件（intraethnic violence），它们都是在不同的政党试图从同一族群团体动员不同的支持者时发生的。1984 年以后，在南非东部爆发的多数暴力事件，都是在联合民主阵线（United Democratic Front，代表当时处于非法地位的非洲人国民大会）成立并公然反对当地祖鲁人支持的因卡塔自由党时发生的，而白人民族主义者所制造的最糟糕的暴力事件，也是由于类似的对白人民族主义者选票的竞争。通过加权投票机制而使这种族群内部的竞争得到改善的程度是有限的。如果政党具有在一个以上的族群选区动员支持力量的动机，那么，它们就应该避免在不必要的情况下以族群政党的身份参加竞选。不管怎样，在实践中，像因卡塔自由党这样的政党——其存在的理由就是族群——也许根本就没有基于任何其他基础的竞选空间。因而，它们有可能抵制——或许是采用暴力方式——对它们的"传统的"支持源泉的任何侵犯。它们只能玩一场零和式（zero-sum）结局的族群游戏。

　　这种情况是否有可能发生，我们不得而知。20 世纪 90 年代早期，南非国民党在很短的时间里，就实现了自身的转型，成为一个多少具有非族群特征的政党。在 1994 年选举中，它所获得的一半以上的选票来自非白种人（其中主要是开普省的有色人种［Coloured］——其后继者是否能够在赢得黑人选票方面有所突破，仍需进一步观察）。南非国民党之所以能够实现这种转型，原因在于其领袖深信，"要么适应，要么死亡"（adapt or die），除此之外，别无其他选择。在加拿大，迄今为止，较少的灾变思维已经足以使族群政党的领袖相信，他们的雄心壮志必须通过民主的进程来实现。与此相比，波斯尼亚和中东的事例则说明，有时候即便是死亡的可能性——事实上是确定性——也不足以阻止对相互冲突的团体抱负的追求。然而，大多数人并不想死。对于民主人士来说，所面临的挑战就是设计

99

出这样的机制，它更有可能使人们生活在包容参与和没有统治的条件下。团体渴望（group aspiration）如果无法在民主的限制下得以实现，那就应该遭到抵制。但是，最好是创建一个能让这种渴望消失的世界。抛弃向着相反方向推动的各项制度，似乎是一个很好的逻辑起点。

当依赖跨团体的动员逻辑并不能带来族群之间的和解时，沿着连续体向更远处移动就是可能的，并将变得更加主动，如 1931 年印度《浦那协定》（Poona Pact）的签署。该协定要求，148 个指定选区（designated constituency）的代表必须由被剥夺种姓者（Untouchable）来担任，代表人数大约与他们在全体人口中的比例相当（Van Parijs 1996：111–112）。这一规定不但确保了一定数量的被剥夺种姓者成为议会中的代表，而且确保那些渴望公职的人具有从所有异质选区——而不仅仅是"他们自己的"族群团体——寻求支持的动机。（并没有禁止被剥夺种姓者在其他地方参加竞选，但由于他们在所有选区都处于地理上的分散状态，因而很少当选。）[11]

虽然这些解决方案有时候可能具有吸引力，但是，它们显然具有家长式统治的特点，而且，如果人们没有对一个少数族裔长期以来一直在遭受的不公正待遇形成广泛的共识，如果除此之外它并没有其他的办法得到代表，那么，这些解决方案就不可能获得合法性。[12] 即使那样，诸如此类的提议也有可能遭遇类似于逆向歧视（reserve discrimination）① 和维权行动所遭受的抨击。如果从不同的意识形态立场来看，它们也可能理应受到这样的指责，即竞争那些指定赋予少数族裔的职位的人们，缺乏代表相关少数族裔利益的动机。否则的话，这种诱惑就有可能胜过像汤姆叔叔（Uncle Toms）② 那样的竞争者。

制度设计者越是在连续体内朝着更为明确的主动式体制移动，尝

100

---

① 逆向歧视，是指为保护少数人而推行的项目本身就是对多数人的歧视。——译者注

② 汤姆叔叔是美国女作家斯托（H. B. Stowe）所著长篇小说《汤姆叔叔的小屋》（*Uncle Tom's Cabin*）中的主人公。——译者注

试在排外的种族主义社会中强行推动整合，他们就越能了解，在这样的社会中，对团体仇视的再设计有多大的可行性。目前，唯一能够被赋予更多信任的观点是，没有特殊的理由让我们认为哪一种社会在本质上不适宜熊彼特式的选举竞争。正如印度和日本的事例所强调的，即使是那些拥有根深蒂固的不平等文化和不民主历史的社会，也已经适应了民主政治的要求。而在此之前，许多人始终固执地认为，这样的事情根本不可能发生。南非的例子证明，它有可能是另外一个正在发展中的这类案例，尽管在非洲人国民大会的支配权面临严峻挑战之前，关于这一问题仍然是众说纷纭。

4.2　团体权利的规范性辩护

那些认为政治安排应该反映团体渴望的哲学家，太过经常地忽视或贬低我们先前的讨论所暗指的现实，即团体并不仅仅"拥有"强烈的政治渴望。这些渴望至少部分是由政治商贾（political entrepreneur）自上而下动员起来的，这些政治商贾既得益于保存现有团体团结的体制，也能够从解散它们以及用不同的团体来取代它们中获益。领袖和准领袖们很难抗拒的诱惑，就是借助煽动外人集团（out-group①）的仇恨来实现这一目标。尽管诸如桑德尔（Sandel 1982，1996）、沃尔泽（Walzer 1983，1987）、泰勒（Taylor 1989）以及金里卡（Kymlicka 1985，2001）等政治哲学家都非常强调情感纽带（affective tie）的特点，但政治社团（political association）毕竟不是家庭。它们由多重复叠联盟和潜在联盟组成，其成员之间的利益部分是互补的，部分却具有对抗性。

事实上，颇具讽刺意味的是，政治制度（political institution）
101 应该体现强烈的文化归属感（cultural attachment）这一思想的捍卫

---

① out-group 与 in-group 相对，指非自己人的团体。——译者注

者，总的来看，都属于我们在 4.1.3 节中所讨论的社会建构论题的同情者。然而，他们对现实政治中文化归属体系得以创建、维持以及演化的方式没有给予应有的重视。[13]假如能够对此给予更多的关注，将有可能使他们更加谨慎地持有对族群、文化以及宗教归属进行政治化的观点。正如我在 1.2.1 节中所指出的，17—18 世纪宗教战争之后，废除国教制背后的原因，毕竟不是因为宗教归属感对于人们不重要，而是尽管极其重要，但却有可能导致以零和方式存在的潜在冲突。那些发觉自身具有"政治应该包含强烈的团体渴望"这一思想倾向的人，应该反思这一思想在当代中东具有多么大的破坏性。在当代中东，几乎每一个人都感觉到，他们不得不承认犹太人和巴勒斯坦人建立各自民族国家的政治渴望。如果在整个中东地区存在着建立一个单一世俗国家的可能性，任何政府不得干预和介入任何宗教事务，那么，中东冲突的解决或许更容易一些。但是，当意欲建立宗教和族群概念上的独立国家（nationhood）的政治渴望没有受到人们的严肃质疑时，正如中东的情况，也就意味着鼓吹这种可能性的任何领袖人物在政治上将被人们遗忘。至少就目前而言，中东地区政治化了的宗教族群，有可能无法实现去政治化（depoliticization）的目标。有些人会以对人民至关重要为由而主张在政治上承认那些强烈的团体认同形式，但是，中东的例子却足以使持有这种主张的人驻足不前。[14]

这种说法对于探讨内部统治的可能性毫无意义。联系的纽带或多或少可以是良性的。诸如"美国人民相信……"或"犹太人必须团结起来……"等形式的声明，也许带有动员团体支持以对抗外人集团的企图，但它们同样也有可能用来压制内部的异议和敌对。其威胁也许不如强行将某人拉到一个非美国的活动委员会（un-American activities committee）面前或者称之为自我憎恨（self-hated）的犹太人那样直接，但它们仍可能是阴险狡诈的。当政治商贾们宣称他们在表达某一团体的价值观和渴望时，我们应该始终问这样的问题：这样的要求对团体内部什么人造成了伤害？例如，在 1994 年之后有关南非宪法权力分配问题的争论中，传统部族的领袖就曾强烈要求实行地区自

102

治，包括在其司法管辖范围内保留婚姻法。此外，这还意味着在部落秩序中，使得妇女居于从属地位的一夫多妻制与相关的婚姻和经济习俗的保留，其严重程度不亚于 20 世纪之前使得欧洲和美国妇女处于从属地位的宗法主义（patriarchalism）。[15] 在实践中，"对传统的共同习俗的尊重"可能意味着对内部高压体制的一种确认，而这种高压体制的合法性是很难用任何单一的论据来证明的。[16]

关于尊重宗教多样性的争论是富有启发意义的。需要注意的是，事实上没有人会认为，所有的宗教习俗都应该得到宽容，即使在必须设置限制方面比议论究竟应该如何去做以及应该设置什么限制更为容易取得一致意见。不管人们所谓的宗教价值观或正当理由是什么，大多数人对取缔将人或动物作为祭祀品的各种活动都不再心存忧虑。[17] 同样，我们也禁止诸如焚烧女巫和娈童癖等陋习，而不管从事这种活动的人是否认为上帝会允许还是会原谅他们的行为。在对 2001 年和 2002 年发生的天主教会性丑闻的无数口诛笔伐中，没有一个评论家主张，世俗当局或许应该因为这些原因而采取回避措施。人们很难想象，一个辩护律师会建议被指控犯有娈童癖的神父将此作为一项策略。

而且，我们通常会对宗教与邪教（cults）加以区别对待，并拒绝把为前者提供的保护赋予后者。之所以做出这种区分，是因为不能用宗教信仰本身表面上所具有的合理性来进行辩护：统一教团信徒（Moonies）、伏都教徒（practitioners of voodoo）抑或天堂门信徒（Heaven's Gaters）等的信仰，在本质上并不比基督徒、犹太教徒或穆斯林的信仰更为奇异。与此相反，我们的日常习惯却反映了我将要表达的观点：我们将信仰本身视为高位善的一个组成部分，那些局外人对此没有发言权，而只能将焦点集中于行为。哪里发生了包含统治的行为，哪里就会有旨在以最大限度减少统治为目的的政体的介入。无论这种统治是直接的——如将未成年人当做祭祀品或对他们进行性剥削——还是间接的——如凭借洗脑、财产侵占等方式创造出巨大的退出障碍，这一点无疑都是真实的。毋庸置疑，关于允许统治的重要

103

门槛什么时候能够被跨越，人们之间是有分歧的。但是，这些分歧事关原则的应用，而不是原则本身。就此而言，它们与我们在 3.3 节中所探讨的堕胎诉讼问题中的过度负担标准所引发的问题堪有一比。

但是，我们应该如何确定这一界线呢？一旦我们能够在屠杀、残害甚至奴役等明显禁止的事情上实现了明显的超越，我们就能从 2.2 节中关于局内人智慧的阐述中得到进一步的启发：使用与民主协调而不是强加民主的方式，努力使人们维护其团体联系，总的来看是一种较好的方法。特别是在宗教事例中，由国教（established churches）造成的种种冲突的历史经验表明，直接介入应该是用来处理最严重的弊端的最后解决办法。但是，间接方法也有可能硕果累累。例如，社会可以将宗教机构是否避免恶行作为前提条件，来做出是否豁免其税赋的决定，正如最高法院在 1983 年同意，如果宗教机构卷入种族歧视事务，联邦政府可以拒绝给予宗教机构原本应该享有的税赋豁免待遇。[18]其结果是，将是否放弃赋税豁免待遇、继续其歧视实践还是要改变自己的行为留给宗教组织自行来决定。政府不应该对人们所拥有的或宣称拥有的涉及高位善的任何信仰做出评判，而应该依靠局内人的智慧。政府工作的重点应该始终集中于人们做什么，而不是人们信奉什么。只有当人们的行为助长了统治之时，民主人士才应该对此予以理性的关注。如此一来，设计出一种包括动机与限制的组合方式——它将使我们所开出的药方不比疾病本身更为糟糕的可能性实现最大化——就成为我们所面临的一种挑战。

【注释】

[1] 从某种意义上说，转型类型学的发展非常迅速。关于其他变化，见 Karl.1990；Munck and Leff 1997。

[2] 应该说，将威权主义（authoritarianism）与民主化联系起来进行思考的学术成果并不多见。或许可以获得这样的理论解释，即对军人政府或多或少有可能单方面决定是否实行民主的条件进行详细的解释。据我所知，尚未有人进行过这样的尝试。

[3] 在美国革命后第一个 20 年内，存在着许多有可能使美国制度脱离正常

轨道的偶然性因素，关于这一点的富有启迪性的解释，见 Ellis 2000。

［4］在关于以动机为基础的另一个观点中，普热沃尔斯基（Przeworski，2001）指出，在富裕国家，失败者通常会接受选举结果，原因在于推翻选举结果要冒很大风险——在内战中将会损失更多。如果这种观点正确的话，可能会有助于解释为什么贫穷国家的民主通常很脆弱，而富裕国家的民主通常能得以存续。

［5］这表明，沃尔海姆悖论（其主要内容是，在个人需求与如何看待他本人未能在他认为具有合法性的民主决策程序中受益这两者之间存在出现紧张关系的可能性）应该更多地被看做政治社会化的难题，而不是一个哲学悖论。见Wollheim 1962：77-87。

［6］伯格-施洛瑟和德默尔（Berg-Schlosser and De Meur 1994：253-280）两人的一项经验研究表明，单一的文化变量对于解释民主稳定性问题不具有决定性作用。一项研究揭示，政治文化的某些方面比其他因素更为重要。见 Muller and Seligson 1994：635-652。

［7］见 Goldberg 1996；Sabetti 1996；Levi 1996；Gobetti 1996；Ladd 1999：25-119。

［8］利普哈特（Lijphart 1977）将由于这些原因而使政治竞争无法实现的社会称为多元（plural）社会，这多少让人感到匪夷所思。

［9］关于吉尼尔的各种建议，见 Guinier 1991：1077-1154，1994a：109-137。有关批准她担任民权助理检察官问题上的较量，见 Guinier 1994b。因为她鼓吹累积投票制，最终失去了这一职位。吉尼尔的命运促使我们去思考评估决策提议规则的标准（除了代表的公平性之外）问题：它们是否能够得到广泛理解并被认为是民主的。

［10］有关这些内容的详细论述以及霍罗威茨的提议所面临的相关难题，见Shapiro 1993：145-147。

［11］1996年，被剥夺种姓者在400个席位中仅获得3个席位（Van Parijs 1996：112）。

［12］根据纳格尔（Nagel 1993：9-10）的观点，新西兰保留了4个席位给毛利人（Maoris），是一种类似的解决方案。毛利人在地理上也处于分散状态。

［13］关于南非民主转型之前、转型过程中以及转型之后，对于祖鲁人、南非白人以及开普省有色人种的团体认同的政治动员的富有启发性的讨论，见Jung 2000。

［14］在这方面，令人感到振奋的是，2001 年 10—11 月，在马德里举行了关于民主转型与巩固的研讨会，来自 36 个国家的 100 名学者与 33 名现任和卸任国家元首参加了会议。会议的最终报告一致认为，"公民权利应该平等地适用于所有公民"，而且，多数"必须避免在宪政文本或其政治实践中使用族群术语来定义国家的所有诱惑"（Hidalgo 2002：34）。

［15］关于后种族隔离时代南非宪法的平等内容与祖鲁习惯法的实施给祖鲁妇女带来的不利影响之间的冲突，相关学者进行了富有建设性的讨论，见 Chambers（2000）；Bennett（1995）；"South Africa：The State Response to Domestic Violence Rape，"（the Human Rights Watch report）http：//www. hrw. org/reports/1995/Safricawm-02. htm［9/2/02］。

［16］关于这一问题所能采取的多种形式的讨论，见 Barry 2000：155-193。

［17］然而，美国最高法院坚持认为，动物祭祀得到宪法第一条修正案的保护。见 Church of Lukumi Babalu Aye v. City of Hialeah, 508 U. S. 520（1993）。

［18］见"鲍勃·琼斯大学诉美国案"（Bob Jones University v. United States, 461 U. S. 574［1983］）。关于将"鲍勃·琼斯案"的推论扩展至卷入性别歧视的宗教机构所引发的问题的讨论（如天主教会禁止授予妇女圣职），见夏皮罗（Shapiro 1986：242-245，2002a）与巴里（Barry 2000：148-149，168-174）之间的争论。前者认为应该使用同一原理，而后者则持反对意见。

第5章 民主与分配

任何一种旨在减少统治的民主概念，都不能漠视政治体制与收入和财富分配之间的关系。我在4.1.2节中探讨了经济对民主的影响，本章我将着手探讨民主对经济分配的影响这一补充性主题。我所要讨论的，并不是已经有很多人论述过的民主是推动还是阻碍了经济增长这一问题，而是民主是否会导致收入与财富的向下再分配（downward redistribution）。[1]我特别关注的是，是否以及在什么条件下，民主能够在占总数1/5的底层人口中实现再分配——在美国，占总数1/5的底层人口生活在贫困之中，或面临贫困的威胁。人们可能会有多种与正义相关的或者审慎的理由，在收入和财富分配方面对民主给这一群体所带来的影响产生兴趣。正如我们在2.3节中所讨论的，其成员的基本利益处于极端危险之中，这使得他们极易受到统治的影响。除了我们已经知道的其他理由之外，这一点足以使我们以民主的名义来关注他们的生存状况，这也同时表明，我们应该对能够改善这种状况的民主改革的各种类型予以关注。

我们显然已经习惯于民主与现实的不平等的共存，但是，当我们将这一现象放到一个宏大的历史和理论背景下进行思考时，其存在仍然是令人惊奇的。19 世纪抵制选举权扩大的精英们和支持"通向社会主义的议会道路"的社会主义者都一致认为，在一个极为不平等的现实中，如果强制实行多数原则，那么，多数选民会支持对富人征税并将收益向底层转移。这一思想经过政治科学的中间选民定理得以规范化，该定理预测，假如在发达资本主义国家出现了上述分配状况，那么，就会出现多数人支持向下再分配的局面。

事实上，在扩大民主选举权与向下再分配之间，并不存在明显的关联。具有普选权的民主国家，实际上在某些时候已经出现与递减的再分配（regressive redistribution）共存的情况。在美国，尽管 1965 年开始实施《投票权利法案》（Voting Rights Act），1971 年将选民年龄资格限制降为 18 岁，但是，在 20 世纪 70 年代早期以及 90 年代中期，不平等现象的激增成为一个不争的事实。这一时期，处在收入分配低端的许多人的实际收入（real income）出现下降（或者通过单薪家庭［single-earner household］被双薪家庭［two-earner household］所取代来维持原有水平），穷人和富人之间的鸿沟显著扩大（Winnick 1989；Wolff 1994；Shammas 1993）。纵然没有那么极端，但在其他工业发达的民主国家也可以看到与美国相似的情景（Alesina，Glaeser，and Sacerdote 2001：189－203）。尽管民主国家用于穷人的支出要多于非民主国家，但是，这些支出并未对消除不平等现象产生根本性的影响，致使相当比例的人口仍然处于贫困之中（Nickerson 2000）。[2]即使像 G. A. 科恩（Cohen 2000）这样的马克思主义者也不再宣称，平等主义必将获得胜利。

对于现代民主国家中向下再分配的相对缺乏，不可能用任何一种单一的解释加以说明，也不可能使用单一的解决方法来增加向下的再分配。持续的、与日俱增的不平等起源于多种因素，其中有些因素的运作或多或少是独立于政治体制的。在思考哪些因素值得我们去关注时，我们应该因此而对关于一种因素是否具有重要性的两种含义作出区分：一种是因果的，一种是受有益变化影响的。也就是说，我们所关注的不仅是理解在对穷人的再分配相对缺乏进行解释时，哪些因素有助于解释大部分变化，而且还应关注哪些因素经由政治体制的改革而有可能发生变化。上述两种因素不可能是相同的。富有创造性的挑战包括设计出具有可行性的革新，它们可以使占总数 1/5 的底层人口的处境得到改善，并逐渐消除不平等现象的自我加重从而促进统治的趋势。

我的论证程序如下：首先，在 5.1 节中我要从供给层面（supply side）提出问题，政治家和政治精英为什么不愿意尝试提供更多的再分配政策？然后在 5.2 节中从需求层面（demand side）提问，为什么穷人没有对再分配政策施加更多的压力？对这些维度加以区分在某种程度上带有人为色彩，原因在于，它们之间有可能是相互影响的：美国两大政党在提供惠及穷人的政策方面的失败，有可能加重穷人的政治疏远（political alienation），而这种疏远反过来会强化政治家漠视穷人的动机。当我们要处理由多种相互作用的因素造成的现象时，就一定会面临这种难题。然而，用这种方式来处理它，不但可以为我们思考各种不同因素之间的相互影响提供有益的启发，而且可以使我们集中于思考各种不同的干扰因素及其所产生的影响。在 5.3 节中，我将转而探讨，人们是否应该期望不平等结构本身对民主政体实施向下再分配的倾向产生影响。从直觉上看，人们有可能认为，一个社会越是不平等，就越有可能产生向下再分配的有效需求。尽管我已经引证了对于这一主题具有决定性意义的证据，但我仍然认为，有几个理由能够说明，相反的情况或许是正确的——当不平等加剧并越过了某种门槛，就缺少向下再分配的可能性了。鉴于上述讨论，我将在 5.4 节中再度探讨制度改革这一主题。

5.1　供给层面

我从一个稍后将会受到质疑的假设开始——即存在着比我们所见的更多的向下再分配的政策需求，我们可以将它看成是一个潜在的获胜联盟（winning coalition）——并探寻为什么不是通过政治过程（political process）来提供这些政策？是什么因素阻止了政治家，使他们无法提供将富有团体的收入分配给穷人的再分配政策，并以此来赢得穷人的选票？

有关这一问题的某些解释，与征税所遇到的种种障碍性因素相关。有这样几个可能的因素：影响政党纲领的竞选捐助者的议事日程、政治家对资本外逃（capital flight）的恐惧、诸如法院和其他具有否决权（veto power）的反多数原则的机构（countermajoritarian institution）以及对提高税收能力的各种结构性的和制度性的制约。集中于供给层面的其他各种解释所留意的是支出（expenditure），强调利益集团而不是穷人对政府支出的影响力，以及在一个持续制造新的不平等来源的经济体中改良性政策的有限效果。这种有限的改良性政策，据说在当前以技能偏向（skill-biased）为导向的科技变迁、与日俱增的贸易透明度以及奉行胜者通吃原则的市场（winner-take-all market）这样的时代里，具有日益增长的重要性。[3]我的探讨就从这些供给层面的各种解释开始。

5.1.1　提高税收

自马克思恩格斯创造"资产阶级的执行委员会"（executive committee of the bourgeoisie）这一用语以来，民主的市场经济国家的政府拜倒在资本的强力之下这样的观点就出现了。在当代文献中，这一问题的经典研究始自普热沃尔斯基和沃勒斯坦（Przeworski and Wallerstein 1988），他们的确指出，对资本罢工（capital strike）的预感限制了政治家征税的意愿。我们似乎可以理性地预期，随着全球化和整个世界资本控制力的下降，这一点将会变得越来越明显。这些发展增加了资本对各国政府的影响力，它们必定越来越担心资本罢工会采取资本外逃的方式——无论是在联邦和其他分权体制的内部还是它们相互之间。我们很难确定我们所讨论的资本外逃会产生什么样的影响，部分原因在于它只是一种可能性，而不是一种现实。其结果是，关于这一问题的观点，不可避免地带有臆测成分。不管怎样，即使各国政府丧失资本控制能力的步伐被夸大了（Garrett 1998），我们似乎仍然可以理性地推测，它们在提高税收的能力方面所受到的限制也许正在增加。[4]

制度能力（institutional capacity）这一主题的提出表明，我们在第3章开始部分所讨论的韦伯将国家视为既定疆域内的合法强制力这一理念，存在着另一个局限性。强制执行总是有成本的，有时候成本太高，不值得付出。例如，某些赋税的征收成本有可能过于高昂，以至于其净收益对于国库的收入而言显得微不足道——在美国，遗产税的征收有时候就被认为属于这种情况。相对于政府可能采取的其他措施来说，如何理解成本的存在问题，与理解政府的实际行为之间的相关度，要远远超过与原则上它们掌握着合法强制力行使的垄断权这一简单事实之间的相关度。美国人自行计算应缴纳的税金，国家税务局（Internal Revenue Service）只能审计不超过1%的报税单（tax return），它必须就采用哪种方式继续进行审计做出选择。在累进税与提高税收的难易之间可能存在着一种逆向关系（消费税 vs. 财产税 vs. 收入税 vs. 遗产税）。当然，最理想的赋税理论（tax theory）的支持者通常反对累进税制（Avi-Yonah 2002：1401－1402），这已经没有什么秘密可言。在其他条件相同的情况下，累进税制的效率成本（efficiency cost）对国家所使用的再分配工具形成了制约。

既然政治家需要大笔资金才有望成为成功的候选人，那么，从我在3.2.2节中所讨论的内容来看，供给层面的第二个主要因素就是竞选捐助，这一点似乎已经很清楚了。特别是在两党都得到富人捐助的情况下，我们就可以理性地预期，两党都会支持中间偏右选民所期待的分配政策（如废除遗产税）。不管怎样，正如资本罢工（外逃）这样的难题一样，对此进行经验上的研究是非常困难的，原因在于，捐助者可以采用各种各样的无法从数据上显示的方式，去帮助或者阻止候选人（例如，如果不提供他们所期望的政策，就以资助其挑战者来进行威胁，国会根据"巴克利案"的判决根本就不可能进行规范的自主"支出"活动，等等）。关于竞选财政改革的各种方案已经提出来了（例如得到参议员麦凯恩［McCain］和法因戈尔德［Feingold］、众议员谢斯［Shays］和米汉［Meehan］等人支持并于 2002 年颁布的软性捐款限制）[5]，但是，我们仍然不清楚这些方案对于改善占总数 1/5 的底层人口的生活能够起到多大的作用。

在众多改革中，更值得向往的是那些我们在 3.2.2 节中所讨论的、旨在破坏制度的准垄断维度并使其真正具有选票竞争性的改革。政治捐助被视为价格垄断的政治上的代名词，对它进行限制——在同一场政治竞赛中，禁止只对一个候选人或同一立法委员会中的两党成员进行捐助——不失为一个良好的开端。另一个有趣的提议是艾尔斯（Ayres 2000）的建议，即设置像投票亭（polling booth）一样秘密的捐款亭（donation booth）。捐赠者可以向他们所喜欢的任何人捐献任何东西，但是，必须通过一种过滤机制，向收受者隐匿捐助者的身份。如此一来，当捐助者对政治家说"我为你的竞选捐赠了 5 000 美元"时，政治家无法得知其真实性——这样就破坏了捐助与索取回报之间的逻辑关系。艾尔斯的提议巧妙地与"巴克利案"的判决保持了一致，既没有对法院持有的"金钱等同于言论"的观点构成挑战，也没有对人们的花费或捐助进行限制。在随后的一项构想中，他与阿克曼共同提出要建立一种制度来对此进行补充，即给予每个选民一张内存 50 美元的"爱国者美元"（patriot dollar）信用卡。在进入捐款亭时，选民需要通过一个自动读卡机刷卡，并允许他们根据自己的选择捐助任何政党、候选人和组织（Ackerman and Ayres 2002：12-44）。与其他任何确实能够弱化金钱对政治竞争的损害的提议一样，如果积极推动这样的提议，也有可能遭到强烈的反对。

供给层面的第三个因素涉及的是制度的结构。我们应该能够预料到，在某些制度环境下，再分配的实现比在其他制度环境下更为困难。总的来说，制度否决项的数量越多，对制度进行创新的难度就越大。如果现状是高度不平等的，而经济制度又持续制造出新的不平等，那么，内部的机构设置不利于政府创新的政治体制，将无力改善这种不平等状况。从这一观点来看，美国就是这样的典型。它实行联邦制，这种制度比单一制（unitary system）包括更多的否决项；它实行两院制，这种制度比一院制包括更多的否决项；它实行权力分立，这种制度又比议会制包含更多的否决项（Tsebelis 1995，2002；Treisman 2000）。

正如我们在3.2.1节中所讨论的，两院制和权力分立是建立于宪法之中致使制度僵化的两个经典否决项，但是，从对穷人进行再分配的立场来看，联邦制虽有诱人之处却具有很深的毒害，甚或会成为对穷人进行再分配的障碍。在美国，一个富有戏剧性的例子，就是20世纪70—80年代，随着氯丙嗪（thorazine）① 和其他治疗精神病药物的发明，精神病患者的"去养老院化"（deinstitutionalization）加速发展。由此而导致的病床减少，使得克萨斯州预算大幅降低。不管怎样，出院的精神病人扩大了城市无家可归者的队伍，但却没有一套机制来确保那些节省下来的资金用于财政上捉襟见肘的城市，在这些城市里，白人外逃、地方财产税不断攀升成为一种常态（Blau 1992：77-90；Shorter 1997：255-280）。事实上，这一时期郊区化（suburbanization）的发展导致出现这样的情况，即州立法机关在很大程度上受到郊区选民的控制。关于这一点，我们将在5.3节中作进一步的讨论。而郊区选民对于城市穷人的需求漠不关心，其结果是，城市穷人成为财政联邦主义（fiscal federalism）② 的漏网之鱼。[6]

由于联邦法院扮演了干预者的角色，特别是在洛克纳时代③，当然也包括我们这个时代，权力分立制度在美国政治中具有特别重要的

---

① 氯丙嗪也叫冬眠灵，是第一种抗精神病药，开创了药物治疗精神疾病的历史。——译者注

② 财政联邦主义是一种关于财政分权的理论学说，源自财政学者对于联邦制国家财政分权体制的分析，其精髓在于使地方政府拥有合适与合意的财政自主权。——译者注

③ 纽约一家面包店店主洛克纳（Lochner）起诉纽约州"每周最长工作时间不得超过60小时"的法律侵犯了其"合同自由"和私人财产权，1905年最高法院多数法官判他胜诉。最高法院对"洛克纳诉纽约州"一案的判决，成为"社会达尔文主义"在"司法能动主义"中的体现。"洛克纳案"的判决直到1937年才被翻转过来。"洛克纳时代"是指1890—1937年"社会达尔文主义"对美国产生影响的时期。——译者注

作用，主要体现在对美国联邦政府向下再分配企图的限制。似乎很明显，沃伦时代（Warren era）是使左派鲁莽地相信法院是激进改革引擎的一个例外（Alesina，Glaeser，and Sacerdote 2001：221-222）。比较研究的证据似乎证实了这一点（Hirschl 1999，2000）。近年来，民主国家将货币政策权交给独立银行来行使这一趋势，或许是对向下再分配的另一种制度性限制。银行家们有可能认为，设计用以实现向下再分配的财政政策有可能导致通货膨胀，因而会利用他们所掌握的货币工具来抵制这种政策。一些证据显示，民主政府将货币政策权交给这种否决权行使者（veto-player），显然是在作茧自缚。而如果将这种权力交给其他否决权行使者，如国际金融机构，又将使政府远离人民的需求（Stokes 1996；Vreeland 2003）。

对于否决权行使者在限制制度的再分配能力中所发挥作用的思考，使得我们无法对那些经常出现的将政治权力下放、建立"强大"的市民社会（civil society）以及将政府职能转移给公民团体等主张持乐观态度。这种主张发源于政治左派（Cohen and Rogers 1995；Bardhan 1999：93-111）、中派（Putnam 2000）以及右派（如乔治·布什最早呼吁的"千点之光"[thousand points of light]① 成为乔治·W·布什"以信仰为基础的创议"[faith-based initiative] 政策），但是，从这一点来看，所有这些主张都是有害的。无论它们具有其他什么样的优势，它们都将带来双重危险：通过肢解国家的制度能力而进一步削弱它们；创造额外的否决项，从而进一步约束政府未来的行动。

这一难题的另一个方面涉及立法机关内部的制度安排。由于美国实行的是以选区为基础的混合选举制度，而且政党的力量较弱，因此，美国国会中的政党领导层相对来说处于弱势。例如，在实行按名单选举的比例代表制的国家，政党领导层既控制着政党名单上的人

---

① "千点之光"象征着像繁星一样遍布全国的社区慈善组织，出自乔治·布什的演讲，原文为"I have spoken of a 'thousand points of light'—of all the community organizations that are spread like stars throughout the nation，doing good"。——译者注

111 选，也控制着竞选和立法的议事日程，而与此相比，在美国这种选举制度下，有抱负的政治家必须首先赢得初选或者在政党地区会议（caucus）中当选，才有可能在地方选区中获胜。因此，政治家们更加依赖小部分选民、游说团体、捐助者以及具有影响单一选区内选举结果的其他人，而不是政党的领导层，这种结果并不令人感到奇怪。从某种角度来看，也许这是有利的，但是，如果从对占总数 1/5 的底层人口进行再分配的角度来看，立法机关的领袖所面临的"牧猫难题"（herding cats problem）的难度越大，他们就越不可能使议员们支持跨选区的以及与地方实力派的战略利益相冲突的再分配议题。当出现国会议员或参议员在其有能力介入的法案投票中互投赞成票的结果时，已经实施的再分配政策，就更有可能是服务于强大的地方利益而不是全国穷人的利益了。

我们应该提出这样的问题：与同比例代表制的选举安排相联系的多党制相比，两党制是否更加缺少面向占总数 1/5 的底层人口进行再分配的意愿?[7]尽管认为比例代表制和多党制比较公正并且更具有代表性的观点可能有些言过其实，正如我在 3.2.2 节中所指出的，但我们仍然有理由认为，如果我们相信向下再分配政策得到了中间选民的支持的话，那么，它们更倾向于向下的再分配。也就是说，有证据表明，实行比例代表制的国家所制定的政策接近中间选民的偏好（Powell 2000），而且更倾向于向下的再分配（Alesina, Glaeser, and Sacerdote 2001：216－221）。[8]由于多党制不像两党制那样具有

112 强大而稳定的反对派，因此，有可能需要我们在两种考虑之间做出取舍：由于刚刚引证的理由，因为它们更倾向于向下的再分配而支持它们，或者因为 3.2.2 节中所列出的那些值得称道的理由，竭力推行一种能够促使强大的反对派政治存在的制度。

既然国家很少改变自己的选举制度，在可以预见的未来，美国也极不可能接受比例代表制，因此，与其担忧如何做出上述取舍，倒不如思考其他哪些形式的选举制度改革能够增加对中间选民的回应？改革的意义除了我们已经提及的旨在限制金钱的影响外，根据

我们在 3.2.2 节中提出的建议，也许对于寻求政治上的反托拉斯措施更为重要。这些措施将用来限制任何政党选票的市场份额（market share）以及各种类型的政治共谋。允许两党而不是无党派的实体（entity）来负责实施竞选财政法案、制定政治论辩的规则以及诸如监管选票制作等选举法实施的其他方面的工作，助长了这种政治共谋。竞争诉求为我们提供了两个有利条件：在美国这种背景下，反对竞争是很困难的；而且，在这样一个舞台，好人不会成为圣人（the best）的敌人。即使重大改革不可能在短期内获得成功，但局部领域的改革还是有可能实现的，这样，就会在鼓励人们从反托拉斯的角度思考制度缺陷的同时，使得制度的边缘并不缺乏竞争性。

供给层面最后一个需要考虑的因素就是宏观经济环境。也许某些经济环境比其他经济环境更有利于增加税收，特别是有利于向富人征税。现有的证据似乎表明，情况的确如此。至少在美国，似乎只有在战时或重大危机发生之时，向富人所征税赋才有可能大幅增加。否则的话，无论哪一个政党执政，累进税的结构在相当长一段时间里就不会发生变化（Witte 1985；Steinmo 1993）。与经济背景相关的问题包括，在经济扩张时期是否比经济萧条时期更难加税，以及财政赤字较高时，比财政赤字较低时增税更困难等问题。也许与我们的直觉相反，在上述两种情况下，答案似乎都是肯定的（Witte 1985）。正如 2001 年发生的事情所证明的，当时经济形势良好，财政预算有盈余，所面临的是减税的压力。2000 年总统竞选期间以及竞选之后，两党之间唯一真正的区别在于它们将减多少税——两党的其他差异都没有这么显著。共和党人要在十年之内减税 1.6 万亿美元，而民主党人却极力要将减税金额维持在 1 万亿美元左右，两党最后达成妥协，将减税 1.35 万亿美元写入法案。[9]

5.1.2　支出

到目前为止，我们可以得出这样一个可能的结论：对于那些愿意看到更多向下再分配的人而言，他们应该忘记在提高税收方面日益增长的累进率。由于让税制比现在更具有累进性会面临结构性和经济环境压力等难题，也许，最好的办法就是放弃税收中的累进税，而在特定环境下代之以更为有效的方法，并考虑支出层面（expenditure side）的分配议程。特别是当人们的目标是增加底层的收入而不是减少上层的所得时，这也许是一种不错的选择。这种观点容易发生在发展中国家，它们的国家能力受到的限制非常明显，不过，它可能具有更为一般性的意义。关于这种方法的缺陷，我将在5.3节中进行讨论，在这里，我将从民主的角度来进行分析，而不考虑我们是否应该关心占总数1/5的底层人口的绝对处境之外的相对不平等（relative inequalities）的减少问题。

问题之一在于，支出的形式是否会影响面向占总数1/5的底层人口的再分配政策实际被贯彻的可能性。答案似乎是肯定的。在美国，公共支出（outlay）立法比诸如扣除额（deduction）和豁免额（exemption）等所谓的税收支出（tax expenditure）立法更难获得通过，原因在于后者需要经过的制度否决项较少，而且通常不被视为政府支出（government spending）。慈善捐款享有的税收减免（charitable deduction）、住宅按揭利息扣除额等，从概念上来看，等同于补贴和转移支付（transfer payment），但是，它们并不会被看成是政府所开出的支票。它们也许是霍华德（Howard 1997）所著的《隐性福利国家》（*Hidden Welfare State*）的一部分，但人们并不将它们视为福利。从这一角度来看，诸如社会福利工资（social wage）或者普遍的基本收入（universal basic income）等概念在美国无法获得人们的青睐，并不是什么令人感到惊奇的事情（Van Parijs 1995）。人们对于可辨别的税收支出的敌意，大概就是难以对它们进行讨论的原因。即使这些提议中的一部分能够成为法律，恐怕也必须委婉地被冠以"可退还抵减税额"（refundable tax credit）或者"负所得税"（negative income tax）这样的术语。这似乎已经成为美国与欧洲和日本之间的一种重大文化差异。

114

　　霍华德所讲述的美国故事的寓意大概是这样的：大多数税收支出一开始就充满了隐藏的漏洞，并随着时间的推移逐渐发展成为庞大的计划，但人们却没有获得参加的机会。与进行大胆的革新相比，如果渐进主义和隐性政策是改善穷人处境的更好选择，那么，这些政策的成本是什么？诸如此类的方法，与经常用来为民主辩护的公开性和透明度观点背道而驰（Fishkin 1995；Gutmann and Thompson 1996）。这是有关协商的研究文献中未得到充分关注的一个主题，协商民主的支持者倾向于做出乐观的假设，信息充足的讨论将有利于制定开明的政策；正如我们在 1.2.2 节中所讨论的，假定这一点为真，是毫无根据的。不管怎样，我们可以先撇开规范性的考虑，秘密政治（politics by stealth）的危险在于，那些拥有逆向议事日程和众多政治资源的人，更有可能擅长此道，这表明，总的来说，实用主义的思考可能钟爱公开性，并尽力去揭露隐性福利国家的种种伪善，而不是试图去模仿它。[10]

　　财政预算中是否存在某些固定的成分，如利息支付（interest payment）或者某种形式的军费支出，限制了转移支付的可能性？一些研究表明，当出现高赤字时，就会对再分配形成"排挤"效应（crowding out effect）。一个典型的例子就是斯科波尔（Skocpol）在《回飞镖》（*Boomerang*）一书中所谈到的，克林顿时期美国医保改革的失败，或多或少不可避免地是由于里根时期所遗留的财政赤字造成的——尽管这种说法与我们先前所讨论的"预算压力的缺乏导致增加税收的困难"的观点有些矛盾。在非危机时期，或许存在着一个可以容忍的征税上限，一旦越过了这一门槛，"回飞镖"逻辑就会盛行。至今还没有人对此进行过系统的研究。一些文献指出，对财政预算中可用于转移支付的比例进行限制，从而增加转移支付受益者的数量，就会导致支付规模下降（Peterson and Rom 1989）。果真如此的话，那将会成为支持税收支付而不是转移支付的一种很好的理由——至少在政治上可行的范围内是这样的。

　　一些文献则指出，当转移支付的额度有限或与工作相联系时，它

115 们会得到更多的支持（Ribar and Wilhelm 1996，1999；Moffit，Ri-bar，and Wilhelm 1998）。当获得左右翼利益集团支持的时候，上述类型的转移支付更有可能保持下去，这些条件似乎很重要。因此，在两党的大力支持下，不包含工作要求的对有子女家庭补助计划（Aid to Families with Dependent Children，AFDC），在1996年的克林顿福利改革法案中被废除，并被设置了五年上限的贫困家庭临时援助计划（Temporary Assistance to Needy Families，TANF）所取代。与此形成鲜明对比的是，在1990年获得大幅提高、1993年再次增加的依附于工作的劳务所得税冲抵（earned income tax credit），却在这次福利改革中得以保留（Hotz，Mullin，and Scholz 2000）。

5.1.3　再分配与小政府

鉴于支出层面的种种困难，那些希望看到更多向下再分配的人，面临着一个非常重要的挑战，就是思考那些不需要经过国库而实施的政策，抑或像税收支出一样，只需最低限度地经由国库的政策。这表明，尝试构建税收动机来鼓励人们希望看到的再分配，是非常明智的。这些做法包括对特殊转移支付以及雇用失业工人进行税收冲抵（tax write-off）等。而此时，政府所剩下的唯一角色就是国家税务局了。

经过进一步的努力，我们有可能找到根本用不着通过国库的再分配政策，例如，参议员比尔·布拉德利（Bill Bradley）在2000年民主党总统候选人初选时就曾提出建议，将最低工资与中等收入水平挂钩——这是一项不需要经费支持的经济政策。这样做能够带来一些好处。尽管经济学家会说，它将会使劳工市场发生"扭曲"，但是，任何最低工资都是这样的。不利之处在于，这种规定并不能（至少不是直接）惠及那些完全处于劳工市场之外的群体，而且，其中包括了许多占总数1/5的底层人口。不管怎样，既然福利支付的标准通常都与最低工资联系起来，对于他们来说，这也许是一种间接的受益方式。而且，对于那些未受雇于劳工市场的群体而言，由于他们多属于那些领取最低工资（minimum wage）的工人需要抚养的家属（dependent），因而他们同样也将因此而受益。

　　如果我们不仅考虑现金调拨（cash transfer），同时也考虑到再分配给经济发展提供的种种机会，那么，不需要经由国家而进行再分配的可能性就会变得越来越大，而其中最为重要的就是教育。排除针对那些穷人所占比例较高的团体（如黑人）的入学歧视，就是一个明显的底线，但是，还可以探索并实施更为积极的政策。佐治亚州实行的"希望奖学金计划"（Hope Scholarships Program）就是一个相关案例。该州确保每一个平均成绩在 B 以上的高中毕业生，都能进入一所州公立大学读书。[11]要求常春藤联合会（Ivy League）各大学采纳不以学生支付能力为录取标准（need-blind）的入学许可政策，是另外一个典型事例。[12]事实上，从某种程度上看，造成新的不平等的因素来源于技术依赖而不是贸易依赖，而教育机会的再分配也许是解决此类问题的有效方法之一。它能够为那些具有能力但却不掌握资源的人提供向上发展的机会。诚然，这种手段对于缺乏能力的人助益不大，而且，正是由于这个原因——如果没有其他原因的话——它只能被看成是一种辅助性的措施，而不是一种替代性的策略。如同政治改革中的反托拉斯观点，它拥有诉诸美国文化中广为接受的价值观之外的便利条件。这将促使我们去思考需求层面的难题。

5.2　需求层面

　　在这一问题上，到目前为止，我们一直假定需求层面始终保持不变，但现在我们必须认识到，事实并非如此。我们可以列举大量的理由来说明，为什么依据中间选民定理所预测的对于再分配形式的需求始终没有发生。在讨论它们之前，我们应该事先说明两点：一是讨论的范围；二是进行这项讨论的合适方法。

　　首先需要注意的是，在这里我们所关心的并不是那种老生常谈的问题：为什么美国没有社会主义？我们也不去解释穷人为什么没有起来反抗，组织工会的比例为什么比现在低，为什么没有采取民主制度之外的其他集体行动。不管普选式民主存在什么缺陷，它都为被剥夺者（the dispossessed）解决了一个重大集体行动难题：它提供了一种机制，不需要被剥夺者加以创造或维持，通过这项机制，被剥夺者可以利用国家的权力来摆脱他们的不利地位——绝对的或相对的。问题在于，他们为什么不试图寻求对国家权力的更多利用？如同本质上有趣的其他形式的沉默一样，我们对这些问题的讨论，只是要借助它们来阐明上述难题。

关于讨论方法，我们一开始就需要注意的是，经济学和深受理性选择理论影响的研究文献，在需求层面所进行的讨论，远不如在供给层面所进行的讨论更有助益，原因在于，理性选择理论背后的各种假设与大众行为之间的相关度，低于它们与政治家和其他自觉（self-conscious）的战略行为者之间的相关度。就与经济学中的各种模型一样，它们对公司行为的解释优于对消费者行为的解释。在政治学中也是一样，它们对政党的解释要比对选民的解释更加合理（Green and Shapiro 1994：47–71，1996：235–276）。我们将会发现，这一领域的经济学文献为我们提供了一些富有启发性的解释性假设，但通常情况下，社会学和社会心理学领域的文献才有助于我们进行更深入的研究。

5.2.1 分配参照的逻辑

罗纳德·里根在1984年竞选连任时，提出了一个极为有效的口号："你们现在是否比四年前过得好？"这使人们联想到自己可自由支配的收入所代表的大量财物，并自问资产是否增加。这是一种自我参照式的比较（self-referential comparison），它不要求关注他人拥有什么。在自我参照式比较领域中，每个人都被视为要试图达到比他们过去更高的无差异曲线（indifference curve）①，而对其他人福祉的参

---

① 所谓无差异曲线就是表示能给消费者带来同等程度满足的两种商品的不同数量组合的点的轨迹。无差异曲线是一条向右下方倾斜的线，斜率为负值。表明为实现同样的满足程度，增加一种商品的消费，必须减少另一种商品的消费。——译者注

照，纯粹是附带发生的。这就是帕累托体系（Pareto System）的逻辑。

现在思考这样一个问题：你是部门主管，同事布朗走进来宣布："我不在意我的薪水增加了多少，只要比沃克的多就行。"这样，布朗的福祉就不可避免地依赖于沃克的所得，它所依赖的是一种他人参照式标准（other-referential standard）。请注意，他人参照式比较不一定是出于自私的目的。一个主张平等的同事有可能坚持少于任何其他人的加薪，一位母亲有可能为确保子女的机会而使自己的福祉得以改善。关键在于，一个人福祉的参照物不可避免地与其他人的福祉产生密切联系。

他人参照式比较的一种更为极端的形态，就是对人们的各种经验的内部关系的利用。正如这样一种观点：收入不平等使得穷人感到不幸福，原因是他们妒忌富人；或者使富人感到不快乐，因为他们会对穷人产生怜悯或者恐惧。经济学家称之为相互依存效用（interdependent utilities）（Yunker 1983：132－155）。施虐狂从受害者的痛苦中获得愉悦。与此类似，在痛苦的婚变中，当金钱从配偶一方的口袋中转移给律师时，致使配偶另一方的效用提高，这时就会有人幸灾乐祸了。一个人的快乐来自另一个人的痛苦（Feather 1994；Smith et al. 1996）。相互依存式比较同样可以是利他主义的，而不必是恶毒的，例如，父母的幸福在很大程度上依赖于其子女的幸福。仇恨和爱与这种内部关系直接相关，在从自我参照式到他人参照式的比较谱系中，它们固定在一极的末端。长期的孤独症（autism）则处于与它们相对的另一端。

根据这种区分，要想对某些形式的动机进行分类是很难的。如果我想要一台比我现有的电脑更好的电脑，这就是自我参照式的比较；如果我想要一台比你的电脑好的电脑，那就属于他人参照式的比较。但是，我想要一台至少与你的电脑一样好的电脑，与纯粹为了便于自己进行时间管理而想要一台运行速度可能最快的电脑，并发觉你的电脑比我的电脑更能满足这一条件，这两者之间是有区别的。出于同样的原因，如果得知上市了一款限量版的新轿车，我之所以想购买它，是因为它的性能比我现有的轿车要好，那么，我仍然停留在自我参照式的比较范围内。然而，如果我想购买它是因为它是一款限量版，那么（就像所有基于地位的欲望），它在本质上就具有他人参照式动机的性质了。[13]

这些事例表明，将动机划分为自我参照式和他人参照式两种，给我们留下了许多悬而未决的问题。它并未告诉我们人们自利或者利他的程度，也未能告诉我们人们对于再分配的观点以及政府在其中的适当角色有可能是什么，抑或他们所进行的比较总体上是否相似，相似的程度如何。然而，通过更多地了解人们在思考再分配问题时是否或者在何种程度上是自我参照式的或者是他人参照式的，以及如果是后者的话，相关的"他人"又是谁等问题，我们仍然可以从中得知更多有关分配政治学（distributive politics）的事情。一个简单的事例就能透彻地说明这一点。假定从事某种产品生产的工人的市场工资是每年4万美元，一个个体企业雇用了10个工人，领取这种标准的工资。企业主发现，如果租用5台机器，每台机器每年需要支付4万美元，同时解雇一半的员工，他竟然能够将现有5个工人的劳动生产率提高400％。由于工人们掌握操作这种新机器的技术，需要支付较高的市场工资，他们可以通过谈判获得25％的加薪。他们的生活比过去优裕了吗？按照自我参照式的比较，他们的生活当然要比过去优裕。如果按照他人参照式比较，就取决于谁是相关的他人。如果与企业主进行比较（马克思希望他们那样做），工人们就会得出结论，企业主相对剩余价值占有份额的增加要超过他们的薪水的增长，他们会认为自己的处境恶化了——因此而受到了更多的剥削。但是，如果与被解雇的5个工人相比，那么，他们就会认为自己的生活比以前更优裕了。如果参照团体是那些在没有经过技术革新并且工资仍然维持在每年4万美元的类似公司中工作的工人，也会产生相似的结果。

在民主国家中，穷人会竭力要求向下的再分配这一命题——我们姑且称之为再分配命题——是否要求穷人进行他人参照式的比较？不必如此要求。在不考虑对其他人产生什么影响的情况下，某人处境的绝对改善有可能是有益的，但这并不代表他不想获取更多。毕竟，惯常的假设并不是假定人们只是想获得较高的无差异曲线，而是假定人们想尽可能地获得最高的无差异曲线。因此，尽管断定他们的处境已经得到了改善，由于处于边缘，他们仍然想获得更优裕的生活。受自我参照式动机激励的人们，有可能不支持向下的再分配政策，为了对此进行解释，我们必须关注下文所要讨论的其他因素。

按照马克思主义的观点，再分配命题所依赖的仅仅是他人参照式比较。资本家所占有的由工人创造的剩余价值的相对份额的日益增长，正是工人日渐扩大的异化的源泉，这将最终促使工人采取革命行动。[14] 在现实中，尽管他人参照式的比较能够激起人们的美好向往，但这些比较却不是按照马克思的参照标准来进行的。当人们对自己的处境进行评估时，会根据阶级、地位以及物质上的相似性而跟那些与自己接近的群体进行比较。经验研究表明，工人们在对自己的处境进行评估时，通常并不与他们的雇主进行比较。他们甚至也并不与其他富人们比较，而只与具有相似条件的工人们相比。无论职业等级如何，事实都是如此。如果一位教授得知他的收入比走廊尽头另一位教授少 1 万美元，比街道对面的一位心脏病医生的收入少 20 万美元，两者相比较，前者更让他烦恼（Frank 1985：39-107）。[15]

出现这种现象的原因颇有争议。毋庸置疑的是，这种现象的出现，通常不是某一种因素作用的结果。认知缺陷（cognitive limitations）、对于同事认可的需要、特维尔斯凯（Tversky）和凯尼曼① （Kahneman）所描述的可得性启发法（availability heuristics），以及物质生活的接近（physical proximity）等，所有这些都包含在人们对相对福祉的认知之中。[16] 所有上述因素都以不同的方式证实了 W. G. 朗西曼（W. G. Runciman）的观点，即在影响人们可能提出的种种需求的因素中，与一个著名团体中的其他人的近距离比较所产生的相对

---

① 丹尼尔·凯尼曼，美国普林斯顿大学心理学教授，因对不确定条件下人类决策行为的研究而成为 2002 年诺贝尔经济学奖得主之一。——译者注

剥夺感，比人们在全球经济中的地位更为重要——正如下面我们将要探讨的，尽管进行近距离比较的方式不止一种。[17]虽然朗西曼的相对剥夺命题（relative deprivation thesis）对于预测政治变迁中的集体动员是一种复杂的经验记录，但这一命题比利用客观的阶级地位来进行研究更为有效，而且，在任何情况下，它的失败都与组织资源的匮乏或者空间上接近的要求有关，而不是与这一命题本身有关（Kelley and Evans 1995：174-175）。在解释人们如何看待自己与他人的产权关系这一问题时，在大多数情况下它似乎都相当成功。它可能同样有助于对当代西方国家绝大多数人都认为自己属于中产阶级这一现象做出解释。人们倾向于把整个世界看成是他们所处的——同质性较高的——局部参照团体的放大版，而把那些与他们自己有着显著差异的人推到幕后（Evans，Kelley，and Kolosi 1996：461-482；Hodge and Trieman 1968：535-547）。[18]

121 ### 5.2.2　知识与信念

处于收入分配底层的人们，会认为他们的境遇要好于现有的实际状况，这种想法实际上来自他们对收入分配的结构（shape）以及他们在其中所处位置的信念。很久以前韦伯（Weber 1997：183-184）就指出，以实现社会变迁为目标的有组织的集体行动，建立在存在着针对它们的反应而进行的透明权力安排的基础之上。1971 年，弗兰克·帕金（Frank Parkin）将它发展成为透明度命题（transparency thesis），以此来解释在市场体制下（相信它们比实际情形要更为平等）比在非市场体制下人们对收入和财富的分配，以及自己在其中的位置（相信自己的待遇比实际情形要好）更加缺乏了解的原因（Parkin 1971：160-164）。帕金认为，市场体制之所以相对而言并不透明，原因在于经济收益的分配权并没有掌握在一个有形的社会团体手中。根据韦伯—帕金的解释，在市场体制中，人们依靠近距离参照团体的部分原因，是因为其他团体都被雾霾所遮蔽。我们需要有形的基准去感知不平等的存在，但市场体制形式上的平等主义却将它遮蔽。

人们如果能够认识到不平等现象出现的因果动力，并清楚这对他们自己意味着什么，其重要性不亚于人们对不平等现象本质的认知。最为明显的是关于滴入理论（trickle-down theory）① 的争论——喋喋不休但却从未消失。不要为蛋糕而争吵；为了所有人，让我们把蛋糕做大。富人会在将庄稼送给穷人之前就烧掉它们。南非需要白人。根据这种精神，人们有可能乐意接受边沁对于实际平等（actual equality）和实践平等（practical equality）所做的区分，这种区分促使边沁提倡，只有在社会的整体财富减少到某种程度时（无疑是令人困惑的），才能进行再分配（Bentham 1954：442）。一旦相信边沁的这种观点，人们就有可能克制自己的再分配要求，其结果是，政府也就不必再抵制来自底层的再分配要求。相反，选民——无论是理性的还是意识形态上受蒙蔽的——就不会再去制造再分配命题一开始就预测要出现的那种压力。

因而，有可能出现这样两种可能性：一是像滴入理论所描述的[19]，一个人有可能成为其他人大量慷慨赠与的被动接受者；二是人们有可能相信自己也会成为幸运的其他人中的一员。而此时，形式上的平等主义似乎是很重要的。封闭式体制有可能引发集体的反抗，而开放式体制则会预先阻止它的出现。因此，帕金（Parkin 1971：161）指出，在实行种族排斥的体制中，"统治集团的社会能见度非常显著，剥削者与被剥削者的分界线以一种相当明确的方式呈现出来"。纯粹起源于市场的不平等，无论如何都"很少能够具备这种透明度，致使具有阶级本性的认知和认同比具有种族特色的认知和认同更难形成"[20]。这种观点为我们理解美国黑人有可能被动员起来反对法律上对公民充分参与的种族排斥，而相比之下针对经济排斥所进行的有效动员却很难实现，提供了一种很好的解释。近来南非的情形同样如此：种族隔离政策中明显的种族排斥，酿成

_122_

---

① "滴入理论"又称为"垂滴说"、"涓滴理论"、"利益均沾论"、"渗漏理论"以及"滴漏理论"等，是一种经济学理论，认为政府将财政津贴交由大企业陆续流入小企业和消费者手中，比直接用于福利事业或公共建设更能促进经济增长。——译者注

了大规模的——最终无法抗拒的——有组织的反抗，然而，自1994年以来，始终让许多评论家感到惊奇的是，非国大政府（ANC government）却很少面临要求进行向下再分配的强大压力。与帕金一样，托克维尔似乎早就预见到了这一点。对于民主社会中的富人，他评论道："他们没有显赫的特权，甚至他们所拥有的财富——不再包括土地，也不再与土地有关——也是触摸不到的，在某种程度上甚至是隐匿的。"他们再也无法形成一个"易于被辨认的和被剥夺的独立阶级"[21]。

根据社会心理学的研究，这种结果并不令人感到惊奇，社会心理学的研究结果表明，在形式上平等的体制中，人们会选择个人的发展而不是诉诸集体的行动来改善自己的处境。[22]因此，赖特、泰勒和莫格哈丹（Wright，Taylor and Moghaddam 1990：994－1003）指出，可以感知的"团体渗透性"（group permeability）对于解释集体的反抗具有重要意义。三人设计了这样一项实验，让测试对象参加测试，以考察他们是否能够进入一个更为"精英的"团体，但却不让他们通过测试。不管怎样，精英团体相对"开放性"随着测试的进行而不断发生变化。其结果是，当测试对象遭到一个据称对所有合格者都开放的精英团体拒绝时，他们都毫无例外地选择继续个人的追求。与此相反，当遭到一个封闭式的精英团体拒绝时，个人会选择具有社会破坏性的集体行动。更为有趣的是，阻止这种集体行动并不需要太高的团体开放度。即使面对更为严厉的限制（如2％的通过率），大多数参加测试者仍然会诉诸个人行动。在随后的一项研究中，拉隆德和西尔弗曼（Lalonde and Silverman 1994：78－85）同样发现，与面对开放式团体相比，人们在面对封闭式团体时所表现出来的集体行动偏好要更加强烈。这项研究表明，至少在美国，这种个人发展的偏好是多么的强烈。上述研究得出的结论与拉隆德和卡梅伦（Cameron）二人在1993年所做的一项研究的结果是吻合的。在当时的实验中，参加测试者被问及他们将如何对明显的住房或就业歧视做出反应。测试结果表明，参加测试者对个人方式而不是集体矫正方法表现出压倒性的偏好。只有在绝对排斥（total exclusion）的环境下——当人们丧失基本权利，如投票权——人们才会考虑诉诸集体行动（Lalonde and Cameron 1993：257-288）。[23]

因此，有关边界渗透性的研究表明，即使现状被认为是不公正的，谦恭的表面文章也许足以用来平息集体再分配要求的压力。正如赖特（Wright 1997：1286）对另一项经验研究的总结："贫困群体中极少数成员的成功，一方面将人们的注意力转移到个体而不是集体的不公正，另一方面则降低了人们对具有非法性和不稳定性的团体内部环境的信任，这样，就可以逐渐削弱人们对集体行动的支持。"毋庸置疑，造成这种状况的某些原因，与那种致使人们每天花费数百万美元去购买乐透彩票的同样的非理性乐观主义有很大关系。而且，其中某些原因与得到充分证明的、人们对贫困团体的不认同有关。[24] 无论什么原因，除非已经彻底绝望，否则人们对个人流动性的偏好要胜过集体行动。即使他们意识到，这种向上流动的可能性甚至遥不可及，他们也不大可能诉诸集体行动来支持集体的再分配（Alesina and La Ferrara 2001）。

尽管这项研究有助于我们对哈佛大学和耶鲁大学没有组织青年教师工会（junior faculty union）做出很好的解释，但是，经由再分配命题所预测的这种集体行动，是各不相同的。正如我所指出的，随着普选权的出现，集体行动所面临的最严重的障碍也许已经被扫清了。实现再分配的机制已经出现。毕竟，正是这一现实激起了人们对再分配命题的研究兴趣。如果表面文章和最低限度的边界渗透性能够阻止人们对集体再分配的支持，这就足以证明，个体功效（individual efficacy）中信念的力量是多么的强大。

5.2.3　意识形态

詹姆斯·托宾（James Tobin 1988：161）早已指出，人们通常反对增加那些对他们自身并无影响的特殊税种，即使他们很清楚自己不受影响。他们之所以采取这种立场，可能是由于媒体炒作（或没有炒作）这一问题，但也有可能是由于其他原因而使这种立场深深地根植于他们的信念之中。无论是什么原因，对再分配命题真实性的探究，都必须认真对待人们认为是公正的东西，因为这有可能影响到人们借助集体制度要求再分配的倾向。与那些认为自己生活在一个不公平世界里的人相比，认为自己生活在一个公正的世界中的贫困群体，较少表现出团体的不满倾向，这并不会令人感到惊奇（Hafer and Olson 1993：30-38）。因此，问题在于，认为"由市场体制导致的不公平是正义的"这种信念，到底有多么普及？

至少在美国，尽管人们在社会生活的许多领域都有可能是平等的，但绝大多数人都接受了由市场所造成的经济差异（Hochschild 1981：55-71）。除非在程序上和实质上都不公平（但这种情况却很少发生），否则的话，分配结果就被视为合法的，因为市场被普遍看成是一种公平的分配工具。[25]霍克希尔德（Hochschild）1995年关于美国人信念的一项研究揭示，美国梦（American Dream）这一意识形态得到广泛而异乎寻常的支持，它被理解为包含了"应该由技术而不是需要来决定工资"以及"美国应该为所有人提供平等的机会"而不是"平等的结果"等思想。[26]来自不同职业、种族和政治团体的绝大多数人，都支持这种观点。与白人相比，尽管黑人倾向于认为，在现有体制中还存在很多的种族歧视，但是，80%的白人和90%的黑人一致认为："美国梦今日依然存在着。"作为一个群体，黑人事实上比白人对自己的前途更加充满信心（Hochschild 1995：55-69；Elster 1995：305-308）。

诚然，并非每个人都相信资本主义的公正或对美国梦充满信心。霍克希尔德本人就曾指出，一些人是不接受这些想法的（Hochschild 1995：184-213）。其他一些研究成果则展示出贫穷的另一个侧面，非常显著的表现就是对向上的流动缺乏乐观。乔纳森·科佐尔（Jonathan Kozol 1995）所著的《奇异恩典》（*Amazing Grace*）① 一书，

①　*Amazing Grace* 另可译为《天赐恩宠》，也是美国脍炙人口的一首乡村福音歌曲的歌名，这首歌是美国人最喜爱的一首赞美诗，被奉为基督教圣歌。——译者注

就将南布朗克斯区（South Bronx）① 描绘成一个不可救药的绝望之城，在那里，穷人无处可去，而且似乎无所忌惮。威廉·朱利叶斯·威尔逊（William Julius Wilson 1996）在其所著的《当工作消失》（*When Work Disappears*）一书中，记录了城市中心贫民区（inner-city）的一种孤寂和无助感，而伊莱贾·安德森（Elijah Anderson 1990）在其人种志研究《流落街头》（*Streetwise*）中，用纪实性的手法，详细记述了城市中心贫民区青少年表现出来的一种类似的对向上流动的漠然。

由于孤寂和冷漠不可能与成功的抱负和决心共存，处境不同的穷人具有各不相同的信念和渴望，似乎就显而易见了。似乎也很清楚的是，对于下层社会（underclass，其成员被体制所疏远）与其他穷人（他们相信向上的流动性和美国梦）所做出的任何一般性的区分，都是经不起推敲的。例如，麦克劳德（MacLeod 1987）在对同一住宅区的两个青少年团体——一个由白人组成，一个由黑人组成——进行了一项人种志方面的研究，他发现，多数黑人认为自己能够向上流动，并竭力改善自己，而多数白人只是简单地将时间浪费在抽大麻和逃学上。在另一项人种志研究中，法恩和韦斯（Fine and Weis 1998）也发现，在纽约州西部港口城市布法罗（Buffalo），穷忙族（working poor）② 中充斥着高度的茫然和冷漠感。这表明，对进步的渴望不仅仅限于贫穷的劳动者，而冷漠可能并不是那些常常被诬蔑为"下层社会"的人的专利。

要想将那些接受美国梦的人与被它疏远的人区别开来，最合适的人选莫过于那些具有有偿工作经验和前景的人。在麦克劳德的研究中，被疏远的白人青少年的父母，绝大多数连高中都未毕业，他们的其他子女辍学，他们已经在该住宅区生活了三代之久，而且，即便他们被雇用了，大多数人所从事的也是临时性的低贱工作。与此形成鲜

---

① 布朗克斯区是美国纽约市的一个行政区名。——译者注

② 穷忙族，原意是指那些整日劳碌奔波、始终无法摆脱穷光蛋称号的人。此处指收入不菲，但却陷入拼命赚钱满足各种消费欲望、消费过后重返穷忙的怪圈的人。——译者注

明对比的是，那些有抱负的黑人青少年的父母，则是该住宅区的新住户，而且都有稳定的工作（Macleod 1987：55）。法恩和韦斯的研究也发现，正是支付"家庭工资"的重工业工作的消失，以及它们被支付低工资的快餐业和其他服务业所取代，似乎才能解释这种冷漠和理想的破灭（Fine and Weis 1998：29–39）。其他的人种志研究也为这一点提供了间接的支持。安德森（Anderson）描述了老一代与其子孙之间存在的明显差别：前者带有传统的新教工作伦理价值观，而后者则持拒绝态度。而且，杜内尔（Duneier）在其所著的《斯利姆的餐桌》（*Slim's Table*）一书中，也突出强调了城市中心贫民区新老两代黑人之间存在的相似的价值鸿沟（Anderson 1990：69–73；Duneier 1994）。代与代之间的主要差别到底是什么？正如威尔逊所强调的，老一代在制造业领域享有稳定的工作，而这正是城市中心贫民区新一代所没有的。后者依赖福利或者看不到前途的服务业最低工资来维持他们的生活。他由此推断，这种状况对他们的成就感和抱负形成了侵蚀（Wilson 1996：76）。

如果有偿工作经验和前景能够解释冷漠者与向上流动者之间的差别，那么，这对再分配命题将意味着什么？麦克劳德指出，"那些认为自己向上流动的机会非常渺茫的人，比那些认为自己有重大个人流动机会的人，更有可能参与集体的政治行动"，只有在这样的情况下，才有可能动员那些心怀不满的人参与再分配的政治活动（Macleod 1987：158–159）。但是，那些不寻求个人进步的人，也有可能无法被动员参与集体行动。众所周知，参与水平会随着受教育程度的提高和收入的增加而提高（Verba, Schlozman, and Brady 1995：5，19，228–268；Sobin 1973：83–101，121–122）。

那些对制度最不满意的人，有可能正是那些最不愿意尝试去改变它的人，之所以得出这样的结论，还有其他方面的原因。罗伯特·莱恩（Robert Lane）认为，地位低下与被剥夺感常常伴随着人们自认为无能的想法而出现。与愤怒不同，忧愁（它与愤怒之间的联系是逆向的）是相对静止的，心情抑郁者一般不会参与政治活动（Lane 1991，

2001）。从直觉上看，这似乎是合理的。很难想象，科佐尔所描述的南布朗克斯区会突然振奋起来，参与请愿活动和市镇会议，要求更好的服务、住房和警察保护，更不用说组织起来为争取再分配的转移而向政治家施压了。在这里，绝望有余而愤怒不足。[27] 政治解脱（political disengagement）似乎是一种更加合理的预测，其间或许偶尔点缀着我们在 1992 年的洛杉矶所看到的那种暴乱。也许，现实是这样的：那些可以组织起来参与再分配政治活动的人，由于没有足够的不满而无法担当这一角色；而那些心怀足够愤懑的人，却又无力组织起来。

意识形态的另一个特点涉及经济不平等在人们其他偏好中所处的位置。对经济不平等的所有特征有充分了解的人仍然会认为，还有许多事情远比试图矫正它更为重要，例如，地位（status）与尊严（dignity）的再分配。特别是在新民主国家，这种情况似乎更有可能发生。在这些国家，参与权通常是在与先前的排斥进行比较的背景下估价的。例如南非，二等公民（second-class citizenship）的废除、伴随投票行为而获得的尊严、在法庭上使用母语的权利，都是有形的收获。那些从未沦为二等公民的人，有可能漠视它们。但是，那些曾经沦为二等公民的人，则有可能重视它们，并将它们视为来自民主的有形的非经济收益。

也许新民主国家在这一点上并无独特之处。大概在类似美国这样的国家，对于族群和其他政治认同形式的部分诉求，都起源于地位不平等的持续存在。路易斯·法拉罕（Louis Farrakhan）对此所表达的愤怒就是很好的反映。[28] 在过去的 40 年里，多数女权运动都与减少地位不平等有关。其中一些还属于再分配性质的，例如要求同工同酬（equal pay for equal work）（尽管这对减少社会中的阶级不平等不会产生什么实际作用，见 Rae et al. 1981：82-128）。但是，按照传统观点，其中多数却与分配问题根本不相干，如废除关于婚内强暴（marital rape）的例外规定以及配偶间的侵权行为豁免权。只要地位与尊严的再分配能够激发人们的积极性，那么，他们要求减少经济不平等的倾向就有可能退居次要地位。

这一点与那些认为"如果政治竞争在多维度展开，那么偏好向下再分配的选民有可能最终对此不予支持"的文献有关，但又有所区别。例如，如果分配维度被价值维度横切，而偏好又处于不同的排列状态，那么，中间选民就有可能不再支持再分配（Roemer 1998：399-424；1999）。罗默和李（Roemer and Lee 2002）随后又提出，由于类似的原因，应该考虑一个社会中种族主义力量的强弱对再分配要求所产生的影响，因此，在诸如美国这种种族主义程度较高的国家，通过竞争性的民主过程所表达的再分配要求，比较而言是缺乏平等主义色彩的。向下再分配要求会受到种族主义抑制的观点，也得到了阿莱西纳、格莱泽和萨塞尔多特等人研究的佐证（Alesina，Glaeser，and Sacerdote 2001：226-246）。

5.2.4 框架效果

与关乎再分配命题的知识、信念和意识形态紧密相连，却又与它们具有明显区别的，是塑造被人们视为相关选择的框架效果（framing effects）（Tversky and Kahneman 1981）。这里我们所关注的不是原则上人们有可能相信或经过反省后得知什么，而是在作出一项特殊的决策时，他们实际上会关注什么。因为我们所有人都有认知上的局限性，框架效果也不是某些简单的不完善的信息形式；在既定的环境下，它们所要解决的是被人们视为相关参照点（reference point）的东西。相应地，人们对不同的分配政策结果的看法的研究和调查，在面对再分配政策的投票选择这种具体的条件下，不大可能使我们更加接近于探知人们将会采取什么行动。我们可以考虑以下一些可能性。

人们不可能接二连三地提出至死才肯罢休的要求的原因在于，人类的多数行为都具有反应性和守旧性（backward-looking）的特点。毕竟，那种"你现在比四年前过得好吗"式的问题，直接将人们的注意力引到以往的糟糕境遇——其中的意蕴在于，取代现状不一定会取得更大的进展，反而倒有可能故态复萌，退缩回旧世界。但凡取得点滴进步，也就意味着失去它的可能性将会始终存在。1984年里根提出的口号，尝试在某种程度上利用这种恐惧，它暗示，沃尔特·蒙代尔（Walter Mondale）的获胜意味着美国将重返 20 世纪 70 年代的滞胀时期，从那时起取得的所有成就都将丧失殆尽。① 那些没有对出现更多的向下再分配要求感到吃惊的人，倾向于这样进行假设，即那些接近经济分配底层的人会认为，他们失去的将只是锁链。这种假设仅仅对于少数人来说是成立的，而且他们当然不会是中间选民。在很多情形下，选民有可能做出判断，认为事情将会变得更加糟糕——尤其是如果在不久前的一个时期内他们的处境一直很糟糕的话。[29]

1995 年 10 月，路易斯·法拉罕召集草根支持者发动了百万人大游行（Million Man March），他坚定地认为，在黑人社区中，被剥夺者凭借自己的资源、依靠自身的努力来摆脱贫困的时代已经来临。"整肃环境（clean up），黑人，世界将尊重你，授予你荣誉。但你却像浪子（prodigal son）② 一样堕落了，你将要剥去玉米的外皮，喂养你的猪崽……黑人，你不必击毁白人。我们所要做的就是回家，并将我们的社区建成丰饶之地。"[30] 这里所传递的信息是毫不含糊的：忘记外在的不平等，并专心做好自己的事情。当人们将这种意识形态内化时，就不会再要求通过公共机构来进行再分配。相反，他们会因为自身所处的分配环境而自责，并接受这样的观点，即当他们试图改善自身处境时，应该向内看。我们可以把这些看成是内向型（inward-looking）框架效果。

内向型框架效果对于解释美国再分配要求的缺乏可能具有重要意义，因为在美国，依靠自身努力取得成功的意识形态的力量很强大。无论这种内向型的焦点是集中于个人还是集中于相对而言希望渺茫的认同团体，它对于大型社会的财物和机会的分配都是不重要的。因而研究文献才会从一种激进的分配观角度来质疑认同政治的观点（Fra-

① 沃尔特·蒙代尔，第 42 任美国副总统（1977—1981），1984 年民主党总统候选人。——译者注

② prodigal son 可译为浪子，或回头浪子，根据基督教《圣经》，是耶稣讲道时使用的一个比喻。——译者注

ser 1997：11-39；Barry 2000)。

人们在考虑自身的分配状况时，除了回溯和向内看之外，还会向下看。对资本主义进行评论的左右翼评论家们，有可能低估了这一点在抑制对穷人的再分配要求方面所发挥的重要作用。有几项相互影响的机制，可以将工人阶级和中间阶级的注意力集中于在社会秩序中位列其后的人，而不是集中于那些处境比他们更好的人。穷人至少有可能产生以下三种方式的威胁：他们将揭竿而起并杀死我们，他们的福利救济金将会使我们破产，或使我们沦为他们中的一员。

在民主资本主义（democratic capitalism）产生以前，对于一无所有的穷人所组成的劫掠式暴民的恐惧已经存在很长时间了。克里斯托弗·希尔指出（Christopher Hill 1965：300-302），在早期斯图亚特王朝文学中反复出现的主题之一，就是上层阶级对一贫如洗的穷人这只"多头怪兽"（many-headed monster，希尼［Sidney］在《阿卡迪亚》［Arcadia］中的用语）所表现出来的一种恐惧与蔑视交织的情感。这种情感在有产阶级的许多政论文章中曾多次出现，正如迪罗尼（Deloney）1597年所嘲讽的，"穷人憎恨富人，因为富人不用工作；而富人憎恨穷人，因为穷人看起来像是负担"。始自17世纪中叶的经济和人口变化——城市化和领薪劳工阶级（wage-laboring class）的成长——带来了明显的社会后果，对这些变化的回应，强化了统治阶级对大众的恐惧（Hill 1961，1965：306-314，1972：39-56）。有产阶级在18世纪常常表现出类似的恐惧，特别是表现在他们在制定法律时针对侵犯财产的轻罪（minor offense）增加了大量涉及死刑的条文（Hay 1975：17-63）。而亚当·斯密（Adam Smith）就是以他那火眼金睛般（steely-eyed）的宣言而闻名于世的：只有公民治安官才有权阻止穷人侵占富人的财产。[31]

不管怎样，对穷人的恐惧和蔑视不仅没有在民主资本主义下消失，反而似乎呈现出一种独特的表现形式。一方面，它们具有一种小资产阶级情调，原因在于它们主要环绕在中产阶级特别是中产阶级低层（lower-middle-class）的周围，对位居其后的阶层极度冷漠。另一方面，在形式上平等的制度中，弱势团体内的精英阶层似乎表现出疏远自己所在团体的倾向，转而认同主流文化（dominant culture）的规范。[32]这一点可能部分反映了人们对某种团体加以轻视的必要性，也部分反映了前文已经讨论的涉及个人的社会流动性。也许更为重要的是，大量民主选举政治似乎以加强向下看的框架效果的方式，激起了中产阶级对底层阶级的恐惧。例如，围绕着维权行动所展开的多数堑壕战（trench warfare），都是有关警察局、邮局和消防局内部升迁问题的，而对于生活在斯卡斯代尔（Scarsdale）或贝弗利山庄（Beverly Hills）的人来说，根本没有什么意义。这对于收入分配结构同样也产生不了什么影响，相反，徒使人们徘徊于其中。这就是迈克尔·林德（Michael Lind 1995：150）能够将白人上层社会描绘成"右派式生活，左派式思考"（live right and think left）的原因。这个上层社会中的成员，都支持对他们没有什么影响的种族偏好（racial preferences）和多元文化主义（multiculturalism）。他们对低层中产阶级对于这些政策的反对不以为然，并认为它"与其说是不道德的，不如说是简单的庸俗"[33]。无论人们是否想要像林德那样极端，为了保持底层社会阶层之间的相互争吵，而将维权行动描述成"分而治之"（divide-and-rule）阴谋所造成的结果，最终都会产生这样的效果：培育种族主义并破坏有可能出现的再分配变革联盟（Lind 1995：139-180）。[34]

对社会秩序底层的妖魔化，维系了这种向下看的框架效果。吉伦斯（Gilens 1999：3，6-7）指出，在美国，对福利的敌意通常并不是反对福利国家所造成的结果，或者是针对被视为"帮助值得帮助的穷人实现自助"[35]的福利项目的。恰恰相反，对福利的仇视来自这样的观点，即大多数福利的享受者都是不该享受福利的穷人。媒体对福利享受者的描述是这样的：黑人比例过高，黑人太懒。这种描述即便没有产生新的敌意，至少也使原有的敌意得以强化，并保持了这样一种图景，必须对一个消耗自然资源的下层阶级进行抑制或加以防范。[36]这里还没有谈及犯罪。如果想要对美国向下看的框架效果进

132 行解释，而没有关注犯罪问题，那就不能算是完整的。我们现在关押着大量犯人，即使他们构成了一个明显被妖魔化的具有威胁的团体，尽管公众的认知与我们不同，但是他们中的大多数却并未涉足暴力犯罪。[37] 将穷人"罪犯化"，为向下看的框架效果提供了一种便利的——甚至是有吸引力的——目标。

有一种现象，可能与一种框架效果的关系不算太密切，但也有可能对再分配要求产生影响，使用"趣闻消遣"（anecdotal distraction）一词可以很好地体现它的特点。在《阿尔比恩的命运树》（*Albion's Fatal Tree*）一书中，道格拉斯·海讲述了一个 18 世纪的刑法故事，这部法律几乎只是为有产阶级精英的利益服务的。但是，偶尔也会有贵族因为前文所提到的相对轻微的侵犯财产罪而公开遭受极端形式的惩罚，甚至是死刑（Hay 1975：32 – 39）。毫无疑问，对这种现象的部分解释同执行机构力量虚弱时的威慑逻辑有关。[38] 不管怎样，海强有力地指出，之所以这么做，主要原因是为了逐渐灌输对保护有产阶级的法律秩序的敬畏。有什么方式能够比当众惩罚一名贵族成员更能让穷人产生"法律不是富人的工具"这样的想法呢？我们这个时代，类似的故事也许是迈克尔·米尔肯（Michael Milken）和利昂娜·赫尔姆斯利（Leona Helmsley）① 的故事：媒体无休止地报道说他们得到了应有的惩罚，为这一制度提供了趣闻的正当性，而不顾事实上他们到底具有多大的代表性。

趣闻消遣并不仅仅是针对富人的：驾驶着凯迪拉克轿车的"福利女王"（welfare queens）的骇人故事，直接将人们的注意力从多数福利享受者的行为转向寄生虫。关于公职人员贪赃行为的故事，可以服务于相似的目标，可以强化这种观点：再分配税收是官僚的寻租行为，而不是罗宾汉（Robin Hood）② 式的企业——更多的是"从我

---

① 迈克尔·米尔肯，被誉为"垃圾债券大王"，曾经在 20 世纪 80 年代驰骋华尔街，是自 J. P. 摩根以来美国金融界最有影响力的风云人物；利昂娜·赫尔姆斯利，美国著名女富豪，美国地产和酒店业大亨，享有"酒店女王"美誉，曾 10 次荣登美国富豪榜。——译者注

② 罗宾汉是英国民间传说中的侠盗式英雄人物，相传他活跃在 1160—1247 年的英国，人称汉丁顿伯爵。——译者注

们到政府"，而不是"从富人到穷人"。美国儿童文学家霍雷肖·阿尔杰（Horatio Alger）的作品中所描述的白手起家的故事，同样是有效的趣闻消遣。里根深谙此道，他在 1983 年宣称："我首先希望看到的是，美国依然是一个可以使人们实现致富梦想的国家。"[39] 当政治家显而易见地突出那些从享受福利到努力工作或者战胜厄运的个人时——美国自里根以来总统国情咨文中的基本内容——他们展示出了对趣闻消遣力量的理解。普通老百姓一般不会问随机取样（random sampling）或者因变量（dependent variable）选择这样的问题。

5.3　分配形式的作用

预期民主国家将实行向下的再分配，常常是因为受到"贫穷就处于丰饶之间"这种观点的影响。少数人显露出来的财富越多，来自底层的再分配压力就越大，这样的预测似乎是理性的。然而，矛盾的是，某种接近于对立面的东西，反而有可能是事物的本来面目。

渴望不会在真空中形成。人们必须具备这样的能力，即从想象中召唤出所追求的目标和生活方式。就此而言，心理距离至关重要。你可以想象自己正在独自跨过一个水坑，或者游弋于湖中，但不是横跨大西洋。有时候，你目前已实现的目标与希望实现的目标之间的鸿沟，似乎是如此之大，以至于你不得不抛弃你所渴望的某些目标。我们可以将这种现象看成是一种同理心鸿沟。① 它表明，极端的不平等反而有可能在事实上抑制来自赤贫阶层的再分配要求。一个极端的例子可以证明这一点。在今天的开普敦（Cape Town），居住在违章搭建的帐篷中的家庭清洁工，打扫 50 万美元的房屋，一天才能挣 5 美

---

① 在心理学中，同理心是站在对方立场思考的一种方式，具体来说，就是能够体会他人的情绪和想法，理解他人的立场和感受，并站在他人的角度思考和处理问题。国内有人将其译为"共情"。——译者注

元，这种现象很常见。而主人车库里的汽车的价格，则是这些清洁工预期收入的很多倍。这些清洁工可能无法想象，有一天能够享受他们的雇主那样的生活。[40]

同理心鸿沟也可以发挥相反的作用。如果人们容忍向下再分配的意愿成为对"倘若没有财富，我也可能沦落到那种地步"的审慎计算的一部分，那它一定是可信的。如果你与你所见到的周围的穷人之间的鸿沟如此之大，以至于你能够想象不会有什么灾难降临于你，从而使你沦落到他们那样的处境，那么，你可能拥有的任何改善他们命运的审慎的理由都将消失殆尽。这大概就是大多数人对乞丐和街头贫民（street people）熟视无睹并默认对下层社会妖魔化的原因之一。埃米尔·左拉（Emile Zola）① 小说中的权势人物有可能被颠覆，但是，读过左拉小说的人却没有人会真心期望这一切发生在自己身上。[41]

以往，梅纳德·凯恩斯（Maynard Keynes）② 关于必须刺激经济需求的假设，强化了精英对向下再分配的支持，但是，我们必须面对令人忧虑的可能性，即还有很多刺激需求的方式，而它们与对穷人进行再分配没有直接关系。最近这些年，美国就使用了很多这样的方式来刺激需求：给予农场主数十亿美元的补贴、同样数额的监狱投资、高科技武器的研发以及空间探测。[42]除了这些方法，我们现在还必须加上一个可能是无底洞的"反恐战争"，我们可能永远无法正式宣布它结束，而其支出又极容易被合法化。以往可感知到的经济上的赤字支出需求，有可能对穷人是有帮助的，但是，并无必然的理由假定，将来依旧会如此。

收入不平等的差距越大，有产者（the haves）与无产者（the have-nots）之间的心理距离就越大。如果超越了某种不得不借助于经验才能确定的门槛，那么，可以预期的是，这将导致来自底层需求的减少并坚定上层态度的同理心鸿沟的产生。巨大的同理心鸿沟有可

---

① 埃米尔·左拉（1840—1902），法国作家，代表作有《萌芽》、《小酒店》、《鲁贡玛卡家族》等。——译者注
② 梅纳德·凯恩斯（1883—1946），英国经济学家，凯恩斯主义的创始人。——译者注

能酿成仇恨、犯罪，甚至在特定情况下会引发革命。如果缺少这种资源，或者人们还没有认为现有的政治秩序已经从根本上失去了合法性，那么，这种同理心鸿沟就会强化这种不平等的现状。尽管这有可能在处于社会经济谱系底层的各种团体和阶级之间激起特有形式的冲突，但对收入和财富的整体分配却不可能产生太大的影响（Lind 1995：139-180）。

地理上的分布能够产生另外一种减少再分配要求的距离，它基于人们之间存在的物质鸿沟（physical gulf）。我们可以将它看成是另外一种框架效果：眼不见，心不想（out of sight，out of mind）。但它或多或少又不同于框架效果。

一方面，它已经超越了框架效果。在资本主义民主制中，有产者与无产者之间的生活上的隔离，是真实存在且日渐扩大的。在美国，最明显的证明就是，中产阶级从上一代就已经开始从城市快速向郊区转移，现在已经发展成"飞地式生活"（enclave living）。1960 年以前，封闭式社区（gated community）只有几百个，而且是给年老者和超级富豪居住的。到了 1997 年，美国已经拥有 2 万个封闭式社区，其中包括 300 万套住宅，至少有 1/3 属于中产阶级，而且越来越多的人（甚至工人阶级）有意入住（Blakely and Snyder 1997：6-7）。这些数字极大地低估了"飞地式生活"的现实，因为许多乡镇（country town，常常是功能性的郊区）的所有实际用途，对于城市中心贫民区的居民来说是不可用的。[43]

最终的结果就是被道格拉斯·雷称为分割民主（segmented democracy）的发展，其中，唯一真正的公共空间（即免费进入）就是城市中心的贫民区（Rae 1999：165-192；Sugrue 1993）。自由迁徙依赖于在很多方面像南非种族隔离那种极端的种族和阶级的有效分割（Blakely and Snyder 1997：152-156）。贫穷的黑人和棕色人种（brown people）从城市中心贫民区迁入中产阶级和上层阶级的社区，并非一个现实的选择，这取决于交通状况和地方警察的作为。1992 年洛杉矶骚乱（Los Angeles riots）事件所带来的惨痛教训强化了这一点。这场骚乱之所以发生，起因于 4 名白人警察殴打一位名叫罗德尼·金（Rodney King）的黑人男子的镜头被录制下来，在审判之前数月时间里，电视里都在不断地播放这一画面，而 4 名警察最后却被无罪释放。尽管发动暴乱的是城市中心贫民区的黑人，但他们却将大量的愤怒发泄到当地其他少数族裔团体特别是韩国人身上。他们当中，没有人前往布伦特伍德（Brentwood）或贝弗利山庄。

空间上的隔离也意味着，中产阶级和上层阶级将他们的都市生活限定在白天和商业区内，这种趋势由于因特网提供的在家工作的灵活性而得到极大的强化。而且，那些居住在城市中心贫民区经过整修区域的人，都有他们自己的飞地。他们每日的路线就是从有警卫的公寓到工作地点，到健身房和雅皮士（Yuppie）餐厅，这使得他们能够尽量不和那些与他们不同且令人烦恼的人保持联系。雷所说的分割民主的物质鸿沟，以这种方式强化了先前我们已经讨论过的同理心鸿沟。

另一方面，它逐渐接近但又不超越框架效果，在电视时代，"眼不见"并不意味着——严格说来——能够做到"心不想"。矛盾在于，尽管生活上的隔离是一种地理分布状态，但无产者并非对有产者拥有什么一无所知。托克维尔曾经说过，穷人之所以屈从于贵族，原因在于他们对安逸的无知："他们并不奢望得到它，而且他们对它并没有足够的了解，以至于并不想得到它。"（Tocqueville［1835］1969：531）这句话中暗含的启示在于，如果他们能够认识它，那么，这种认知就将成为再分配要求的引擎。然而，尽管人们不断遭到"另一半（或者，更确切一点是另外 2%）生活怎么样"问题的侵扰，但是，再分配要求最终也没有发生。看来，经由了解而获得的知识，比通过电视获得的知识要重要得多。[44]

上述结论与一项研究的结果是一致的，研究表明，在渴望的形成过程中，人们通过媒体所学到的东西，不能成为日常交往（everyday proximity）的替代品（Frank 1985：8-9；Canache 1996）。它同样表明，某种我们先前所讨论的与职业不平等相关的团体渗透动力相似的东西，在此处发挥着作用。按照这种观点，官方的隔离政策势必会引发集体的抵抗，例如，1950 年南非当局通过《族群住区法案》（Group Areas Act）实施了居住隔离，但是，废除法律上的禁令就可以化解这种抵抗。相反，人们将通过追求个人生活上的流动来对此做出回应——即使成功的希望极其渺茫。当代美国为这种论点提供了有趣的证据，而后种族隔离时代的南非则提供了自然的实验来对此进行检验。新政体建立 9 年之后，在像开普敦这样的城市中，居住隔离的现象依然存在，尽管这一时期，南非为了解决环绕在"飞地郊区"的违章搭建的帐篷的扩散问题，促使封闭性社区实现了爆炸式增长，甚至超过了美国。时间将会告诉我们，促进整合的集体政策需求，是否会像迄今为止所发生的那样仍然要保持缄默。

另一组不同的分配形式的影响，与不平等分配安排的严重程度以及富人的资源有关。19 世纪再分配命题的构想，所依据的是马克思主义对资本主义演变成二元阶级体制（two-class system）的初步描述：一个是少数人组成的傲慢的统治阶级，另一个是其大量成员勉强维持生存的工人阶级。一小部分资产阶级有可能成为统治阶级，而大多数人都将沦为无产阶级——他们所怀有的绵延不绝的仇恨，使得他们更容易被动员起来。

在这里，马克思的失误有一部分体现在概念方面。他的剥削理论（theory of exploitation）错误地游离于两种观点之间：一种观点是无产阶级的相对贫困化（relative immiseration）将会增加（从其剥削理论中分析得出），另一种观点是他们的绝对贫困化（absolute immiseration）增加（从其剥削理论中无法得出）。正如我们已经指出的，在工资保持稳定甚至增长的情况下，马克思所说的剥削率可能会提高。马克思的另一部分失误则表现在经验方面：在所有资本主义民主国家中，一个持久的中产阶级包括很多被马克思划归为工人的群体，为了生存，他们必须向他人出卖自己的劳动力（labor-power）。他们的生活水平距离维持生存仍然相差很远（即使将范围扩大到"历史和道德因素"，见 Marx ［1867］1976：275，701-706），而且，他们并

138

没有朝着那个方向发展。正如科恩（Cohen 2000）和其他人已经指出的，对于他们而言，"失去的只是锁链"这种众所周知的状态是不可能发生的。

马克思主义政治经济学家有时宣称，这只是一种过渡状态：通过福利国家来化解工人阶级的不满，而福利国家将会逐渐被财政危机所压垮，此后，不可化解的矛盾将会浮现出来，从而造成阶级的两极分化（Miliband 1969；O'Connor 1973）。事实上，一个由三个阶级组成的动力机制可能是相当稳定的，其原因与前文列举的参照团体、知识、信念、框架效果以及同理心鸿沟和物质鸿沟等，都有着明显的不同。即使在一个信息充分、自我参照最大化的高度不平等的世界里，我们仍然不清楚的是，一个只关心经济安康这种单一维度的中间选民，是否会投票支持向下的再分配政策。我们可以举一个实例来说明它的种种可能性。在南非非洲人国民大会内部，缺少来自基层的要求再分配的强大压力的原因之一，就是南非收入与财富分配上的极端不公平。增加收入前 20％人口的税赋，也相当于增加了大部分黑人工人阶级的税赋，以至于他们会出于自身利益而反对它。而且，如果他们的确支持再分配，在一个 40％的黑人处于失业状态的国家中，再分配也很少是针对那些处于经济秩序底层的人的（Nattrass and Seeking 2001）。这表明，严肃地对待反直觉的可能性是非常重要的：分配不平等越严重，动员中下层以及工人阶级支持向下再分配——特别是针对底层的再分配——的难度就会越大。

布雷耶和乌尔施普龙（Breyer and Ursprung 1998：135－156）在试图将这种逻辑模型化时正式提出，经济收入高的人（即超过平均数），事实上有可能贿赂那些收入处于中位数和平均数之间的一小部分选民，以抵制征收没收性的税赋。斯奈德和克雷默（Snyder and Kramer 1988：197-230）提出的另一项模型显示，多数中上等收入的纳税人也有可能支持一种相对累进所得税，以牺牲穷人的利益来减轻他们的税负。布雷耶和乌尔施普龙指出，尽管这些结果在理论上可以实现均衡，但却是不稳定的，众所周知的原因在于，所有税收项目

139

都有可能被某种多数联盟轻而易举地推翻。这一点可以从 1 美元分配游戏中看出：如果 3 个选民必须依照多数原则来分配 1 美元，那么，任何一种分配方案都有可能被某种多数联盟所颠覆（Mueller 1989：19-31）。

尽管存在着潜在的不稳定性，事实上也正是由于这种不稳定性的存在，以往多数民主国家在税收安排上的异常稳定性才会给人们留下如此深刻的印象（Witte 1985；Steinmo 1993）。诸如我们刚刚讨论的这种结果，也许会因此而显示出在实践上是可以保留的，而且，现状越是不平等，它们就越是具有强烈的可保持性。从直觉上看，正如布雷耶和乌尔施普龙所指出的，少数人越是富有，他们所承担的继续贿赂收入居于中位数和平均数之间选民的花销就会越多，不管是通过削减边际税率（marginal tax）、给予中产阶级课税优惠（tax benefit）（如房贷利息扣除［home-interest mortgage deductions］），还是通过给予其子女高等教育经费补贴。[45]而这一中间团体的成员有可能更加关注的是，他们在一种积极的累进税制度中定然要失去什么，而不是被某种不确定的利益所引诱，与下层结盟从而对富人巧取豪夺。

5.4 对民主和分配的启示

我对于民主对收入和财富分配的影响这一问题的考察表明，19 世纪关于再分配命题的种种期待，并未经受住历史的考验，对此我们不必感到惊奇。民主体制的很多特征限制了向下的再分配，事实上，甚或有利于向上的再分配。其中一些特征在美国特别显著——也许这正是美国与其他发达资本主义民主国家相比，存在着较高程度的贫穷和不平等的部分原因。[46]

首先，我们在供给层面看到，民主政府发现自己在提高税收问题上受到潜在的资本罢工的限制，这种资本罢工显然更加可能以资本外

140 逃的方式表现出来。关于这些论点的决定性证据，的确不容易获得，与边沁的观点相反，历史上不乏富人没有焚烧自己的庄稼，而是放弃它们的事例，而且，有多种因素能够也确实妨碍了面向底层的竞赛。然而，与劳动力政府的流动性相比，即使资本的流动速度并不像某些评论家希望我们相信得那么高，但还是处于提升之中，并强化了它相对于劳动力政府的地位。尽管这里所体现出来的集体行动难题似乎是难以克服的，但是，同样的说法也曾被用来谈论废除奴隶制的提议——但它还是获得了成功。提高地区和国际劳工标准（labor standard）的多边行动压力，是一个重要的起点，如同向各国政府施加压力，要求它们在贸易协定中采取双边行动，而在与原料供应方签订合约时采取单边行动一样，这些做法过去是有效的，未来可能仍然会有效（Shapiro 1999a：190-195）。既然资本外逃的逻辑受国际最低标准所驱使，那么，限制其影响的最佳方法就是迫使各国提高最低标准。

我们发现，除了投资者相对于政府的相对权力以外，还存在着由执行成本（enforcement cost）引发的制度能力问题，而这一点在韦伯式的国家观中并未得到充分阐述。这种国家观认为，国家是既定疆域内合法强制力的垄断者。将注意力集中于这些问题，提高了税收层面人们放弃累进税渴望的可能性（累进税越多，就越难以提高），转而处理支出层面的分配事务。无论如何，还有其他一些原因会使人们坚决反对这种方法。一方面，我们发现，我们没有充足的理由来假定，占总数 1/5 的底层人口在资源、组织或政治力量等方面得到了很好的安排，以避免在支出预算层面就被更强大的利益集团和联盟排挤出局。诚然，很多再分配政治的确发生在支出层面。[47] 不管怎样，当其他人围绕支出层面展开争夺时，如果不与那些在战略上有能力获取利益的人结盟的话，占总数 1/5 的底层人口是不可能获得成功的。

其次是相对不平等的重要性。如果它们事关重大——正如我所讨论的同理心鸿沟、物质鸿沟以及不平等结构本身的影响等因素所展示的——那么，在民主体制中，占总数 1/5 的底层人口处境的改善，同样也有可能取决于相对不平等的减少。近些年的学术研究表明，美国和北欧现代福利国家的扩张，更为重要的是依赖于商业精英的支持，而不是依赖于历史学家和社会科学家先前所了解的东西（Swenson 1991，2002）。我的研究表明，在相对不平等增加时，这种支持是不可能发生的，这反过来也说明，即使从改善占总数 1/5 的底层人口绝对处境的角度来看，放弃增加税收层面的累进税追求，也是有违初衷的。

最后，我们可以看到，相对制度能力有可能是非常重要的，这一观点出自我在讨论否决项文献时的发现：当否决项增加时，政治革新就会变得更为困难。在其他条件相同的情况下，这意味着，这一发现有可能同时适用于破坏底层处境的变革和为底层处境变革进行辩护两种情况。事实上，正如皮尔逊（Pierson 1996）已经指出的，削减福利国家项目，有可能会遭到反对，这种反对甚至会阻挠意志最坚定的政党政府（partisan government）的行动。但是，困难在于这种现状并不是固定不变的。市场经济不断地制造出新的不平等资源，20 世纪 70 年代中期至 90 年代晚期这段时间内，美国所发生的一切就显著地证明了这一点。与那些更有能力采取果断行动的政府相比，制度上孱弱和无能的政府，就缺少对此作出回应的能力。相应地，多重否决项和财政联邦主义的强力应该受到抵制，同样，对于凭借将功能转移到宗教和其他公民组织，以进一步削弱国家制度能力的冲动，也应该加以抵制。

我们发现，中间选民定理作为一种预测比我们实际所见更多的向下再分配的引擎，其背后的逻辑正面临着许多考验。从它在供给层面所遭遇的挫折来看，部分原因可能是由于金钱在政治中发挥的作用，加之其他制度性因素，特别是选举制度，使得中间选民的偏好更加难以实现。我们也强调了鲍威尔（Powell 2000）的发现，即与实行简单多数代表制的国家相比，实行比例代表制的国家倾向于制定与中间选民偏好更加接近的政策。这将在下面两种选择之间创造出一种潜在的平衡：拥护更有可能导致向下再分配的比例代表制，还是支持拥有强大反对党的两党制。后者是迪韦尔热（Duverger 1954）的观点，与简单多数代表制联系在一起。事实上，雷（Rae 1995）的研究已经表明，可以利用很多方法如设置最低选票门槛（minimum vote threshold）和操控选区规模，从而使比例代表制的运行像两党制那样具有竞争性，这样，在原则上就有可能同时具备两种制度的优点——或至少可以计算出一种最佳的平衡。

不管怎样，我指出，在其他很多领域中，美国的体制长期以来一直是缺乏竞争性的，这一点可以在一种反政治托拉斯的框架下得到解决。我们有可能理性地预期，如果真能这么做，那么，这一制度将会对中间选民提出的任何向下再分配要求作出更多的回应，即使（似乎可能如此）必须去等待一种有利的宏观经济环境的降临。在这段时间内，尽量以最低限度通过国库和其他再分配形式——最重要的就是教育机会——它们有可能改善占总数 1/5 的底层人口的处境，力促面向占总数 1/5 的底层人口的再分配，看起来似乎是深谋远虑的。这些策略可能都是很有价值的，但它们不能惠及所有因分配原因而遭受统治影响的人，因此，这些策略不能被视为试图使政治制度对穷人更具有回应性的各种替代性选择。

但是，并非所有关于中间选民定理的再分配预测的难题，都来自供给层面。除了经济分配外，人们或许还关心其他事情。从重视实现统治最小化的民主概念的观点来看，某种程度上说，这的确是无可厚非的。人们试图通过民主政治追求的其他一些事情，可能与减少其他形式的统治有关，如那些基于性别或者种族的统治。其他事情则有可能包括人们试图集体实现的各种偏好，它们与统治无关——有可能涉及人们对高位善的追求。尽管我们没有理由去反对后者，但是，实现统治最小化的目标应该享有优先权，而且，我们也看到，通过多重维度来定义统治的危险，就在于它有可能导致"分而治之"的结果，即使不是人们刻意而为。种族主义和性别歧视是独立的、令人作呕的统治源泉。当它们阻碍了面向穷人的再分配要求时，毋庸置疑，它们的确是令人作呕的。

在这一领域，比中间选民定理更富有启发性的是 1 美元分配逻辑（divide-a-dollar logic）。这一逻辑告诉我们，在需求层面具有决定性意义的问题，涉及实际上会形成哪些联盟，而对于希望看到更多面向占总数 1/5 的底层人口再分配的人们来说，所面对的富有创造性的挑战，就是在追求自己的利益方面，找到与给予他们支持的集团保持一致的各种方法。为了更好地理解这一点，我们有必要再次思考"维权行动"这个实例。如果其中包括取消大学入学许可或者警察局和消防局罕见的升迁定额，那就不难理解，为什么它会变成一种零和游戏，使得有可能以其他方式结成的联盟发生分裂，而这样的联盟是支持有利于占总数 1/5 的底层人口的政策的。富有创造性的挑战就是，使用正和（positive sum）① 术语来重新制定潜在联盟的议事日程。例如，与其说是取消，倒不如说"维权行动"提议能够创造出建立在向富人征税或至少是一般性收入（general revenue）② 基础上的大学入学的额外名额。对于那些原本以其他方式已经获得，但却由于维权行动方面的原因丧失了升迁机会的人，应该用以类似方式征收的费用对其进行补偿。这里所体现的逻辑就是，将政策成本外化至潜在联盟（potential coalition）之外的人，同时加强潜在联盟成员之间的相互支持。

没有必要将这一联盟严格限定在处于社会经济秩序底层的人口。1 美元分配逻辑使我们意识到，斯温森（Swenson）著作中所确定的那种跨阶级联盟（cross-class coalition）在理论上是可能存在的。尽管由于我在 5.3 节中所讨论的那些原因，除了罗斯福新政和约翰逊"伟大社会"（the Great Society）③ 时期以外，商业精英不会公开表达他们对穷人需要的担忧，但是，一场严重的经济危机就会使这种情况发

---

① 博弈论中"非零和游戏"的一种，"正和游戏"是指赢家所得多于输家所失，或者没有输家，结果为"双赢"或"多赢"。——译者注

② 一般性收入指的是政府支付一般而非专项债务的收入来源。——译者注

③ "伟大社会"是美国总统约翰逊在 1964 年提出的以社会福利为主要内容的施政纲领。——译者注

生改变。不管怎样，工商界支持某些对占总数 1/5 的底层人口的福利能够产生积极影响的再分配政策，是出于自身利益考虑的，特别是在医保领域。全民医保是工商界的优势，特别是对小企业主来说更是如此，因为它们所承担的雇员的医保费用有可能是极其高昂的。我曾经指出，最好将企业无力承担这笔费用问题看成是公司之间的集体行动难题，而不是劳资之间的一种冲突（Shapiro 1999a：184-195）。通过工作来提供医保，是工资谈判的一个主要障碍，而且，对于雇主来说，为了能在与其他人的竞争中占据优势，通过提供较好的医保条件来吸引员工，从长远来看，将会带来巨大的成本。当宏观经济背景的各种变量运行状态良好，利益集团和政治家们有能力组织起来提供支持，他们能够看到这种可能性并付诸行动，那么，在为全民医保提供支持方面，斯温森式的跨阶级联盟是具有潜力的。[48]

关于建立创造性联盟的一个富有启发性的案例，就是废除家庭企业遗产税联盟（Family Business Estate Tax Repeal Coalition），这一联盟是在 20 世纪 90 年代中期建立的，目的是为了确保废除遗产税。尽管这一税种只是针对那些极端富裕的 2% 的纳税人设立的，而且，遗产税的一半是由 0.5% 的纳税人缴纳的，但是，这一联盟却试图在主要选区获得下列阶层的支持：关注大型地产拆迁影响的环保主义者、担心会受到遗产税与被婚姻财产转移法律排斥之间的相互作用影响的同性恋群体（gay and lesbian group）、担心它会对黑人社区的资本形成产生不利影响的少数团体（包括国会中提倡黑人民权的核心小组［Congressional Black Caucus］）、对商界成功的第一代女精英具有类似关注的妇女商业团体，以及担心家族成员资产被大型联合企业收购的家庭报业所有者、农场主和小企业团体。毫无疑问，关于将由谁来纳税，有很多错误信息，但是，许多不需要缴纳遗产税的人也因此提出了种种其他理由来支持废除它，而且，需要缴纳遗产税与不需要缴纳它的人们之间的同理心鸿沟，也因其被重塑为一个非分配议题（nondistributive issue）——这是一种向刚刚遭受了生活中最不幸的家庭成员强行征收的不公平的死亡税（death tax）①——而有所弥合（Shapiro and Birney 2002）。

废除家庭企业遗产税联盟成功地废除了遗产税，其金额达到1 380亿美元，是2001年布什政府提出的十年减税计划的一部分。这一联盟的成功有力地证明，在民主国家，再分配政治要想获得成功，事实上可能需要依赖于奇异盟友（strange bedfellow）之间的联盟。但是，我所关心的并不是处于顶端的占总数2%的人口，而是占总数1/5的底层人口。毋庸置疑，大型团体缺少小型团体所具有的联系、组织资源以及政治知识，这表明，要想使大型团体结成有效的政治联盟，是非常困难的。或许的确如此，但是，以往历史上也曾出现过通过建立联盟而改变命运的无数事例，而且，这并不必然意味着未来就不存在再次发生的可能。然而，即使结构性变量都以有利的方式排列，要想实现人们所期待的结果，仍然需要精巧的安排和政治意愿。民主虽然为向下再分配政治提供了可能性，但是，这并不能保证它一定就能发生，而且，特别是在美国的制度中，还会有许多人施放暗箭来反对它。现在，民主理论家们所面临的一个最重要的挑战就是，揭示这种结构中确实存在的富有创造性的各种可能性，并探索有可能真正使它更加民主的可行改革方案。

【注释】

[1] 最近的综合性经验研究表明，民主可能不会对经济增长产生全面的影响，但是，民主国家人均收入的增速要比独裁国家的人均收入增速快，这可能是由于民主国家的人口增长率较低。在独裁国家，妇女的生活极其贫困：她们没有收入，子女较多，子女的死亡率较高（Przeworski et al. 2000：161-163，216-218，269-277）。

[2] 在过去半个世纪的时间里，有关美国占总数1/5的底层人口的收入和财富所占份额的相对和绝对数据的变化，见 Mishel，Bernstein，and Schmitt 2000：48-51，261-264。

———————————

① 死亡税，遗产税的别称。——译者注

[3] 正如这一术语所显示的，当获胜的竞争者在市场中获得一种优越地位并极大地增加了市场中的不平等收益时，胜者通吃市场便兴起了。例如，在出现唱片之前，每一个城镇都可能有一位歌剧演员，他可以靠现场表演谋生。一般歌剧演员与最优秀的歌剧家的酬金没有太大差别。然而，当帕瓦罗蒂（Pavarotti）的录音可以大量并廉价地获得，他就可以垄断歌剧音乐市场——以牺牲其他一般表演者的收入为代价，极大地增加他个人的收入。弗兰克和库克（Frank and Cook 1996）指出，在 20 世纪最后 25 年中，不平等现象增加的重要原因之一就在于这种胜者通吃市场的发展。

[4] 从全世界的情况来看，分配结果也许比我们想象得更为复杂。例如，加勒特（Garrett 2001）发现，对于发达经济体中的穷人来说，尽管贸易开放只需付出微弱的分配成本，但大多数收益却带给了中等收入经济体的人民以及贫穷国家的富裕的精英群体，而穷人却没有任何收益。这使人不得不对"奉行贸易保护主义的发达国家的工人导致马来西亚的饥饿工资（starvation wage）"① 这样的观点产生怀疑。发达国家有多少工资不平等的增加是由于贸易而不是由于技术造成的，我们仍然不清楚。在美国，尽管问题仍然有些棘手，但已经发现了一些有关反常竞赛（race-to-the-bottom）现象的证据（Peterson and Rom 1989；Tweedie 1994；Figlio，Koplin，and Reid 1999）。

[5] 参见《2002 年两党竞选财政改革法案》，见 http://www.fecwatch.org/law/statutes/hr2356enrolled.pdf[9/2/02]。

[6] 关于财政联邦主义对穷人造成的影响，见 Rich1991；Peterson 1995。

[7] 迪韦尔热定律（Dugverger's Law）告诉我们，简单多数选举制度导致两党制，而多党制则常常伴随着比例代表制出现（Duverger 1954）。

[8] 第二次世界大战后的英国工党政府，强烈支持对占总数 1/5 的底层人口进行再分配，就是这种有关比例代表制论题的一个反例——正如美国的新政（the New Deal）一样。也许这些都是例外，但是存在着另一种可能性——就我所知，还没有人用系统的经验研究方法进行研究——领袖对政党的控制能力也许是一个重要因素。这种可能性的存在，驳斥了鲍威尔（Powell 2000）以及阿莱西纳、格莱泽和萨塞尔多特（Alesina，Glaeser，and Sacerdote 2001）等人提出的比例代表制具有明显效果的观点。在比例代表制下，由于政党领导层控制着政党名单，因而，也会出现强势的政党领导层。而在诸如希腊、巴西和意大

---

① 饥饿工资意指不够维持基本生活的工资。——译者注

利等实行公开名单（open-list）比例代表制的国家中，政党领导层处于较弱势的地位，选民有权提名个人候选人——即使在这些国家，政党的领导层仍然能够对来自选民投票的政党名单进行控制。在美国，由于初选和其他因素的影响，领导层的控制力出现下降，以至人们想知道，新政时期所制定的大规模的再分配立法计划，能否在当今获得通过。事实上，如果我们现在不可能再制定这样的计划，其意蕴在于，假如那些支持下放政党控制权的人同样希望看到更多的向下再分配的话，那就相当于被误导了。

　　[9]　"2001 Legislative Summary：Tax Cut Reconciliation," *Congressional Quarterly Weekly*，December 22，2001，p. 3049；Kelly Wallace，"MYM1. 35 Trillion Tax Cut Becomes Law," June 7，2001，http：//www. cnn. com/2001/ALLPOLITICS/06/07/bush. taxes/[9/2/02].

　　[10]　一些研究成果表明，诸如社会安全等具有普遍针对性的计划，比那些只针对某些团体的计划，例如对有子女家庭补助计划更容易获得通过。这种理论认为，制定有针对目标的计划会导致对目标的妖魔化。不管怎样，还有一些相反的证据表明，存在着中间的可能性。见 Skocpol 1991：411-436，1995：250-274。既然其中的联系在于预期应该导致的对不同政策的数量和种类的反对，那么，最好还是从需求层面来处理这一问题。

　　[11]　由于"希望奖学金计划"的资金来源于佐治亚州的乐透（lottery）奖金，因而，这可能是一种潜在的由递减税（regressive tax）提供资金的累进式项目。见 http：//www. dtae. org/hope. html[9/2/02]。不管怎样，随着该项目的进展，它已经变成一个缺少累进性并有利于中产阶级的项目，其结果是对于那些本来要去其他州上大学的学生进行补贴，以使他们留在该州。见 Luke Boggs，"State Should Shelve Lottery，HOPE," *Atlanta Journal and Constitution*，June 26，2002，Wednesday Home Edition Editorial Section，p. 14A；"B's Not Need Are Enough for Some State Scholarships," in the edition of the *New York Times*，October 29，2002，http：//www. nytimes. com/2002/10/31/education/31MERI. html[9/29/02]。尽管"希望奖学金计划"被视为对教育机会进行再分配的一个典范，但是，我们还是应该当心，要确保其效果不会受到这些因素的损害。

　　[12]　从 20 世纪 60 年代开始，私立大学开始实行不以学生支付能力为录取标准的入学许可政策。2002 年，布朗大学开始实行该政策，是常春藤联合会各大学中最后一个接纳该政策的学校。

　　[13]　坦率地说，有时候我们并不清楚动机是属于自我参照式的还是他人参

照式的。我有可能会假装（有时候甚至是自欺欺人），是出于自我参照式的比较而想得到运行速度较快的电脑或限量版的轿车，因为他人参照式的真相有可能会令我尴尬。但是，这种阐述恰恰证明了这种区分的有效性——即使需要经过十多年才有可能了解身边案例的真相。

[14] 认为这一观点不具有说服力的各种不同的解释，见 Roemer 1995。

[15] 关于这一问题的一般性讨论，见 Kelley and Evans 1995。

[16] 关于可得性启发法，见 Tversky and Kahneman 1981；Kahneman, Stovic, and Tversky 1982。

[17] 关于这一问题的经典表述，见 Runciman 1966：3—52。最近的一种观点认为，物质生活上的接近是影响动员的一个重要变量。见 Canache 1996：547—571。

[18] 也见卡纳彻（Canache 1996：556—566）的观点，当穷人发觉自己身处"环境剥夺的迹象最明显"的同质性较高的富人居住区时，比他们生活在更多元的居住区，会产生更加明显的暴力倾向，即使后者也处于大体相同的富裕水平。鲍尔斯（Powers 2001：84—86）也认为，来自阿根廷的证据表明，穷人居住条件的巨大差异会阻碍对他们的集体动员，因为居住在废弃建筑物和闲置房屋的居民以及寄宿于旅馆的人们，并没有发现他们所面临的是需要共同解决的相同难题。

[19] 参见 Bénabou and Ok 2001。本纳鲍和欧凯指出，如果预期未来收入会增长，并且以现有收入凹函数（concave function）的方式增长①，那么，就有可能出现绝大多数人的收入低于现有平均收入水平，但却理性地反对向下再分配的情形。

[20] 不管怎样，也许这一点在非市场体制中并不成立。有关在具有较高经济觉悟（economic awareness）的波兰工人中团结工会运动（Solidarity movement）起源的解释，见 Laba 1986：47—67。

[21] 正如他所阐述的："我并不认为，他们（中产阶级）满足于自身的现实处境，或者，如果他们不用遭受苦难就可以分享掠夺物，那么他们就会对革命产生一种自然的恐惧；与此相反，尽管他们对获得财富的渴望是独一无二的，但是，他们的麻烦却在于需要知道应该对谁进行掠夺。"（Tocqueville [1835] 1969：635—666）。

---

① 即收入分配差距随经济发展而改善。——译者注

［22］在这里，请牢记南非的现实，或许我们应该将从事犯罪活动也列入个人发展的范畴。

［23］这种个人反应具有一定程度的实用主义色彩。例如，马丁（Martin 1986：217-240）提出了一种"随机序列模型"（sequential contingent model），根据这一模型，人们会考虑通过一系列的行为来减轻自己的不公正感，其起点就是人们付出努力最少的行为。因此，感觉到处于相对被剥夺地位的某个人，出于时间、经历以及危险权衡等实际考虑，在发动阶级反叛之前，首先会试图改善他自己的经济条件。

［24］例如，有大量证据显示，即使人们意识到歧视是直接针对他们所认同的团体，他们也很少将这种歧视视为直接针对他们自身的。见 Crosby 1984：371-386；Taylor et al. 1990：256-262。

［25］Martin 1986；Taylor et al. 1987：259-272；Smith and Tyler 1996：171-200.

［26］也见 Olson 1986：57-78。奥尔森发现，拥有适当的资格也被视为将不平等结果合法化的程序公正的一个组成部分。

［27］在回答科佐尔提出的"南布朗克斯区的穷人是否有可能组织政治抗议"问题时，一位受访者回答说："不。人们抗议的是城市的特殊举措。他们抗议废物焚烧器。但是，由于充斥着无能为力的感觉，所以很难保持动力。"另一位受访者则说："这种地方，一切都崩溃了。管道破裂了，电话拆毁了，热电供应中断了，人们的精神也垮掉了。"（Kozol 1995：81，181）。

［28］"我们当中的一些人来到这里，是因为这是一项抗议活动，在此我们要针对美国过去和现在对我们所做的一切表达愤慨和盛怒。"（*Time*，October 16，1995. http//www. cgi. pathfinder. com/time/special/million/minister2. html［9/2/02］）

［29］大概这与涉及回溯性投票（retrospective voting）① 的文献有关，见 Fiorina 1981。

［30］*Time*，October 16，1995. http//www. cgi. pathfinder. com/time/special/million/minister2. html［9/2/02］.

［31］一个富人的富裕有可能激起穷人的愤慨，他们通常既受欲望所驱使，也被嫉妒所怂恿，而去侵占富人的财富。只有在公民治安官的庇护之下，贵重

---

① 回溯性投票亦称回顾性投票，即民众对政府以往政绩进行评价，可能会塑造选民的政治态度，进而对选举结果产生影响。——译者注

财产的所有者才可能享有一夜之安眠，这些财产是经过多年的积累，或许还是经历多代的努力才获得的。他无时无刻不处在未知敌人的包围之中，尽管他从未激怒过他们。他可能从未姑息过他们，而唯一能够使他免遭侵犯的，就是公民治安官持续不断地发挥其强大的权力对各种不正义进行惩罚（Smith［1776］1937：670）。

［32］见科恩（Cohen 1999：chap.2）对黑人中产阶级将主流文化的规范内化并疏远一贫如洗的黑人社区现象的讨论。

［33］在这一关系上，也许阿莱西纳、迪泰拉和麦库洛克三人的发现是有趣的（Alesina，Di Tella，and MacCulloch 2002），据报道，尽管在欧洲，高度的不幸与不平等联系在一起，但在美国，穷人和那些自认为是左派的人的幸福感却与不平等无关，相反，富人反而遭受不平等的困扰。

［34］关于美国政治中种族重要性的一般讨论，见 Smith 1997。关于种族主义与激进再分配政治之间的冲突，见 Leiman 1993；McMath 1993：171-175。麦克马斯指出，南部和中西部的民粹主义者在文化上的根深蒂固的种族主义，是他们未能实现阶级团结和再分配改革的主要原因。他特别注意到，民粹主义者最初促使黑人和白人团结的尝试，是如何逐渐被南方民主党无情的种族迫害（race baiting）所摧毁的。

［35］这种观点与传统看法形成鲜明对比，后者认为，美国人大多支持普遍的福利项目，而对针对特定群体的项目怀有敌意。见 Skocpol 1991：414。鲍勃（Bobo 1998：996）的一项研究结果与吉伦斯的观点是一致的，但却与传统的正统观念相反，他发现（也许是令人惊奇的）："越是相信努力工作会获得回报的白人，就越不可能对针对黑人的维权行动的效果产生消极的看法。"

［36］对这一论据的一项评论表明，与欧洲相比，美国对穷人的敌意更高，而且，更多的美国人认为，穷人应该对自己的困境负责。见 Alesina，Glaeser，and Sacerdote 2001：237-246。

［37］关于美国在押犯爆炸性增长的数据（第二次世界大战至20世纪70年代，美国大约每10万人中有100名在押犯，而到了20世纪90年代中期，每10万人中已经有400名在押犯），见 Irwin and Austin 1997：1-61。他们指出，几乎3/4的在押犯都没有涉及任何形式的暴力犯罪，所增加的获罪人数，大多是因为私藏或走私毒品。

［38］我们尤其有理由预期，在惩罚的严厉程度与逮捕罪犯的概率之间存在着一种逆向关系。见 Posner 1985a：1193-1231。

[39] 转引自 Hochschild 1988：168。

[40] 需要注意的是，无论是自我参照式的还是他人参照式的，这种情况都有可能是真实的。

[41] 无论如何，我们都有理由认为，在相对不平等与绝对不平等之间做出明显的区分，是一种误导。例如，在医保领域已经发现，相对不平等的增加会对穷人的医保产生不利影响。阿莱西纳、迪泰拉和麦库洛克已经发现（Alesina, Di Tella, and MacCulloch 2002），较高程度的不平等与较高程度的不幸福联系在一起，尽管美国不如欧洲那么显著。

[42] 自 20 世纪 90 年代早期以来，政府给予农场主的补贴已经翻番，而且，在过去的几年里，每年的补贴额已经超过 200 亿美元，见 Edwards and Dehaven 2001；关于监狱，见 General Accounting Office, "Private and Public Prisons：Studies Comparing Operational Costs and/or Quality of Service," August 1996, GAO/GGD-96-158, and Bender 2000；关于防卫和武器研发，见 "National Defense Budget Estimates for FY 2001", http://www. dtic. mil/comptroller/fy2001budget/fy2001grbk. pdf[9/2/02]；关于空间探测，见 http://www. brook. edu/dybdocroot/gs/cps/50ge/endeavors/space. htm[9/2/02]。

[43] 因此，一个人居住在距离纽黑文 15 分钟车程的康涅狄格州的布兰福德（Branford）海岸，却不必携带自家房屋的钥匙，这样的事情是完全有可能发生的。

[44] 因此，这项研究表明，生活在中高档社区的贫穷的青年男子，比那些生活在穷人社区的青年男子，更有可能犯罪。见 Johnstone 1978：49-72。

[45] 这一点与弗兰克（Frank 1985：9-10）的观点一致。他认为，只要人们想获得地位上的认可，那么，地位高的人宁愿向地位低的人支付费用，以让他们留在原来的位置，并给予他们认可，而不是将他们移到一个稍小的地方，让地位低的人变成地位高的人。

[46] 关于美国收入不平等的数据，见 Williamson and Lindert 1980：62-68；Wolff 1994；Winnick 1989；Shammas 1993。

[46] 关于这一点的一个有趣的证明，出自 2002 年我对众议院一名民主党自由派领袖所作的一次非正式访谈。访谈内容是 2001 年围绕着废止遗产税所展开的政治角逐。当被问到劳工与其他民主党的传统联盟和利益集团为什么没有强有力地反对废止遗产税时，他回答说，想要让他们在税收问题上投入更多的资源是不可能的。"当你给他们打电话并让他们出面时，他们会对你说，税收问

题造成了他们成员的分裂。他们只参与他们所需要的有关保护支出和规范计划的竞选。"

[48] 事实上，斯温森和格里尔（Swenson and Greer 2002）提出了一个令人信服的观点。他们认为，克林顿政府医保计划的主要原因在于失去了在 1992 年还支持这一计划的工商界的支持。到 1994 年，它们已经找到了降低医保费用的其他方法，因而最终抛弃了政府。

第 6 章　民主理论现状的再思考

　　我从一开始探究民主理论的现状这一问题，就始终带着这样一种观察：尽管在民主理论中发现了这么多难题，但是，在当代世界，其政治合法性依然很少受到严峻挑战。毫无疑问，民主不可撼动的政治地位，是由很多原因造成。部分原因在于，20 世纪的民主国家与它们的对手相比，在经济和军事上取得了成功。部分原因则在于，非民主国家被剥夺权利的弱势团体改善自己处境的焦虑和不安，以及他们对民主化能够使他们的处境得到改善的希望（也许常常是天真的）。还有部分原因在于，对国际机构实行更为民主化的治理的要求。很多贫穷国家的领导人向联合国和其他国际机构施加压力，要求它们实行民主化改革，含蓄地表明了他们对民主合法性的确认。不承认民主原则的有效性，却想在国际机构中坚持民主，是非常困难的。不管人们是否愿意，这些原则都会在国内民主政治背景下得到强化。

　　尽管民主对于不同的人来说意义各不相同，但是，我在第 1 章已经指出，对于聚合式民主和协商式民主传统的多数学术分析，都是从自己的角度出发，利用卢梭的民主观点，来寻找能够反映社会公意的共同的善。尽管它们之间存在许多差异，但这种阐述问题的方式，使得两种民主传统的理论家们都将内心怀有的对民主的理性期望置于不可能实现的目标之上。不管怎样，我还指出，这种不可能性的存在，不应被视为一种失败。与其将民主看做一种将公意制度化的机制，倒不如承认，我们之所以忠于民主，是因为在许多事情上，它是对在共同的善的本质问题上持不同观点的人们之间的权力关系进行管理的最佳制度，特别是对于那些将要生活在一起的人来说，更是如此。毫无疑问，这一观点建立在共同的善这一概念的基础之上。但是，共同的善只是一个相对简单的概念，要想很好地理解它，就必须对它所体现的在避免统治方面具有共同利益的人们所共享的东西进行系统的阐述。

事实上，减少——如果不能消除的话——统治的可能性，通常是促使人们走向民主的原因。面对种族隔离或极权的不公正，人们将民主作为实现自身解放的工具，原因就在于民主在其本质上是对非统治的承诺。试图在民主制度中推行改革，以使它们对容易遭受统治的人们的利益作出更多的回应，这么做的一个主要原因，就是为了给弱势群体保持与民主的密切关系提供理由——将它们的歧见和失望限定在政府"忠诚"的反对派的限度内，而不至于使其演变成民主本身的反对力量。伴随着 20 世纪最后几十年第三次民主化浪潮的出现，虽然出现了引人注目的乐观情绪，事实上也正是因为如此，使我们有理由去关注这一运动。联合国 2002 年的一项研究揭示，持续的贫困、疾病以及腐败的猖獗，正在许多新兴民主国家内酝酿着政治理想的破灭，增加了有可能使它们发生崩溃并沦为某种威权主义的危险，1999 年巴基斯坦就发生了这样的情形（United Nation 2002）。

没有什么能够确保民主一定可以减少统治。部分原因在于不存在完美的决策规则，部分原因则在于有很多因素会对民主运行于其中的经济和社会环境产生影响，还有部分原因在于，政治制度与社会经济环境之间存在着相互作用，民主所特有的治理手段在特定情形下无法减少统治，甚至偶尔还有可能助长统治。没有什么济世良方来彻底解决这一难题。经过严密的审视之后，我们发现，诉诸协商、自由宪政主义、某种形式的共识、对国家权力和团体权利的削弱等手段来减少统治的传统方式，都是存在缺陷的。只有在能够使决策更加符合利益影响原则并在特定环境下关注弱势群体的利益这种情况下，民主制度才有可能减少统治。这一点在实践中所具有的意义，会随着环境的特殊性、由传统政治实践和制度强加的限制和提供的机会，以及对权力所构建的人类多种相互作用的方式进行富有创造性的评价等因素的变化而有所不同。

我对在第 1 章和第 2 章协商主题基础上发展起来的大量文献所进行的讨论，反映并强化了上述观点。如果协商能够被用来服务于使统治最小化的话，那么，它的优点还是非常明显的。在一个既定的环境中，具有局内人智慧的人，更有可能知道如何有效地减少统治。与那些由局外人强加的方案相比，由他们所设计并加以利用的解决方法，更有可能博得他们自己的忠诚。而且，作为他们与其他人协商的结果，他们的最终选择可能是更加成熟和明智的。但是，协商过程有可能被别有用心的人所操控，他们会将那些不善于表达自己利益的人（这些人可能是最容易受统治影响的人）边缘化，并在面对必要的变革时，借助实力派来设置障碍。因此，与其建议直接支持或反对协商，我倒是倾向于主张，在特定情形下，最好是将坚持协商的权利交到基本利益遭受威胁的人们手中。尽管这绝不能保证协商的利益得以实现，但却可以减少滥用它的可能性，同时又能创造出激励人们在可能的情况下尽力找到协商式解决办法的动机。

我对狭义政治制度内有关竞争性民主的争论的考察，目的也是为了既能体现也能提高"民主应该被用于限制统治"这一思想的重要性。尽管我主张应该拒绝所有认为政治应该被限定在制度内所发生的事情的观点，理由是，权力关系在人们的相互作用中无处不在，但同时我也认为，我们应该认识到，政治制度仍然对民主理论提出了明确的挑战。在集体生活的其他方面——商品与服务的生产、子女的教育、知识的增长、体育美德的追求——将人们所追求的高位善从充斥于这些活动中的权力关系中区分出来，是非常有意义的。技巧就在于

148

提供方法，来最大限度地减少这些活动中的权力维度有可能带来的统治，并保持对高位善最低程度的干预。政治制度的不同之处，就在于它们存在的理由是驾驭权力关系。也可能存在一些特殊的高位善，正如我们在 2.2 节中所讨论的，涉及如何使政府机构中的法院、行政部门或者立法委员会更好地运转，但最终结果是，除了驾驭权力关系以减少统治外，并不存在什么制度设计者理应渴望遵从的高位善。在这种情况下，使统治最小化的要求，通过熊彼特提出的那种竞争式民主得到很好的实现。我们发现，与协商或自由宪政主义相比，有组织的权力竞争是限制政治统治的一种较好方式。在一个权力无所不在的世界里，有组织的竞争胜过现有的替代方案。但这并不意味着它就是完美无缺的，即使它能够按照应有的方式运行。丘吉尔曾对此有过更符合实际的评价，认为它是"除了其他间或已经尝试过的所有

149 形式之外最为糟糕的政府形式"，这应该是对待它的一种更加客观的看法。[1]

　　有组织的权力竞争之所以值得期盼，原因还在于其目的是为了将争论而不是一致（agreement）制度化。在研究文献中，任何将一致作为普遍政治理想的诉求，都经不起仔细的推敲。无论是被假定为协商的终点、程式化的制宪会议的起点，还是被假定为"分裂"社会中冲突的矫正方法，所有这些认为"一致优先于竞争的观点"都是不能令人满意的。竞争性模式承认并试图将密尔（Mill［1859］1978：9-32）的洞察力制度化，在密尔看来，竞争思想给公共生活带来了精神启示，而共识的增加却给公共生活带来威胁。他认为，共识正在孕育奴隶般的顺从。这是对公众思想中竞争模式受共识模式侵蚀程度的一种衡量，在公众的心目中，一般不会把两党的一致看成是为限制民主而达成的共谋。

　　我们发现，美国政治制度中熊彼特主义的主要缺陷，就在于它实现得并不彻底。联邦制、两院制以及权力分立，都产生了过多的否决项；金钱政治使得竞选捐助和支出的竞争取代了选票的竞争——两党得到相同的富裕者的捐助；现任者具有巨大的优势，使得政治官员的

更迭率极低；被两党而不是无党派倾向的机构把持着选举规范体系。从任何比较的标准——更不用说一种理想形态——的角度来看，上述所有因素的存在，都使得美国的政治制度明显缺少竞争性。问题并不在于竞争式民主本身，而在于缺少竞争式民主，而答案当然不是用更缺乏竞争性的制度来取代它。因此，我们应该朝着相反的方向努力——利用反政治托拉斯的逻辑，发展出使得这一体制更具有竞争性的理论。

毋庸置疑，熊彼特主义并非包治百病的灵丹妙药。尽管我曾指出，"反多数原则难题"经常被夸大，但是，作为一种纯粹程序性的工具，奉行多数原则的政治竞争，却有可能带来有悖常理的不正当结果。最明显的例子就是"卡罗林案"中提到的，多数人会站在侵蚀民主或助长统治的立场上投票。但是，以"实质"民主理论来回应纯粹程序主义的缺陷，有可能给它自身带来难题，最引人注目的就是，必须在"实质"民主理论中间进行选择而不用再诉诸程序主义。然而，我们在这里看到了为中间地带留出的空间，在这一空间中，法院和其他事后评价机构可以采取强化民主的方式运行，以限制民主带来与其基本精神特质相违背的结果的倾向。其中隐含的敏锐洞察力在于，我们的目标应该是对政治市场的失灵作出回应，而不是试图取代政治市场。

正如我在第 4 章所指出的，尽管没有更好的理由让我们假定，竞争式民主在世界的某些地方是不可能实现的，但这并不意味着竞争式民主总是能够顺利实现。根深蒂固的反感也许很难用适当的方式来加以克服，独裁者也有可能牢牢地掌握着权力，抑或还有其他因素致使民主革新不可能发生。然而，我们的确对某种形态的民主转型所需的必要条件有所了解，而且，我们也深知，民主可以建立在看似荒谬的环境中。不管民主是如何建立的，更为重要的是，民主是否有可能存续下去。令人惊奇的是，在这一问题上，政治科学中的知识积累却少得可怜。消除极度贫困，出现经济增长，这些看起来都是有益的，议会制似乎的确要比总统制稳定——即使原因还不清楚。除此之外，关于制度和文化因素或多或少对政治稳定具有传导作用的研究工作仍在进行中。构建（特别是在精英当中）对民主的支持，的确不是一种糟糕的选择，但是，在面对不稳定因素的时候，这种选择能够带来多么大的差别，却是很难预料的。

在第 5 章中，我将研究焦点转向考察民主对收入和财富分配的影响。我之所以将焦点转移至这一主题，既有审慎的原因，也有规范的原因：在民主的存续中，贫困的消除具有重要作用，而贫困的存在却使得人们易于受到他人所施加的统治的影响，这些统治原本是他们理性地预期可以通过民主来减轻的。我们还发现，尽管 19 世纪有一些预期，中间选民定理也曾提出过建议，但是，民主与向下再分配之间却并不存在高度的相关性，而且非常有可能的是，两者之间也许根本就不存在什么关联。没有哪一种单一的因素，能够对此做出合理的解释。大量相互作用的因素，包括结构性的、背景性的、心理的、根植于决策规则逻辑中的以及地理的等，它们之间都存在着相关性。尽管我提出了多种方式，来思考如何使民主在一般意义和特殊意义（以美国民主为例）上更多地回应穷人以及近似穷人的要求，但是，这还只是一个我们刚开始触及皮毛的领域。更多的研究，甚至更多富有创造性的政治思考，仍有待于我们去完成。

【注释】

[1] Winston Churchill，Speech to the House of Commons，November 1947，http://adamsharp. com/RAVES/QUOTES/index. asp[9/2/02].

151

参考文献

Ackerman, Bruce. 1980. *Social Justice in the Liberal State*. New Haven: Yale University Press.

——. 1985. "Beyond Carolene Products." *Harvard Law Review* 98: 713−746.

——. 1993a. "Crediting the Voters: A New Beginning for Campaign Finance." *American Prospect* 13: 71−80.

——. 1993b. *We The People: Foundations*. Harvard University Press.

Ackerman, Bruce, and Ian Ayres. 2002. *Voting with Dollars: A New Paradigm in Campaign Finance*. New Haven: Yale University Press.

Ackerman, Bruce, and James Fishkin. 2002. "Deliberation Day." *Journal of Political Philosophy* 10: 129−152.

Alesina, Alberto, Rafael Di Tella, and Robert MacCulloch. 2002. "Inequality and Happiness: Are Europeans and Americans Different?" Mimeo. Harvard University. Available at: post. economics.

harvard. edu/faculty/alesina/pdf-papers/AHineqJune30. pdf [9/2/02].

Alesina, Alberto, Edward Glaeser, and Bruce Sacerdote. 2001. "Why Doesn't the United States Have a European-Style Welfare State?" *Brookings Papers on Economic Activity* 2: 187−254. Washington, D. C. : The Brookings Institution. Available at: post. economics. harvard. edu/ faculty/alesina/pdf-papers/0332-Alesina2. pdf [9/4/02].

Alesina, Alberto, and Eliana La Ferrara. 2001. "Preference for Redistribution in the Land of Opportunities. " Mimeo. Harvard University. Available at: post. economics. harvard. edu/ faculty/ alesina/pdf-papers/landopp1. pdf [9/4/02].

Anderson, Elijah. 1990. *Streetwise: Race, Class, and Change in an Urban Community*. Chicago: University of Chicago Press.

Antholis, William. 1993. "Liberal Democratic Theory and the Transformation of the Sovereignty. " Ph. D. diss. , Yale University.

Aristotle. [ca. 330B. C.] 1977. *The Nicomachean Ethics*. Harmondsworth: Penguin.

Arneson, Richard, and Ian Shapiro. 1996. "Democracy and Religious Freedom: A Critique of *Wisconsin v. Yoder*. " In *NOMOS* XXXVIII: *Political Order*, edited by Ian Shapiro and Russell Hardin. New York: New York University Press.

Arrow, Kenneth J. 1951. *Social Choice and Individual Values*. New York: Wiley.

Avi-Yonah, Reuven. 2002. "Why Tax the Rich? Efficiency, Equity, and Progressive Taxation. " *Yale Law Journal* 111: 1391−1416.

Ayres, Ian. 2000. "Disclosure versus Anonymity in Campaign Finance. " In *NOMOS* XLII : *Designing Democratic Institutions*, edited by Ian Shapiro and Stephen Macedo. New York: New York University Press.

Bachrach, Peter, and Morton S. Baratz. 1962. "The Two Faces of Power." *American Political Science Review* 56: 947−952.

Bachrach, Peter, and Morton S. Baratz. 1970. *Power and Poverty: Theory and Practice*. New York: Oxford University Press.

Barbieri, W. 1998. *Ethics of Citizenship: Immigration and Group Rights in Germany*. Durham. N. C. : Duke University Press.

Bardhan, Pranab. 1999. "Democracy and Development: A Complex Relationship." In *Democracy's Value*, edited by Ian Shapiro and Casiano Hacker-Cordón. Cambridge: Cambridge University Press.

Barry, Brian. [1965] 1990. *Political Argument*. 2d ed. Herefordshire: Harvester Wheatsheaf.

——. 2000. *Culture and Equality: An Egalitarian Critique of Multiculturalism*. Cambridge: Polity.

Beitz, Charles. 1988. "Equal Opportunity in Political Representation." In *Equal Opportunity*, edited by Norman E. Bowie. Boulder, Colo. : Westview.

Bénabou, Roland, and Efe A. Ok. 2001. "Social Mobility and the Demand for Redistribution: The POUM Hypothesis." *Quarterly Journal of Economics* 116, no. 2: 447−487.

Bender, Edwin. 2000. "Private Prisons, Politics, and Profits." National Institute on Money in State Politics (July). Available at: http://followthemoney. org/issues/private _ prison/private _ prison. html[9/3/02].

Benhabib, Seyla. 2001. *Transformations of Citizenship: Dilemmas of the Nation State in an Era of Globalization*. Amsterdam: Koninklijke van Gorcum.

Bennett. T. W. 1995. *Human Rights and African Customary Law*. Johannesburg: Jutas.

Bentham, Jeremy. 1954. "The Psychology of Economic Man. "

In *Jeremy Bentham's Economic Writings*, edited by W. Stark, vol. 3. George Allen & Unwin.

Berg-Schlosser, Dirk, and Gisèle De Meur. 1994. "Conditions of Democracy in Interwar Europe: A Boolean Test of Major Hypotheses." *Comparative Politics* 26: 253-280.

Blakely, Edward, and Mary Snyder. 1997. *Fortress America: Gated Communities in the United States*. New York: The Brookings Institution.

Blau, Joel. 1992. *The Visible Poor: Homelessness in the United States*. New York: Oxford University Press.

Bobo, Lawrence. 1998. "Race, Interests, and Beliefs about Affirmative Action." *American Behavioral Scientist* 41: 985-1003.

Bowden, Michael M. 2001. "Is a Two-Hundred-Year-Old Pirate Law the Next Wave in Tort Suits? Lawyers Find Way to Bring Foreign Workers into U. S. Courts." *Lawyers Weekly*. http://www.lawyersweekly.com/pirete.cfm[9/4/02].

Breyer, Friedrich, and Heinrich W. Ursprung. 1998. "Are the Rich Too Rich to Be Expropriated? Economic Power and Feasibility of Constitutional Limits to Redistribution." *Public Choice* 94: 135-156.

Buchanan, James M., and Gordon Tullock. 1962. *The Calculus of Consent: Logical Foundations of Constitutional Democracy*. Ann Arbor: University of Michigan Press.

Burke, Edmund. [1790] 1969. *Reflections on the Revolution in France*. Harmondsworth: Penguin.

Burt, Robert A. 1992. *The Constitution in Conflict*. Cambridge: Harvard University Press, Belknap Press.

Canache, Damarys. 1996. "Looking Out My Back Door: The Neighborhood Context and the Perceptions of Relative Deprivation." *Political Research Quarterly* 493: 547-571.

Chambers, Davis. 2000. "Civilizing the Natives: Marriage in Post-Apartheid South Africa." *Daedalus* 129: 101-124.

Cheibub, José, and Fernando Limongi. 2000. "Parliamentarism, Presidentialism, Is There a Difference?" Mimeo. Yale University.

Coase, R. H. 1960. " The Problem of Social Cost. " *Journal of Law and Economics* 3: 1-44.

Cohen, Cathy J. 1999. *The Boundaries of Blackness. AIDS and the Breakdown of Black Politics.* Chicago: University of Chicago Press.

Cohen, G. A. 1989. "On the Currency of Egalitarian Justice. " *Ethics* 99: 906-944.

——. 1995. *Self-Ownership, Freedom, and Equality.* Cambridge University Press.

——. 2000. *If You're an Egalitarian, How Come You're So Rich?* Cambridge: Harvard University Press.

Cohen, Joshua, and Joel Rogers. 1995. *Associations and Democracy.* New York and London: Verso.

Coleman, Jules, and John Ferejohn. 1986. "Democracy and Social Choice. " *Ethics* 97: 11-22.

Condorcet, Marquis de. [1785] 1972. *Essai sur l'application de l'analyse à la probabilité des décisions rendues à la pluralité des voix.* New York: Chelsea Pub. Co.

Crosby, Faye. 1984. "The Denial of Personal Discrimination. " *American Behavioral Scientist* 27: 371-386.

Crosby, Ned. 1995. "Citizen Juries: One Solution for Difficult Environmental Questions. " In *Fairness and Competence in Citizen Participation: Evaluating Models for Environmental Discourse,* edited by Ortwin Renn, Thomas Webler, and Peter Wiedemann.

Boston: Kluwer Academic Publishers.

Crosby, Ned, Janet Kelly, and Paul Schzefer. 1986. "Citizen Panels: A New Approach to Citizen Participation." *Public Administration Review* 46: 170-178.

Dahl, Robert A. 1956. A Preface to Democratic Theory. Chicago: University of Chicago Press.

——. 1961. *Who Governs? Democracy and Power in an American City.* New Haven: Yale University Press.

——. 1971. *Polyarchy: Participation and Opposition.* New Haven: Yale University Press.

——. 1979. "Procedural Democracy." In *Philosophy, Politics and Society*, edited by Peter Laslett and James Fishkin. 5th ser. New Haven: Yale University Press.

——. 1989. *Democracy and Its Critics.* New Haven: Yale University Press.

Dahl, Robert A. 1997. "Decisionmaking in a Democracy: The Supreme Court as National Policymaker." *Journal of Public Law* 6: 279-295.

——. 1999. "Can International Organizations Be Democratic?" In *Democracy's Edges*, edited by Ian Shapiro and Casiano Hacker-Cordón. Cambridge: Cambridge University Press.

——. 2002. *A Democratic Critique of the American Constitution.* New Haven: Yale University Press.

Daniels, Norman. 1991. "Is the Oregon Rationing Plan Fair?" *Journal of the American Medical Association* 265: 2232-2235.

Di Palma, Giuseppe. 1990. *To Craft Democracies: An Essay on Democratic Transitions.* Berkeley and Los Angeles: University of California Press.

Downs, Anthony. 1957. *An Economic Theory of Democracy.*

New York: Harper.

Duneier, Mitchell. 1994. *Slim's Table*. Chicago: University of Chicago Press.

Dunn, John. 1979. *Western Political Theory in the Face of the Future*. Cambridge: Cambridge University Press.

Duverger, Maurice. 1954. *Political Parties: Their Organization and Activity in the Modern State*. New York: Wiley.

Dworkin, Ronald. 1981. "What Is Equality? Part II: Equality of Resources," *Philosophy and Public Affairs* 10, no. 4: 283–345.

——. 1986. *Law's Empire*. Cambridge: Harvard University Press.

——. 1993. *Life's Dominion*. New York: Knopf.

Easterbrook, Frank H. 1982. "Ways of Criticizing the Court." *Harvard Law Review* 95: 802–832.

Edwards, Chris, and Tad DeHaven. 2001. "Farm Subsidies at Record Levels as Congress Considers New Farm Bill." Cato Institute Briefing Paper no. 70 (October 18). Available at: http://www. cato. org/pubs/briefs/ bp70. pdf[9/3/02].

Ellis, Joseph J. 2000. *Founding Brothers: The Revolutionary Generation*. New York: Random House.

Elster, Jon. 1995. "Local Justice and American Values." In *Local Justice in America*, edited by Jon Elster. New York: Russell Sage.

Ely, John Hart. 1980. *Democracy and Distrust: A Theory of Judicial Review*. Cambridge: Harvard University Press.

Engels, Frederick. [1878] 1959. *Anti-Dühring*. Moscow: Foreign Language Publishing House.

Epstein, Leon D. 1986. *Political Parties in the American Mold*. Madison: University of Wisconsin Press.

Evans, M. D. R. Jonathan Kelley, and Tamas Kolosi. 1996.

"Images of Class: Public Perceptions in Hungary and Australia. " *A-merican Sociological Review* 57: 461-482.

Feather, Norman. 1994. "Attitudes toward High Achievers and Reactions to Their Fall: Theory and Research concerning Tall Poppies. " In *Advances in Experimental Social Psychology*, edited by Mark P. Zanna, 26: 1-73. San Diego, Calif. : Academic Press.

Fellner, Jamie, and Marc Mauer. 1998. "Losing the Vote: The Impact of Felony Disenfranchisment Laws in the United States. " Sentencing Project and Human Rights Watch. Available at: http://www. hrw. org/reports98/vote/[9/3/02].

Ferejohn, John. 2000. "Instituting Deliberative Democracy. " In *NOMOS* ⅩLⅡ: *Designing Democratic Institutions*, edited by Ian Shapiro and Stephen Macedo, 75-104. New York: New York University Press.

Ferejohn, John, and Pasquale Pasquino. 1999. "Deliberative Institutions. " Paper presented at the Institute of Governmental Studies at U. C. Berkeley, http://www. igs. berkeley. edu: 8880 /research_programs/ppt_papers/deliberative_institutions. pdf[9/3/02].

Figlio, Koplin, and William E. Reid. 1999. "Do States Play Welfare Games?" *Journal of Urban Economics* 46: 437-454.

Fine, Michelle, and Lois Weis. 1998. *The Unknown City*. Boston: Beacon.

Fiorina, Morris P. 1981. *Voting in American National Elections*. New Haven: Yale University Press.

Fishkin, James. 1979. *Tyranny and Legitimacy: A Critique of Political Theories*. Baltimore: Johns Hopkins University Press.

——. 1991. *Democracy and Deliberation: New Directions for Democratic Reform*. New Haven: Yale University Press.

——. 1995. *The Voice of the People: Public Opinion and De-*

mocracy. New Haven: Yale University Press.

Foucault, Michel. 1972. *The Archeology of Knowledge.* New York: Pantheon.

———. 1977. *Discipline and Punish: The Birth of the Prison.* New York: Pantheon.

———. 1980. *Power/Knowledge: Selected Interviews and Other Writings* 1972–1977. Edited by Colin Gordon. Translated by Colin Gordon, Leo Marshall, John Mepham, and Kate Soper. New York: Pantheon.

———. 1982. "The Subject and Power." *Critical Inquiry* 8: 777–795.

Foweraker, Joe. 1998. "Institutional Design, Party Systems and Governability-Differentiating the Presidential Regimes of Latin America." *British Journal of Political Science* 28: 651–676.

Frank, Robert. 1985. *Choosing the Right Pond: Human Behavior and the Quest for Status.* New York: Oxford University Press.

Frank, Robert, and Philip Cook. 1996. *The Winner-Take-All Society: Why the Few at the Top Get So Much More Than the Rest of Us.* Harmondsworth: Penguin.

Fraser, Nancy. 1997. *Justice Interruptus: Critical Reflections on the "Postsocialist" Condition.* New York: Routledge.

Fukuyama, Francis. 1992. *The End of History and the Last Man.* New York: Free Press.

Garrett, Geoffrey. 1998. *Partisan Politics in the Global Economy.* Cambridge: Cambridge University Press.

———. 2001. "The Distributive Consequences of Globalization." Mimeo. Yale University.

Gaventa, John. 1980. *Power and Powerlessness: Quiescence and Rebellion in an Appalachian Valley.* Urbana: University of Illinois Press.

Gilens, Martin. 1999. *Why Americans Hate Welfare*. Chicago: University of Chicago Press.

Ginsburg, Ruth Bader. 1993. "Speaking in a Judicial Voice." Madison Lecture, New York University Law School. Mimeo.

Gobetti, Daniela. 1996. "Regularities and Innovation in Italian Politics." *Politics and Society* 24: 57-70.

Goldberg, Ellis. 1996. "Thinking about How Democracy Works." *Politics and Society* 24: 7-18.

Green, Donald P., and Ian Shapiro. 1994. *Pathologies of Rational Choice Theory: A Critique of Applications in Political Science*. New Haven: Yale University Press.

——. 1996. "Pathologies Revisited: Reflections on Our Critics." In *the Rational Choice Controversy: Economic Models of Politics Reconsidered*, edited by Jeffrey Friedman. New Haven: Yale University Press.

Guinier, Lani. 1991. "The Triumph of Tokenism: The Voting Rights Act and the Theory of Black Educational Success." *Michigan Law Review* 89: 1077-1154.

——. 1994a. "(E) racing Democracy: The Voting Rights Cases." *Harvard Law Review* 108: 109-137.

——. 1994b. *The Tyranny of the Majority: Fundamental Fairness in Representative Democracy*. New York: Free Press.

Gutmann, Amy, and Dennis Thompson. 1996. *Democracy and Disagreement*. Cambridge: Harvard University Press, Belknap Press.

Habermas, Jürgen. 1975. *Legitimation Crises*. Boston: Beacon Press.

——. 1979. *Communication and the Evolution of Society*. Boston: Beacon Press.

——. 1984. *The Theory of Communicative Action, Reason and*

Rationalization of Society. Vol. 1. Boston: Beacon Press.

——. 1994. "Three Normative Models of Democracy." *Constellations* 1: 1–10.

——. 1995. "Reconciliation through the Public Use of Reason: Remarks on John Rawls's Political Liberalism." *Journal of Philosophy* 92: 109–1031.

——. 1996. *Between Facts and Norms.* Cambridge: Polity.

Hacker, Jacob. 1997. *The Road to Nowhere: The Genesis of President Clinton's Plan for Health Security.* Princeton: Princeton University Press.

Hadorn, David C. 1991. "Setting Health Care Priorities in Oregon: Cost-Effectiveness Meets the Rule of Rescue." *Journal of the American Medical Association* 26: 2218–2225.

Hafer, Carolyn, and James Olson. 1993. "Beliefs in a Just World, Discontent and Assertive Actions by Working Women." *Personality and Social Psychology Bulletin* 19: 30–38.

Hamburger, Tom, and Theodore Marmor. 1993. "Dead on Arrival: Why Washington's Power Elites Won't Consider Single Payer Health Reform." *Washington Monthly*, September, 27–32.

Hamilton, Alexander, James Madison, and John Jay. [1788] 1966. *The Federalist Papers.* Harmondsworth: Penguin.

Hansmann, Henry. 2000. *The Ownership of Enterprise.* Cambridge: Harvard University Press, Belknap Press.

Hardin, Russell. 1999. *Liberalism, Constitutionalism, and Democracy.* Oxford: Oxford University Press.

Hartz, Louis. 1955. *The Liberal Tradition in America: An Interpretation of American Political Thought since the Revolution.* New York: Harcourt, Brace & World.

Hay, Douglas. 1975. "Property, Authority and the Criminal

Law. " In *Albion's Fatal Tree*: *Crime and Society in Eighteenth-Century England*, edited by Douglas Hay, Peter Linebaugh, John Rule, E. P. Thompson, and Cal Winslow. New York: Pantheon.

Hayward, Clarissa Rile. 2000. *De-Facing Power*. Cambridge: Cambridge University Press.

Hegel, G. W. F [1807] 1949. The Phenomenology of Mind. 2d ed. rev. London: G. Allen & Unwin.

Held, David. 1995. *Democracy and the Global Order*. Stanford: Stanford University Press.

——. 1999. "The Transformation of Political Community: Rethinking Democracy in the Context of Globalization. " In *Democracy's Edges*, edited by Ian Shapiro and Casiano Hacker-Cordón. Cambridge: Cambridge University Press.

Hidalgo, Diego, ed. 2002. *Conference on Democratic Transition and Consolidation*. Madrid, Spain: Siddharth Mehta Ediciones.

Hill, Christopher. 1961. *The Century of Revolution 1603-1714*. New York: W. W. Norton.

——. 1965. "The Many-Headed Monster in Later Tudor and Early Stuart Political Thinking. " In *From the Renaissance to the Counter-Reformation*: *Essays in Honor of Garrett Mattingly*, edited by Charles H. Carter. New York: Random House.

——. 1972. *The World Turned Upside Down*. New York: Pelican.

Hirschl, Ran. 1999. "Towards Juristocracy: A Comparative Inquiry into the Origins and Consequences of the New Constitutionalism. " Ph. D. diss. , Yale University.

——. 2000. "The Political Origins of Judicial Empowerment through Constitutionalization: Lessons from Four Constitutional Revolutions. " *Law and Social Inquiry* 25: 91-147.

Hirschman, Albert O. 1970. *Exit, Voice, and Loyalty*. Cambridge: Harvard University Press.

Hobbes, Thomas. [1968] 1985. *Leviathan*. Edited with an introduction by C. B. Macpherson. Harmondsworth: Penguin.

Hochschild, Jennifer. 1981. *What's Fair? American Beliefs about Distributive Justice*. Cambridge: Harvard University Press.

Hochschild, Jennifer. 1984. *The New American Dilemma: Liberal Democracy and School Desegregation*. New Haven: Yale University Press.

——. 1988. "The Double-Edged Sword of Equal Opportunity." In *Power, Inequality, and Democratic Politics*, edited by Ian Shapiro and Grant Reeher. New York: Westview.

——. 1995. *Facing up to the American Dream: Race, Class, and the Soul of the Nation*. Princeton: Princeton University Press.

Hodge, Robert, and Donald Trieman. 1968. "Class Identification in the United States." *American Journal of Sociology* 73: 535–547.

Holmes, Stephen. 1995. *Passions and Constraint: On the Theory of Liberal Democracy*. Chicago: University of Chicago Press.

Holmes, Stephen, and Cass Sunstein. 1999. *The Costs of Rights: Why Liberty Depends on Taxes*. New York: W. W. Norton.

Horowitz, Donald L. 1985. *Ethnic Groups in Conflict*. Berkeley and Los Angeles: University of California Press.

——. 1991. *A Democratic South Africa? Constitutional Engineering in a Divided Society*. Berkeley and Los Angeles: University of California Press.

——. 2000. "Constitutional Design: An Oxymoron?" In *NOMOS* XLII; *Designing Democratic Institutions*, edited by Ian Shapiro and Stephen Macedo. New York: New York University Press.

Hotelling, Harold. 1929. "Stability in Competition." *Economic Journal* 39: 41-57.

Hotz, V. Joseph, Charles Mullin, and John Scholz. 2000. "The Earned Income Tax Credit and Labor Market Participation of Families on Welfare." In *The Incentives of Government Programs and the Well-Being of Families*, edited by Bruce Meyer and Greg Duncan. Washington, D. C. Joint Center for Poverty Research. Availableat: http://www. jcpr. org/book/pdf/IncentivesHotzChap3. pdf[9/3/02].

Howard, Christopher. 1997. *The Hidden Welfare State*. Princeton: Princeton University Press.

Huntington, Samuel P. 1984. "Will More Countries Become Democratic?" *Political Science Quarterly* 99: 193-218.

——. 1991. *The Third Wave: Democratization in the Late Twentieth Century*. Norman: University of Oklahoma Press.

——. 1996. *The Clash of Civilizations and the Remaking of World Order*. New York: Simon and Schuster.

Irwin, John, and James Austin. 1997. *It's about Time: America's Imprisonment Binge*. New York: Wadsworth.

Isaac, Jeffrey. 1987a. "Beyond the Three Faces of Power." *Polity* 20: 4-30.

——. 1987b. *Power and Marxist Theory: A Realist View*. Ithaca: Cornell University Press.

Johnstone, John. 1978. "Social Class, Social Areas, and Delinquency." *Sociology and Social Research* 63: 49-72.

Jung, Courtney. 2000. "The Myth of the Divided Society and the Case of South Africa." Mimeo. New School for Social Research.

Jung, Courtney, Ellen Lust-Okar, and Ian Shapiro. 2002. "Problems and Prospects for Democratic Transitions: South Africa as a Model for the Middle East and Northern Ireland? " Mimeo. Yale University.

Jung, Courtney, and Ian Shapiro. 1995. "South Africa's Negotiated Transition: Democracy, Opposition, and the New Constitutional Order. " *Politics and Society* 23: 269−308.

Kahneman, Daniel, Paul Stovic, and Amos Tversky. 1982. *Judgment under Uncertainty*. Cambridge: Cambridge University Press.

Kaplan, Robert. 1997. "Was Democracy Just a Moment?" *Atlantic Monthly*. Available at: www. theatlantic. com/issues/97dec/democ. htm[9/2/02].

Karl, Terry. 1990. "Dilemmas of Democratization in Latin America. " *Comparative Politics* 23, no. 1: 1−21.

Kelley, Jonathan, and M. D. R. Evans. 1995. "Class and Class Conflict in Six Western Nations. " *American Sociological Review* 60: 157−178.

Kepel, Gilles. 2002. *Jihad: The Trail of Political Islam*. Cambridge: Harvard University Press.

Koelble, Thomas, and Andrew Reynolds. 1996. "Power-Sharing Democracy in the New South Africa. " *Politics and Society* 24: 221−236.

Kozol, Jonathan. 1995. *Amazing Grace: The Lives of Children and the Conscience of a Nation*. New York: Crown.

Kymlicka, Will. 1985. *Multicultural Citizenship: A Liberal Theory of Minority Rights*. Oxford: Oxford University Press.

——. 1999. "Citizenship in an Era of Globalization: Commentary on Held. " In *Democracy's Edges*, edited by Ian Shapiro and Casiano Hacker-Cordón. Cambridge: Cambridge University Press.

——. 2001. *Politics in the Vernacular: Nationalism, Multi-*

culturalism, and Citizenship. Oxford: Oxford University Press.

Laba, Roman. 1986. "Worker Roots of Solidarity." *Problems of Communism* 35: 47-67.

Laclau, Ernesto, and Chantal Mouffe. 1985. *Hegemony and Socialist Strategy: Towards a Radical Democratic Politics.* London: Verso.

Ladd, Everett Carl. 1999. *The Ladd Report.* New York: Free Press.

Lalonde, Richard, and J. E. Cameron. 1993. "Behavioral Responses to Discrimination: A Focus on Action." In *The Psychology of Prejudice: The Ontario Symposium*, edited by M. P. Zanna and J. M. Olson, vol. 7. Hillsdale, N. J.: Lawrence Erlbaum Associates.

Lalonde, Richard, and Randy Silverman. 1994. "Behavioral Preferences in Response to Social Injustice: The Effects of Group Permeability and Social Identity Salience." *Journal of Personality and Social Psychology* 66: 78-85.

Lane, Robert. 1991. *The Market Experience.* Cambridge: Cambridge University Press.

Lane, Robert. 2001. *The Loss of Happiness in Market Democracies.* New Haven: Yale University Press.

Leiman, Melvin M. 1993. *Political Economy of Racism.* London: Pluto.

Levi, Margaret. 1996. "Social and Unsocial Capital: A Review Essay of Robert Putnam's *Making Democracy Work.*" *Politics and Society* 24: 45-56.

Lijphart, Arend. 1969. "Consociational Democracy." *World Politics* 21: 207-225.

——. 1977. *Democracy in Plural Societies.* New Haven: Yale

University Press.

Lind, Michael. 1995. *The Next American Nation*. New York: Free Press.

Linz, Juan J. 1978. *The Breakdown of Democratic Regimes: Crises, Breakdown and Reequilibration*. Baltimore: Johns Hopkins University Press.

——. 1994. "Presidential or Parliamentary Democracy: Does It Make a Difference?" In *The Failure of Presidential Democracy*, edited by Juan J. Linz and Arturo Valenzuela. Baltimore: Johns Hopkins University Press.

Linz, Juan, and Alfred Stepan, eds. 1978. *The Breakdown of Democratic Regimes: Latin America*. Baltimore: Johns Hopkins University Press.

Lipsett, Seymour Martin. 1959. "Some Social Requisites of Democracy: Economic Development and Political Legitimacy." *American Political Science Review* 53: 69-105.

Lowenstein, Daniel. 1995. *Election Law: Cases and Materials*. Durham, N. C. : Carolina Academic Press.

Lukes, Steven. 1974. *Power: A Radical View*. London: Macmillan.

Luong, Pauline Jones. 2000. "After the Break-Up." *Comparative Political Studies* 33: 563-592.

Macedo, Stephen, ed. 1999. *Deliberative Politics: Essays on Democracy and Disagreement*. New York: Oxford University Press.

Machiavelli, Niccolò. [ca. 1517] 1979. *The Discourses*. Translated by Leslie J. Walker, with revisions by Brian Richardson. Harmondsworth: Penguin.

MacIntyre, Alasdair. 1984. *After Virtue: A Study in Moral Theory*. 2d ed. Notre Dame, Ind. : University of Notre Dame Press.

Mackie, Gerry. 2003. *Democracy Defended*. Cambridge: Cambridge University Press.

MacKinnon, Catharine. 1987. *Feminism Unmodified: Discourses on Life and Law*. Cambridge: Harvard University Press.

Macleod, Jay. 1987. *Ain't No Makin' It: Leveled Aspirations in a Low-Income Neighborhood*. Boulder, Colo.: Westview.

Mainwaring, Scott, and Matthew Soberg Shugart, eds. 1997. *Presidentialism and Democracy in Latin America*. Cambridge: Cambridge University Press.

Mamdani, Mahmood. 1986. *Citizen and Subject: Contemporary Africa and the Legacy of Late Colonialism*. Princeton: Princeton University Press.

Mandel, Harlan. 1989. "In Pursuit of the Missing Link: International Worker Rights and International Trade?" *Columbia Journal of Transnational Law* 27: 443–482.

Mandela, Nelson. 1979. "Address to the Court before Sentencing." In *Ideologies of Liberation in Black Africa, 1856–1970*, edited by J. Ayo Langley. London: Rex Collins.

Mansbridge, Jane J. 1980. *Beyond Adversary Democracy*. New York: Basic Books.

Marcuse, Herbert. 1965. "Repressive Tolerance." In *A Critique of Pure Tolerance*, edited by Robert Paul Wolff, Barrington Moore, Jr., and Herbert Marcuse. Boston: Beacon Press.

Marmor, Theodore, ed. 1994. *Understanding Health Care Reform*. New Haven: Yale University Press.

Marshall, Terrence H. 1965. *Class, Citizenship, and Social Development*. New York: Doubleday.

Martin, Joanne. 1986. "Tolerance of Injustice." In *Relative Deprivation and Social Comparison*, edited by James Olson, C. Peter Herman, and Mark Zanna. Hillsdale, N. J.: Lawrence Erlbaum Associates.

Marx, Karl. [1844] 1972. "On the Jewish Question." In *The Marx-Engels Reader*, edited by Robert C. Tucker, 26 – 52. New York: W. W. Norton.

———. [1867] 1976. *Capital: A Critique of Political Economy*. Vol. 1. Harmondsworth: Penguin.

Mbeki, Thabo. "Africa Will Surprise the World Again." Speech made at the United Nations in Tokyo as reported in *Business Day* (Johannesburg, South Africa), on April 14, 1998.

McDermott, Kathryn. *Controlling Public Education: Localism versus Equity*. Kansas City: University Press of Kansas, 1999.

McMath, Roert C. 1993. *American Populism*. New York: Hill and Wang.

Menand, Louis. 2001. *The Metaphysical Club: A Story of Ideas in America*. New York: Farrar, Straus, & Giroux.

Michels, Robert. 1962. *Political Parties: A Sociological Study of the Oligarchical Tendencies of Modern Democracy*. Translated by Eden and Cedar Paul. New York: Free Press.

Miliband, Ralph. 1969. *The State in Capitalist Society*. New York: Basic Books.

Mill, John Stuart. [1859] 1978. *On Liberty*. Indianapolis: Hackett.

Miller, Nicholas R. 1983. "Pluralism and Social Choice." *American Political Science Review* 77: 735–743.

Mills, C. Wright. 1956. *The Power Elite*. Oxford: Oxford University Press.

Minow, Martha. 1990. *Making All the Difference*. Ithaca: Cornell University Press.

Mishel, Lawrence, Jared Bernstein, and John Schmitt. 2000. *The State of Working America 1998－9*. Ithaca: Economic Policy Institute/Cornell University Press.

Moffitt, Robert, David Ribar, and Mark Wilhelm. 1998. "The Decline of Welfare Benefits in the US: The Role of Wage Inequality. " *Journal of Public Economics* 68: 421－452.

Montague, Jim. 1997. "Why Rationing Was Right for Oregon. " *Hospitals and Health Networks*, February 5, 64－66.

Moore, Barrington. 1966. *The Social Origins of Dictatorship and Democracy: Lord and Peasant in the Making of the Modern Word*. Boston: Beacon Press.

Mosca, Gaetano. 1939. *The Ruling Class*. New York: MaGraw-Hill.

Mouffe, Chantal. 1992. *Dimensions of Radical Democracy*. New York: Verso.

Mueller, Dennis C. 1989. *Public Choice II*. Cambridge: Cambridge University Press.

Muller, Edward N. , and Mitchell A. Seligson. 1994. "Civic Culture and Democracy: The Question of Causal Relationships. " *AmericanPolitical Science Review* 88: 635－652.

Munck, Geraldo, and Carol Leff. 1997. "Modes of Transition and Democratization. " *Comparative Politics* 29, no. 3: 343－362.

Murphy, Walter. 1964. *Elements of Judicial Strategy*. Chicago: University of Chicago Press.

Nagel, Jack. 1993. "Lessons of the Impending Electoral Reform in New Zealand. " *PEGS Newsletter* 3: 9－10.

Nattrass, Nicoli, and Jeremy Seekings. 2001. "Two Nations? Race and Economic Inequality in South Africa Today. " *Daedalus* 130, no. 1 (Winter): 45－70.

Neblo，Michael. 1998. "Deliberate Actions: Identifying. Communicative Rationality Empirically. " Available at http://www. spc. uchicago. edu/politicaltheory/neblo98. pdf[9/3/02].

——. 2000. "Counting Voices in an Echo Chamber: Cognition, Complexity, and the Prospects for Deliberative Democracy. " Presented at the University of Chicago Political Theory Workshop, Paper Archive http://www. spc. uchicago. edu/polticaltheory/neblo00. pdf [9/3/02].

Nickerson, David. 2000. "Do Autocracies Obey Wagner's Law?" Mimeo. Yale University.

Nozick, Robert. 1974. *Anarchy, State, and Utopia*. New York: Basic Books.

O'Connor, James R. 1973. *Fiscal Crisis of the State*. New York: St. Martin's Press.

O'Donnell, Guillermo, and Philippe Schmitter. 1986. *Transitions from Authoritarian Rule*. Baltimore: Johns Hopkins University Press.

Okin, Susan Moller. 1989. *Justice, Gender, and the Family*. New York: Basic Books.

Olson, James. 1986. "Resentment about Deprivation. " In *Relative Deprivation and Social Comparison*, edited by James Olson, C. Peter Herman, and Mark Zanna. Hillsdale, N. J. : Lawrence Erlbaum Associates.

Parker, R. B. 1979. "The Jurisprudential Uses of John Rawls. " In *NOMOS XX: Constitutionalism*, edited by Roland Pennock and John Chapman. New York: New York University Press.

Parkin, Frank. 1971. *Class, Inequality and Political Order*. New York: Praeger.

Pateman, Carole. 1988. *The Sexual Contract*. Cambridge: Polity，1988.

Peterson, Paul E. 1995. *The Price of Federalism*. Washington, D. C. : The Brookings Institution.

Peterson, Paul E. , and Mark Rom, 1989. "American Federalism, Welfare Policy, and Residential Choices. " *American Political Science Review* 83: 711-728.

Peterson, Richard. R. 1996. "A Re-evaluation of the Economic Consequences of Divorce. " *American Sociological Review* 61: 528-536.

Pettit, Philip. 1997. *Republicanism: A Theory of Freedom and Government*. New York: Oxford University Press.

——. 1999. "Republican Freedom and Contestatory Democratization. " In *Democracy's Value*, edited by Ian Shapiro and Casiano Hacker-Cordón. Cambridge: Cambridge University Press.

——. 2000. "Democracy, Electoral and Contestatory. " In *NOMOS* XLⅡ: *Designing Democratic Institutions*, edited by Ian Shapiro and Stephen Macedo. New York: New York University Press.

Phillips, Kevin. 2002. *Wealth and Democracy: A Political History of the American Rich*. New York: Broadway Books.

Pierson, Paul. 1996. *Dismantling the Welfare State? Regan, Thatcher and the Politics of Retrenchment*. Cambridge: Cambridge University Press.

Piketty, Thomas. 1995. "Social Mobility and Redistributive Politics. " *Quarterly Journal of Economics* 110: 551-584.

Pitkin, Hanna. 1972. *The Concept of Representation*. Berkeley and Los Angeles: University of California Press.

Plato. 1974. *The Republic*. Translated by Desmond Lee. 2d rev. ed. Harmondsworth: Penguin.

Pocock, J. G. A. 1975. *The Machiavellian Moment: Florentine Political Thought and the Atlantic Republican Tradition*. Princeton: Princeton University Press.

Pogge, Thomas. 1992. "Cosmopolitanism and Sovereignty." *Ethics* 103: 48−75.

Polsby, Nelson. 1960. "How to Study Community Power." *Journal of Politics* 22: 474−484.

——. 1963. *Community Power and Political Theory*. New Haven: Yale University Press.

——. 1980. *Community Power and Political Theory: A Further Look at Problems of Evidence and Inference*. 2d ed. New Haven: Yale University Press.

Posner, Richard. 1985a. "An Economic Theory of the Criminal Law." *Columbia Law Review* 85, no. 6: 1193−1231.

——. 1985b. *The Federal Courts: Crisis and Reform*. Cambridge: Harvard University Press.

Powell, G. Bingham. 2000. *Elections as Instruments of Democracy: Majoritarian and Proportional Visions*. New Haven: Yale University Press.

Powers, Nancy R. 2001. *Grassroots Expectations of Democracy and Economy: Argentina in Comparative Perspective*. Pittsburgh: University of Pittsburgh Press.

Przeworski, Adam. 1991. *Democracy and the Market*. Cambridge: Cambridge University Press.

——. 1999. "Minimalist Conception of Democracy: A Defense." In *Democracy's Value*, edited by Ian Shapiro and Casiano Hacker-Cordón. Cambridge: Cambridge University Press.

——. 2001. "Democracy as an Equilibrium." Mimeo. New York University.

Przeworski, Adam, Michael Alvarez, Jose Cheibub, and Fernando Limongi. 2000. *Democracy and Development: Political In-*

stitutions and Well-Being in the World, *1950 - 1990*. Cambridge: Cambridge University Press.

Przeworski, Adam, Michael Wallerstein. 1988. "Structural Dependence of the State on Capital. " *American Political Science Review* 82, no. 1: 11-29.

Putnam, Robert D. 1993a. *Making Democracy Work: Civic Traditions in Modern Italy*. Princeton: Princeton University Press.

——. 1993b. "The Prosperous Community: Social Capital and Public Affairs. " *American Prospect* 13: 35-42.

——. 2000. *Bowling Alone: The Collapse and Revival of AmericanCommunity*. New York: Simon and Schuster.

Rae, Douglas W. 1967. *The Political Consequences of Electoral Rules*. New Haven: Yale University Press.

——. 1969. "Decision-Rules and Individual Values in Constitutional Choice. " *American Political Science Review* 63: 40-56.

——. 1975. "The Limits of Consensual Decision. " *American Political Science Review* 69: 1270-1294.

——. 1995. "Using District Magnitude to Regulate Political Party Competition. " *Journal of Economic Perspectives* 9, no. 1: 65-75.

——. 1999. "Democratic Liberty and Tyrannies of Place. " In *Democracy's Edges*, edited by Ian Shapiro and Casiano Hacker-Cordón. Cambridge: Cambridge University Press.

——. 2003. *The End of Urbanism*. New Haven: Yale University Press.

Rae, Douglas W. , with Douglas Yates, Jennifer Hochschild, Joseph Morone, and Carol Fessler. 1981. *Equalities*. Cambridge: Harvard University Press.

Ranney, Austin. 1975. *Curing the Mischiefs of Faction: Party Reform in America*. Berkeley and Los Angeles: University of California Press.

Rawls, John. 1971. *A Theory of Justice*. Cambridge: Harvard University Press.

——. 1993. *Political Liberalism*. New York: Columbia University Press.

——. 1995. "Reconciliation through the Public Use of Reason." Journal of *Philosophy* 92, no. 3: 132–180.

Ribar, David C., and Mark O. Wilhelm. 1996. "Welfare Generosity: The Importance of Administrative Efficiency, Community Values, and Genuine Benevolence." *Applied Economics* 28, no. 8: 1045–1054.

——. 1999. "The Demand for Welfare Generosity." *Review of Economics and Statistics* 81. no. 1: 96–108.

Rich, Michael J. 1991. *Federal Policy-Making and the Poor: National Goals, Local Choices, and Distributional Outcomes*. Princeton: Princeton University Press.

Riker, William H. 1982. *Liberalism against Populism: A Confrontation between the Theory of Democracy and the Theory of Social Choice*. San Francisco: W. H. Freeman.

Riker, William H., and Barry W. Weingast. 1988. "Constitutional Regulation of Legislative Choice: The Political Consequences of Judicial Deference to Legislatures." *Virginia Law Review* 74: 373–401.

Rinne, Tim. 1995. "The Rise and Fall of Single-Payer Health Care in Nebraska." *Action for Universal Health Care* 3, no. 10: 4–5.

Roemer, John. 1995. "Should Marxists Be Interested in Exploitation?" *Philosophy and Public Affairs* 14: 30–65.

——. 1998. "Why the Poor Do Not Expropriate the Rich: An Old Argument in New Garb." *Journal of Public Economics* 70, no. 3: 399–424.

——. 1999. "Does Democracy Engender Justice?" In *Democracy's Value*, edited by Ian Shapiro and Casiano Hacker-Cordón. Cambridge University Press.

Roemer, John, and Woojin Lee. 2002. "Racialism and Redistribution in the US: 1972-1996" (forthcoming).

Rousseau, Jean-Jacques. [1762] 1968. *The Social Contract*. Harmondsworth: Penguin.

Rueschemeyer, Dietrich, Evelyne Huber Stephens, and John D. Stephens. 1992. *Capitalist Development and Democracy*. Oxford: Polity.

Runciman, W. G. 1996. *Relative Deprivation and Social Justice*. Routledge & Kegan Paul.

Sabetti, Filippo. 1996. "Path Dependency and Civic Culture: Some Lessons from Italy about Interpreting Social Experiments." *Politics and Society* 24: 19-44.

Sandel, Michael. 1982. *Liberalism and the Limits of Justice*. Cambridge: Cambridge University Press.

——. 1996. *Democracy's Discontents*. Cambridge: Harvard University Press.

Schelling, Thomas C. 1960. *The Strategy of Conflict*. Cambridge: Harvard University Press.

Schumpeter, Joseph. 1942. *Capitalism, Socialism, and Democracy*. New York: Harper.

Scott, James. 1985. *Weapons of the Weak*. New Haven: Yale University Press.

——. 1990. *Domination and the Arts of Resistance*. New Haven: Yale University Press.

Sen, Amartya. 1992. *Inequality Reexamined*. New York: Russell Sage; Cambridge: Harvard University Press.

Shammas, Carol. 1993. "A New Look at Long Term Trends in Wealth Inequality in the United States." *American Historical Review* 98, no. 2: 412-431.

Shapiro, Ian. 1986. *The Evolution of Rights in Liberal Theory.* Cambridge: Cambridge University Press.

——. 1987. "Richard Posner's Praxis," *Ohio State Law Review* 48, no. 4: 1009-1026.

——. 1990a. "J. G. A. Pocock's Republicanism and Political Theory: A Critique and Reinterpretation." *Critical Review* 4, no. 3: 433-471.

Shapiro, Ian. 1990b. *Political Criticism.* Berkeley and Los Angeles: University of California Press.

——. 1993. "Democracy Innovation: South Africa in Comparative Context." *World Politics* 46: 121-150.

——. 1996. *Democracy's Place.* Ithaca: Cornell University Press.

——. 1999a. *Democratic Justice.* New Haven: Yale University Press.

——. 1999b. "Enough of Deliberation: Politics Is about Interests and Power." In *Deliberative Politics: Essays on Democracy and Disagreement,* edited by Stephen Macedo. Oxford: Oxford University Press.

——. 1999c. "Group Aspirations and Democratic Politics." In *Democracy's Edges,* edited by Ian Shapiro and Casiano Hacker-Cordón. Cambridge: Cambridge University Press.

——. 2001a. *Abortion: The Supreme Court Decision 1965-2000.* 2d ed. Indianapolis: Hackett.

——. 2001b. "The State of Democratic Theory." In *Political Science: The State of the discipline,* edited by Ira Katznelson and Helen Milner. New York and London: W. W. Norton; Washington, D. C. : American Political Science Association.

——. 2002a. "Democratic Justice and Multicultural Recognition." In *Multiculturalism Reconsidered*, edited by David Held and Paul Kelly. Cambridge: Polity.

——. 2002b. "Optimal Deliberation?" *Journal of Political Philosophy* 10, no. 2 (June): 196–211.

Shapiro, Ian, and Mayling Birney. 2002. "Death and Taxes? The Estate Tax Repeal and American Democracy." Mimeo. Yale University.

Shapiro, Ian, and Casiano Hacker-Cordón, eds. 1999a. *Democracy's Edges*. Cambridge: Cambridge University Press.

——. 1999b. *Democracy's Value*. Cambridge: Cambridge University Press.

Shapiro, Ian, and Courtney Jung. 1996. "South African Democracy Revisited: A Reply to Koelble and Reynolds." *Politics and Society* 24: 237–247.

Shepsle, Kenneth, and Barry Weingast. 1981. "Structure Induced Equilibrium and Legislative Choice." Public Choice 37, no. 3: 503–519.

Shiffrin, Steven. 1998. *Dissent, Injustice, and the Meanings of America*. Princeton: Princeton University Press.

Shklar, Judith. 1989. "The Liberalism of Fear." In *Liberalism and Moral Life*, edited by Nancy Rosenblum. Cambridge: Harvard University Press.

Shorter, Edward. 1997. *A History of Psychiatry: From the Era of the Asylum to the Age of Prozac*. New York: John Wiley & Sons.

Shugart, Matthew, and John M. Carey. 1992. *Presidents and Assemblies: Constitutional Design and Electoral Dynamics*. New

York: Cambridge University Press.

Simon, Adam. 2000. "Assessing Deliberation in Small Groups." Paper presented at the Midwest Political Science Association Annual Meeting, Chicago, Ⅲ.

Sirianni, Carmen. 1993. "Learning Pluralism: Democracy and Diversity in Feminist Organizations." In *Democratic Community*: *NOMOS* ⅩⅩⅩⅤ, edited by Ian Shapiro and John Chapman. New York: New York University Press.

——. 2001. *Civic Innovation in America*. Berkeley and Los Angeles: University of California Press.

Skocpol, Theda. 1991. "Targeting within Universalism." In *The Urban Underclass*, edited by Christopher Jencks and Paul E. Peterson. Washington, D. C. : The Brookings Institution.

——. 1995. *Social Policy in the United States: Future Possibilities in Historical Perspective*. Princeton: Princeton University Press.

——. 1997. *Boomerang: Clinton's Health Security Effort and the Turn against Government in the U. S.* New York: W. W. Norton.

Smith, Adam. [1776] 1937. *An Inquiry into the Nature and Causes of the Wealth of Nations*. New York: Modern Library.

Smith, Heather, and Tom Tyler. 1996. "Justice and Power: When Will Justice Concerns Encourage the Disadvantaged to Support Policies Which Redistribute Economic Resources and the Disadvantaged Willingly to Obey the Law?" *European Journal of Social Psychology* 26: 171–200.

Smith, Richard. H. , et al. 1996. "Envy and Schadenfreude." *Personality and Social Psychology Bulletin* 22: 158–168.

Smith, Rogers. 1985. *Liberalism and American Constitutional*

Law. Cambridge: Harvard University Press.

——. 1997. *Civic Ideals: Conflicting Visions of Citizenship in U. S. History*. New Haven: Yale University Press.

Snyder, James M. , and Gerald Kramer. 1988. "Fairness, Self-Interest, and the Politics of the Progressive Income Tax. " *Journal of Public Economics* 36: 197−230.

Sobin, Dennis. 1973. *The Working Poor*. Port Washington, N. Y. : Kennikat.

Spears, Ian. 2000. "Understanding Inclusive Peace Agreements in Africa: The Problems of Sharing Power. " *Third World Quarterly* 21 (February): 105−118.

——. 2002. "Africa: The Limits of Power Sharing," *Journal of Democracy* 13, no. 3: 123−136.

Steen, Jennifer A. , and Ian Shapiro. 2002. "Walking Both Sides of the Street: PAC Contributions and Political Competition. " Paper presented at the annual meeting of the American Political Science Association. Boston, Mass. , August.

Steinmo, Sven. 1993. *Taxation and Democracy*. New Haven: Yale University Press.

Stokes, Susan C. 1996. "Accountability and Policy Switch in Latin America's Democracies. " Paper prepared for the New York-Chicago Seminar on Democracy conference," "Democracy and Accountability," New York University.

Sugrue, Thomas J. 1993. "The Structures of Urban Poverty: The Reorganization of Space and Work in Three Periods of American History. " In *The "Underclass" Debate: Views from History*, edited by Michacl Katz. Princeton: Princeton University Press.

Sunstein, Cass. 2002. "The Law of Group Polarization. " *Journal of Political Philosophy* 10, no. 1: 175−195.

Swenson, Peter. 1991. "Bringing Capital Back In, or Social Democracy Reconsidered." *World Politics* 43, no. 4: 513−544.

Swenson, Peter. 2002. *Capitalists against Markets: The Making of Labor Markets and Welfare States in the United States and Sweden*. Oxford: Oxford University Press.

Swenson, Peter, and Scott Greer. 2002. "Foul Weather Friends: Big Business and Health Care Reform in the 1990s in Historical Perspective." *Journal of Health Politics, Policy and Law* 27, no. 4 (August): 605−638.

Tangian, A. S. 2000. "Unlikelihood of Condorcet's Paradox in a Large Society," *Social Choice and Welfare* 17: 337−365.

Taylor, Charles. 1989. *Sources of the Self*. Cambridge: Harvard University Press.

Taylor, Donald M. , Fathali Moghaddam, Ian Gamble, and Evelyn Zeller. 1987. "Disadvantaged Group Responses to Perceived Inequality." *Journal of Social Psychology* 127, no. 3: 259−272.

Taylor, D. M. , Stephen Wright, F. M. Moghaddam, and Richard Lalonde. 1990. "The Personal/ Group Discrimination Discrepancy: Perceiving My Group, But Not Myself, as a Target for Discrimination" *Personality and Social Psychology Bulletin* 16: 256−262.

Taylor, Michael. 1969. "Proof of a Theorem on Majority Rule." *Behavioral Science* 14: 228−231.

Thomson, Judith Jarvis. 1971. "A Defense of Abortion." *Philosophy and Public Affairs* 1: 47−66.

Tobin, James. 1988. "Roundtable Discussion: Politics, Economics and Welfare." In *Power, Inequality and Democratic Politics: Essays in Honor of Robert Dahl*, edited by Ian Shapiro and Grant Reeher. Boulder, Colo. : Westview.

Tocqueville, Alexis de. [1835] 1969. *Democracy in America*.

Edited by J. P. Mayer. Translated by George Lawrence. Vol. 1. New York: Harper Perennial.

——. [1840] 1969. *Democracy in America*. Edited by J. P. Mayer. Translated by George Lawrence. Vol. 2. New York: Harper Perennial.

Treisman, Daniel. 2000. "Decentralization and Inflation: Commitment, Collective Action, or Continuity?" *American Political Science Review* 94, no. 4: 837–857.

Tribe, Lawrence. 1978. *American Constitutional Law*. New York: Foundation Press.

Tsebelis, George. 1995. "Decision-Making in Political Systems: Veto-Players in Multicameralism, Presidentialism, and Multipartyism." *British Journal of Political Science* 25: 289–325.

——. 2002. *Veto Players: How Political Institutions Work*. Princeton: Princeton University Press.

Tullock, Gordon. 1981. "Why So Much Stability?" *Public Choice* 37, no. 2: 189–202.

Tushnet, Mark. 1999. *Taking the Constitution Away form the Courts*. Princeton: Princeton University Press.

Tversky, Amos, and Daniel Kahneman. 1981. "The Framing of Decisions and the Rationality of Choice." *Science* 211: 543–558.

Tweedie, Jack. 1994. "Resources Rather Than Needs: A State-Centered Model of Welfare Policy Making." *American Journal of Political Science* 38, no. 3: 651–671.

Uggen, Christopher. 2002. "Barriers to Democratic Participation." Working Discussion Paper for the Urban Institute's Reentry Roundtable: Washington, D. C. : The Urban Institute.

United Nations. 2002. *Human Development Report* 2002: *Deepening Democracy in a Fragmented World*. Oxford: Oxford University Press.

Vail, Leroy, ed. 1989. *The Creation of Tribalism in South Africa*. Berkeley and Los Angeles: University of California Press.

Van Parijs, Philippe. 1995. *Real Freedom for All: What (If Anything) Can Justify Capitalism?* Oxford: Oxford University Press.

———. 1996. "Justice and Democracy: Are They Incompatible" *Journal of Political Philosophy* 4, no. 2: 101–117.

———. 1999. "Contestatory Democracy versus Real Freedom for All." In *Democracy's Value*, edited by Ian Shapiro and Casiano Hacker-Cordón, 191–198. Cambridge: Cambridge University Press.

Verba, Sidney, and Gary R. Orren. 1985. *Equality in America: The View from the Top*. Cambridge: Harvard University Press.

Verba, Sideny, Kay Schlozman, and Henry Brady. 1995. *Voice and Equality: Civic Voluntarism in American Politics*. Cambridge: Harvard University Press.

Vreeland, James. 2003. *The IMF and Economic Development*. Cambridge: Cambridge University Press.

Walzer, Michael. 1983. *Spheres of Justice: A Defense of Pluralism and Equality*. New York: Basic Books.

———. 1987. *Interpretation and Social Criticism*. Harvard University Press.

Weber, Max. 1947. *Theories of Social and Economic Organization*. New York. Free Press.

———. [1914] 1968. *Economy and Society*. Edited by Guenther Roth and Claus Wittich. Berkeley and Los Angeles: University of California Press.

———. 1997. *From Max Weber: Essays in Sociology*. Edited by H. H. Gerth and C. Wright Mills. New York: Routledge.

——. 1998. "The Profession and Vocation of Politics." In *Max Weber*, *Political Writings*, edited by Peter Lassman and Ronald Speirs. Cambridge: Cambridge University Press.

Weitzman, Leonore. 1985. *The Divorce Revolution*. New York. Free Press.

Wendt, Alexander. 1994. "Collective Identity-Formation and the International State." *American Political Science Review* 88 no. 2: 384-396.

——. 1999. "A Comment on Held's Cosmopolitanism." In *Democracy's Edges*, edited by Ian Shapiro and Casiano Hacker-Cordón. Cambridge: Cambridge University Press.

West, Robin. 1988. "Jurisprudence and Gender." *University of Chicago Law Review* 55, no. 1: 67-70.

Wilkinson, Richard. 2001. *Mind the Gap: Hierarchies, Health, and Human Evolution*. New Haven: Yale University Press.

Williamson, Jeffrey G., and Peter H. Lindert. 1980. *American Inequality: A Macroeconomic History*. New York: Academic Press.

Wilson, William Julius. 1996. *When Work Disappears: The World of the New Urban Poor*. New York: Knopf.

Winnick, Andrew J. 1989. *Toward Two Societies: The Changing Distribution of Income and Wealth in the United States since 1960*. New York: Praeger.

Witte, John. 1985. *The Politics and Development of the Federal Income Tax*. Madison: University of Wisconsin Press.

Wittman, Donald A. 1973. "Parties as Utility Maximizers." *AmericanPolitical Science Review* 67: 490-498.

Wolff, Edward N. 1994. "Trends in Household Wealth in the United States," *Review of Income and Wealth* 40, no. 2: 143-174.

Wollheim, Richard. 1962. "A Paradox in the Theory of Democracy." In *Philosophy, Politics, and Society*, edited by Peter Laslett and W. G. Runciman, 2d ser. Oxford: Blackwell.

Wright, Stephen. 1997. "Ambiguity, Social Influence, and Collective Action: Generating Collective Protest in Response to Tokenism." *Personality and Social Psychology Bulletin* 23, no. 12: 1277−1290.

Wright, Stephen, Donald Taylor, and Fathali Moghaddam. 1990. "Responding to Membership in a Disadvantaged Group: From Acceptance to Collective Protest." *Journal of Personality and Social Psychology* 58, no. 6: 994−1003.

Young, Iris M. 1990. *Justice and the Politics of Difference*. Princeton: Princeton University Press.

Yunker, James A. 1983. "Optimal Redistribution with Interdependent Utility Functions." *Public Finance* 28, no. 1: 132−155.

索　引

译后记

确如夏皮罗所言，民主理念和民主的政治地位，长期以来始终是不可撼动的。而与此同时，民主的潜在理论难题并未得到令人满意的解决。这正是夏皮罗对西方民主理论的现状进行梳理和批判性评估的出发点。

为了将研究的焦点集中于"我们应该对民主有什么期盼"、"如何在实践中圆满地实现这些期盼"等问题，夏皮罗对规范性研究方法和解释性研究方法进行了扬弃，采用了一种综合研究策略。在夏皮罗看来，当今西方民主理论的两大流派——聚合式民主和协商式民主——尽管在民主程序的意义以及民主政治是否能够改变选民的偏好等问题上持有不同的立场，但是，它们在追求卢梭式的公意这一点上却是不谋而合的。它们一致认为，民主的任务就是"表达反映共同的善的公意"。它们的致命缺陷在于，均过高估计了共同的善之于民主的重要性，都将其内心所怀有的对民主的理性期盼置于不可能实现的目标之上。

夏皮罗认为，民主的中心任务就是赋予人们驾驭权力关系的能力，从而最大限度地减少统治。简言之，民主是驾驭权力关系并最大限度减少统治的一种手段。由此合乎逻辑地引出"什么是统治"、"如何甄别统治"、"民主竞争与权力"、"民主的转型与巩固"以及"民主与分配"等一系列需要从理论上进行回答的问题。毫无疑问，夏皮罗对于民主理论现状的批判性评估，是建立在对熊彼特式竞争性民主传统扬弃的基础之上的。在夏皮罗看来，没有什么能够确保民主一定可以减少统治，但是，在一个权力无所不在的世界里，有组织的权力竞争胜过任何替代方案，是值得人们期待的。

从严格的意义上来说，夏皮罗仍然没有跳出自由宪政主义的窠臼，在某种程度上甚至带有民粹主义的烙印，他对权力无处不在的警觉、对竞争机制近乎迷信的呼吁，以及通篇充斥的对占总数 1/5 的底层弱势群体所倾注的关注，在面对西方政治现实，特别是在他看来缺乏竞争性的美国"双头垄断"制度时，难免显得有些力不从心。与此同时，他对马克思经济理论的评价，是我们所不能完全认同的。相信读者自能甄别浊清，毋庸译者赘言。

不管怎样，夏皮罗的民主思想仍然是博大精深的，处处闪现出能给人以启迪的火花，甚至振聋发聩。当然，由于本书的内容涉及政治学、经济学、社会学、心理学、宪法学以及哲学等众多学科，加之夏皮罗独特的写作风格，难免使得本书略带晦涩之嫌。以译者之水平，唯恐不能准确传达夏皮罗民主思想的神韵，错误和疏漏之处定然难免，恭请学界前辈和同人谅解。

书稿译完了，本应有如释重负的感觉，但却无法轻松起来。一本历时一年之久才完成的译著，无疑凝聚了众多人的心血。倘若没有华世平教授、吴勇教授两位"伯乐"，没有教育部哲学社会科学后期资助项目的支持，没有中国人民大学出版社各位领导的关爱与余盛先生和孟庆晓女士的鼓励以及河北师范大学著作出版基金的资助，没有妻子和女儿的大力支持以及研究生张丹的帮助，这本译著无论如何是无法完成的。这些情谊，只有靠孜孜不倦来回报了！

译　者

2012 年 6 月于石家庄

当代世界学术名著·政治学系列

图书在版编目(CIP)数据

民主理论的现状/（美）夏皮罗著；王军译. 一北京：中国人民大学出版社，2012.5

"十二五"国家重点图书出版规划项目

当代世界学术名著·政治学系列

ISBN 978-7-300-14873-1

Ⅰ. ①民… Ⅱ. ①夏… ②王… Ⅲ. ①民主-理论研究 Ⅳ. ①D082

中国版本图书馆 CIP 数据核字（2012）第 090525 号

"十二五"国家重点图书出版规划项目

当代世界学术名著·政治学系列

民主理论的现状

［美］伊恩·夏皮罗（Ian Shapiro） 著

王 军 译

Minzhu Lilun de Xianzhuang

出版发行	中国人民大学出版社		
社　址	北京中关村大街 31 号	**邮政编码**	100080
电　话	010－62511242（总编室）	010－62511398（质管部）	
	010－82501766（邮购部）	010－62514148（门市部）	
	010－62515195（发行公司）	010－62515275（盗版举报）	
网　址	http://www.crup.com.cn		
	http://www.ttrnet.com(人大教研网)		
经　销	新华书店		
印　刷	北京东君印刷有限公司		
规　格	155 mm×235 mm　16 开本	**版　次**	2013 年 8 月第 1 版
印　张	16.25 插页 2	**印　次**	2013 年 8 月第 1 次印刷
字　数	221 000	**定　价**	48.00 元